同济博士论丛
TONGJI Dissertation Series
总主编 伍 江 副总主编 雷星晖

赵 靖 杨晓光 著

提升道路通行能力
时空协同优化控制理论与方法

Urban Streets Capacity Enhancement by Coordination Optimization of Lane Reorganization and Signal Control

同濟大學出版社
TONGJI UNIVERSITY PRESS

内 容 提 要

本书基于车道控制理论，自下而上逐步提出空间结构与信号控制相结合的协同优化控制方法，分别形成车道功能动态控制、出口车道动态控制和基于中央分隔带掉头的交叉口流向控制三种时空协同优化控制方法，并分别建立了(非)线性混合整数规划模型。通过算例及仿真分析，对其交通运行效益及适用条件分别进行了评价。

本书适合道路交通相关专业的研究者、高校师生阅读使用。

图书在版编目(CIP)数据

提升道路通行能力时空协同优化控制理论与方法/赵靖，杨晓光著. —上海：同济大学出版社，2018. 9

(同济博士论丛/伍江总主编)

ISBN 978-7-5608-7829-4

Ⅰ. ①提… Ⅱ. ①赵… ②杨… Ⅲ. ①交通通过能力—研究 Ⅳ. ①U491. 1

中国版本图书馆 CIP 数据核字(2018)第 088015 号

提升道路通行能力时空协同优化控制理论与方法

赵 靖 杨晓光 著

出 品 人 华春荣 责任编辑 王有文 熊磊丽

责任校对 谢卫奋 封面设计 陈益平

出版发行 同济大学出版社 www. tongjipress. com. cn

(地址：上海市四平路 1239 号 邮编：200092 电话：021-65985622)

经 销 全国各地新华书店

排版制作 南京展望文化发展有限公司

印 刷 浙江广育爱多印务有限公司

开 本 787 mm×1092 mm 1/16

印 张 12. 75

字 数 255000

版 次 2018 年 9 月第 1 版 2018 年 9 月第 1 次印刷

书 号 ISBN 978-7-5608-7829-4

定 价 98. 00 元

“同济博士论丛”编写领导小组

组　　　长： 杨贤金　钟志华

副 组 长： 伍　江　江　波

成　　　员： 方守恩　蔡达峰　马锦明　姜富明　吴志强
徐建平　吕培明　顾祥林　雷星晖

办公室成员： 李　兰　华春荣　段存广　姚建中

"同济博士论丛"编辑委员会

总序

在同济大学110周年华诞之际，喜闻“同济博士论丛”将正式出版发行，倍感欣慰。记得在100周年校庆时，我曾以《百年同济，大学对社会的承诺》为题作了演讲，如今看到付梓的“同济博士论丛”，我想这就是大学对社会承诺的一种体现。这110部学术著作不仅包含了同济大学近10年100多位优秀博士研究生的学术科研成果，也展现了同济大学围绕国家战略开展学科建设、发展自我特色，向建设世界一流大学的目标迈出的坚实步伐。

坐落于东海之滨的同济大学，历经110年历史风云，承古续今、汇聚东西，秉持“与祖国同行、以科教济世”的理念，发扬自强不息、追求卓越的精神，在复兴中华的征程中同舟共济、砥砺前行，谱写了一幅幅辉煌壮美的篇章。创校至今，同济大学培养了数十万工作在祖国各条战线上的人才，包括人们常提到的贝时璋、李国豪、裘法祖、吴孟超等一批著名教授。正是这些专家学者培养了一代又一代的博士研究生，薪火相传，将同济大学的科学研究和学科建设一步步推向高峰。

大学有其社会责任，她的社会责任就是融入国家的创新体系之中，成为国家创新战略的实践者。党的十八大以来，以习近平同志为核心的党中央高度重视科技创新，对实施创新驱动发展战略作出一系列重大决策部署。党的十八届五中全会把创新发展作为五大发展理念之首，强调创新是引领发展的第一动力，要求充分发挥科技创新在全面创新中的引领作用。要把创新驱动发展作为国家的优先战略，以科技创新为核心带动全面创新，以体制机制改革激发创新活力，以高效率的创新体系支撑高水平的创新型国家建设。作为人才培养和科技创新的重要平台，大学是国家创新体系的重要组成部分。同济大学理当围绕国家战略目标的实现，作出更大的贡献。

大学的根本任务是培养人才，同济大学走出了一条特色鲜明的道路。无论是本科教育、研究生教育，还是这些年摸索总结出的导师制、人才培养特区，“卓越人才培养”的做法取得了很好的成绩。聚焦创新驱动转型发展战略，同济大学推进科研管理体系改革和重大科研基地平台建设。以贯穿人才培养全过程的一流创新创业教育助力创新驱动发展战略，实现创新创业教育的全覆盖，培养具有一流创新力、组织力和行动力的卓越人才。“同济博士论丛”的出版不仅是对同济大学人才培养成果的集中展示，更将进一步推动同济大学围绕国家战略开展学科建设、发展自我特色、明确大学定位、培养创新人才。

面对新形势、新任务、新挑战，我们必须增强忧患意识，扎根中国大地，朝着建设世界一流大学的目标，深化改革，勠力前行！

万 钢

2017 年 5 月

论丛前言

承古续今，汇聚东西，百年同济秉持“与祖国同行、以科教济世”的理念，注重人才培养、科学研究、社会服务、文化传承创新和国际合作交流，自强不息，追求卓越。特别是近20年来，同济大学坚持把论文写在祖国的大地上，各学科都培养了一大批博士优秀人才，发表了数以千计的学术研究论文。这些论文不但反映了同济大学培养人才能力和学术研究的水平，而且也促进了学科的发展和国家的建设。多年来，我一直希望能有机会将我们同济大学的优秀博士论文集中整理，分类出版，让更多的读者获得分享。值此同济大学110周年校庆之际，在学校的支持下，“同济博士论丛”得以顺利出版。

“同济博士论丛”的出版组织工作启动于2016年9月，计划在同济大学110周年校庆之际出版110部同济大学的优秀博士论文。我们在数千篇博士论文中，聚焦于2005—2016年十多年间的优秀博士学位论文430余篇，经各院系征询，导师和博士积极响应并同意，遴选出近170篇，涵盖了同济的大部分学科：土木工程、城乡规划学(含建筑、风景园林)、海洋科学、交通运输工程、车辆工程、环境科学与工程、数学、材料工程、测绘科学与工程、机械工程、计算机科学与技术、医学、工程管理、哲学等。作为“同济博士论丛”出版工程的开端，在校庆之际首批集中出版110余部，其余也将陆续出版。

博士学位论文是反映博士研究生培养质量的重要方面。同济大学一直将立德树人作为根本任务，把培养高素质人才摆在首位，认真探索全面提高博士研究生质量的有效途径和机制。因此，“同济博士论丛”的出版集中展示同济大学博士研究生培养与科研成果，体现对同济大学学术文化的传承。

“同济博士论丛”作为重要的科研文献资源，系统、全面、具体地反映了同济大学各学科专业前沿领域的科研成果和发展状况。它的出版是扩大传播同济科研成果和学术影响力的重要途径。博士论文的研究对象中不少是“国家自然科学基金”等科研基金资助的项目，具有明确的创新性和学术性，具有极高的学术价值，对我国的经济、文化、社会发展具有一定的理论和实践指导意义。

“同济博士论丛”的出版，将会调动同济广大科研人员的积极性，促进多学科学术交流、加速人才的发掘和人才的成长，有助于提高同济在国内外的竞争力，为实现同济大学扎根中国大地，建设世界一流大学的目标愿景做好基础性工作。

虽然同济已经发展成为一所特色鲜明、具有国际影响力的综合性、研究型大学，但与世界一流大学之间仍然存在着一定差距。“同济博士论丛”所反映的学术水平需要不断提高，同时在很短的时间内编辑出版110余部著作，必然存在一些不足之处，恳请广大学者，特别是有关专家提出批评，为提高同济人才培养质量和同济的学科建设提供宝贵意见。

最后感谢研究生院、出版社以及各院系的协作与支持。希望“同济博士论丛”能持续出版，并借助新媒体以电子书、知识库等多种方式呈现，以期成为展现同济学术成果、服务社会的一个可持续的出版品牌。为继续扎根中国大地，培育卓越英才，建设世界一流大学服务。

伍　江

2017年5月

前言

城市交通拥堵被认为是世界性的难题，并日趋严重。与此同时，由于城市土地资源十分有限，诸多城市，特别是大城市的道路基础设施建设已接近饱和。因此，如何通过科学的道路交通控制管理措施，挖掘现有道路交通资源的潜力，适应人们日益增长的出行需求，是交通研究人员面对的严峻挑战。本书基于时空协同优化的思想，从节点、连线、通道和网络等不同层面，深入探讨了信号控制和道路空间的交通流通行权控制理论，建立了一系列提升道路通行能力的方法。

道路空间条件与交通控制条件是相互影响的，互为条件，在优化过程中有着极强的相关性。但由于道路空间条件在整个道路交通系统中是一个相对稳定的部分（慢变量），而信号控制相对而言是一种更易改变的参数（快变量），因此，以往主要在设计阶段优化道路的空间布置，在控制管理阶段则将其作为输入条件，主要注重对交通流通行权在时间上的调整。但从系统角度分析，若将道路空间条件也纳入优化控制体系中，能使信号控制取得更好的效果。本书将交通流在道路空间和时间上的通行权分配问题纳入统一的研究框架内，针对提升道路通行能力这一目标，研究其协同优化控制问题。

在节点层面，传统的优化步骤一般依次确定允许及禁止流向、进出口车道、各进口车道功能和信号配时参数。本书基于车道控制理论，针对上述步骤，自下而上逐步提出空间结构与信号控制相结合的协同优化控制方法，分别形成车道功能动态控制、出口车道动态控制和基于中央分隔带掉头的交叉口流向控制三种时空协同优化控制方法，并分别建立了(非)线性混合整数规划模型。通过算例及仿真分析，对其交通运行效益及适用条件分别进行了评价。

在连线和通道层面，由于增加了路段要素，因此，除了考虑沿线交叉口的流向管理、车道方向、车道功能和信号配时之外，重点研究了路段车道的优化布置。从可逆车道的动态使用和可逆车道与其他交通管理措施的组合使用两个角度，分别针对交叉口连线和通道，形成基于动态可逆车道的连线交通控制和基于可逆车道的干道交通优化控制两项时空协同优化控制方法，并分别建立了(非)线性混合整数规划模型。通过算例及仿真分析，评价了交通运行效益及适用条件。

在网络层面，由于研究范围的扩展，诸如转向禁止、冲突点消除、可逆车道和单向交通等交通组织策略的组合更为多样，相互关系也更为复杂。本书从多种交通组织策略的组合优化和针对转向交通的动态控制两个角度，形成两项时空协同优化控制方法，并分别建立了双层规划模型和线性混合整数规划模型。通过算例分析，评价了交通运行效益及适用条件。

从中微观层面，建立了空间变量(路段各方向车道数量、交叉口转向禁止、车道功能)和时间变量(信号相位、相序、周期、绿信比、相位差)的组合优化模型，并基于算例、仿真及驾驶模拟实验评价，构筑了提升通行能力的道路交通流通行权时空协同优化控制理论与方法。

目 录

第1章 引言

1.1 研究背景

城市交通拥挤问题被认为是世界性的难题，并随着城市机动车数量的增长而日趋严重。与此同时，由于城市土地资源十分有限，诸多城市，特别是大城市的道路基础设施建设已接近饱和。鉴于城市道路交通是城市综合交通体系最为关键的基础，支撑着人和物的门到门移动和多方式交通的换乘，故本书试图通过科学的道路交通控制管理措施，挖掘现有道路交通资源的潜力，适应人们日益增长的出行需求。

1.1.1 现实背景

城市交通拥挤问题产生的根源是交通供给与交通需求的不平衡。随着经济与社会的高速发展，城市交通机动化速度迅速加快，然而交通土地资源相对紧张。在这种条件下，科学合理地规划、建设和管理城市道路交通系统是缓解交通拥挤的关键。

长期以来，对城市道路交通系统的建立是按规划(空间布局)-设计(空间优化)-管理控制(时间优化)这个流程进行的。首先通过道路基础设施的调整和完善建立合理的路网结构；然后对现有交通系统及其设施加以优化设计，针对特定问题，寻求改善交通的最佳方案，精细化地确定交通系统及其构成要素；最后确定交通的通行权、通行时间与空间及其管理方案。在此过程中，道路几何条件是交通控制的一项必要的输入参数。

然而，在实际操作中，难以保证提供给交通控制的道路空间设计是最合理的，传统的城市道路交通优化方法往往基于大量的经验和反复的尝试，优化成果一般仅仅是一个可行的方案。并且各种交通管理策略(可逆车道、单行线、流向禁止等)之间,以及其与交通控制都存在相互影响关系,忽略它们之间的关联性也将导致优化结果为非最优方案。

此外,道路交通系统中随机因素的扰动(如大型活动、交通事故、紧急救援交通等),可能造成交通需求的激增或设施通行能力的衰减,显著改变相关区域交通供需关系,使原本就脆弱的道路交通系统运行状况进一步恶化。这种交通供需的结构性不匹配仅仅通过信号控制等时间优化措施常难以有效快速应对。

为了充分利用现有的道路交通资源,同时快速应对交通需求的随机性,有必要引入时空协同优化的概念,即对道路交通系统进行的优化控制不局限于通过信号控制来调整时间资源的分配,道路空间结构也作为可优化参数,同时从空间和时间两个角度综合考虑,基于交通供需条件,对交通流的通行权进行系统优化和调整,实现网络时空资源的最佳利用。这也是本书研究着重提出以通行能力为目标,对城市道路交通进行时空协同优化的出发点。

1.1.2 理论背景

道路交通系统优化问题是一个资源(通行权)分配优化问题,供分配的资源包括空间资源和时间资源,前者主要体现为道路几何条件,后者主要体现为交通控制条件。因此,城市道路交通系统优化理论研究本身可分为道路交通设计和道路交通控制两大部分。

交通设计的学术思想在形成之初主要体现在道路几何设计之中,随着理论体系的不断完善,现已作为一个独立概念被提出,并成为一项被高度重视的改善城市交通的方法和技术。特别是在我国其创新性、科学性及体系性得到了长足的发展(杨晓光,2003;杨晓光等,2010)。城市道路交通设计作为其中一项重要组成部分,其研究内容主要包括交通网络设计与优化、节点及接入交通设计、公交优先设计、交通语言系统设计、动静交通协调设计、慢行交通系统设计等方面。设计方案一般包括车道位置、车道数、车道功能、车道长度、车道宽度等空间参数,且不断向精细化设计方向发展。道路交通设计的研究成果对于揭示交通系统要素、优化目标和约束条件之间的有机关系,分析道路空间要素的高效利用方法,起到了十分重要的作用。

交通控制,这里主要指交通信号控制,早在19世纪,人们就开始对其进行研究,用信号灯指挥道路上的车辆交通,控制车辆出入交叉口的次序(全永燊,

1989)。发展至今,已形成了较为完善的理论体系。按控制策略,可分为定时控制策略、感应控制策略和自适应控制策略;按控制范围,可分为单点信号控制、线控和区域控制(FGSV,2006;吴兵和李晔,2009)。信号控制最终方案主要包括相位相序、周期时长、绿信比和相位差这四个基本的时间参数(高云峰,2007)。交通信号控制的研究成果对于交通流的通行权在时间上安全、高效地分配提供了理论基础。

道路空间条件与交通控制条件是相互影响的,两者互为条件,在优化过程中有着极强的相关性。但由于道路空间条件在整个道路交通系统中是一个相对稳定的部分(慢变量),而信号控制相对而言是一种更易改变的参数(快变量),因此,以往主要在设计阶段优化道路的空间布置,在控制管理阶段则将其作为输入条件,主要注重对交通流通行权在时间上的调整。但从系统角度分析,若将道路空间条件也纳入优化控制体系中,能使信号控制取得更好的效果。由此,为了寻求最优的方案,最大限度地挖掘现有道路资源的潜力,促使学者(Lam et al., 1997; Wong and Wong, 2003a; Wong and Heydecker, 2011)从组合优化(Integrated Optimization)的角度,将交通流在道路空间和时间上的通行权分配问题纳入统一的研究框架内,在一个更大的可行域范围内寻求最优的方案。本书在这样的理论研究背景下,着重针对提升道路通行能力这一目标,研究时空协同优化控制问题。

1.2 课 题 来 源

本书的研究是基于以下三个研究课题而展开的。

1. 国家自然科学基金资助项目——“演变中的现代城市道路交通系统集成设计基础理论与方法(51238008)”。该项目针对低密度向高密度、非机动化向机动化演变的现代城市道路交通系统集成优化设计基础问题展开研究,交通系统集成设计基本概念和集成技术是该项目需要研究的关键技术之一,设计与控制一体化及其有机性的把握是其中一项重要的研究内容。

2. 上海市科学技术委员会科研计划项目——“上海市城市道路通行能力计算方法与示范应用(12231201500)”。该项目针对上海市道路,建立一套通行能力研究方法,为本研究的优化理论提供依据和技术支撑。

3. 国家高技术研究发展计划(863 计划)——“特殊需求下区域交通协同管

控技术(2011AA110305)”。该项目面向交通需求处于特殊状态、交通供给处于特殊状态和运行环境处于特殊状态三种情形,基于网络化信息环境与条件进行交通管控技术的研究,实现特殊需求下交通控制效果最佳化。特殊需求下交通时空协同控制技术是其中一项重要的研究内容。

1.3 研究目的与意义

1.3.1 研究目的

城市道路拥堵问题的日趋严重,如何高效利用现有道路资源,最大限度地满足人们的出行需求,是交通研究人员追求的重要目标之一。本书基于时空协同优化的思想,从节点、连线、通道和网络等不同层面,对于信号控制和道路空间的交通流通行权控制理论进行探讨,建立一系列提升道路通行能力的方法,具体包括:

1. 探寻可行方案——针对城市道路交通系统,将空间资源和时间资源(交通设计和信号控制)组合在一个统一的框架下,探寻可行的时空优化组合。

2. 建立优化模型——从交通的角度将需要解决的实际问题表述为数学模型,并通过对其求解,寻找最优方案。

3. 评价优化结果——通过大量的算例和仿真试验,对各影响因素进行敏感性分析,对时空协同优化方案的适用性进行评价。

4. 提出建议措施——结合实际应用需求,给出对策措施或实施建议。

1.3.2 研究意义

1. 理论意义

本书试图在以往交通设计和信号控制理论的基础上,在以下几个方面有所突破。

(1) 突破分隔的设计方法,将控制变量组合考虑——以往一般将城市道路的空间优化设计和时间优化设计分成两个阶段进行,这样的划分虽然在操作层面使建设部门和管理部门有了较为清晰的工作范畴,但从理论层面,两者具有极强的相关性,打破两者的隔阂,更利于统筹优化的实现,因此有必要进行协同优化。

(2) 突破经验的设计方法,将优化过程模型表述——由于以往的道路交通设计的主要依据是上位的规划条件，而对后续管理控制措施缺乏细致周密的信息，因此与控制相关的设计参数一般只能依靠设计人员的经验或采用通用的设计方法确定。本书通过定量化的方法，对设计参数建立数学模型进行求解，为参数的确定提供了科学的依据。

(3) 突破普适性的设计方法，将空间资源灵活利用——传统的空间和时间分隔的设计方法往往造成道路几何设计偏向保守，以保证设计成果在后续控制阶段具有更广泛的适应性。时空协同优化的思想，为优化过程提供了更多的可调整参数，为优化问题提供了更广泛的可选择的方案，有助于根据实际交通需求条件，制定个性化的优化方案。

2. 实用价值

交通问题的普遍性和复杂性不言而喻，无论是在认识论上还是寻求对策方面，人类所作出的努力由来已久。通过本书的研究，希望能为改善城市道路交通的实际运行状况提供帮助。

(1) 提供交通管理经济可行的优化方案——城市交通的拥堵问题往往更多地集中在土地资源紧张的大城市，道路基础设施建设已接近饱和，这种情况下，更显示出对道路资源的集约化利用，挖掘现有道路资源潜力的必要性，本书提出的一系列经济可行的方案，可为管理部门提供更多的选择。

(2) 缓解城市道路日益严重的拥堵状况——城市道路拥堵问题是交通问题中最核心、最直观的问题，本书通过将提高道路通行能力作为主要的优化目标，使得优化方案能对交通需求具有更广泛的适应性，提高道路对交通的供给能力，从而缓解城市道路日益严重的拥堵状况。

(3) 提高城市交通应对需求变化的适应能力——随着城市活力和城市功能的不断增强，交通需求的波动性成为影响城市道路运行状况的重要因素，本书突破以往单单依靠信号控制进行调整的局限性，能为应对交通供需关系发生显著变化的情况提供更快速有效的应对方法。

1.4 文献综述

本书所关注的道路交通时空协同优化问题的特点是从控制角度出发，将道路交通空间结构这类以往主要由上位道路设计确定的参数，也作为控制阶段可优化的变量。因此，以往关于道路交通空间设计和信号控制的研究成果是本研究的基础，后文将根据所查阅资料，分别对道路交通空间设计、交通信号控制和组合优化的研究现状及发展动态作一综述。

1.4.1 道路交通设计

道路几何设计是早期城市道路研究的重点，在交通设计理论形成之初，其学术思想和主要研究内容主要包含于道路几何设计之中。早在 1912 年，美国工程学科的教科书中就讨论了道路几何设计的基本原理（白玉，2004；Fambro et al.，2000；曾滢，2010）。1940 年，American Association of State Highway Officials（AASHO，后更名为现在的 American Association of State Highway and Transportation Officials，AASHTO）正式制定了第一部道路几何设计规范，后经多次修订，形成了具有广泛影响力的设计手册 *A Policy on Geometric Design of Highways and Streets*（Green Book）（AASHTO，2011）。其中对不同等级道路机动性（Mobility）与可达性（Access）的考虑、进出交通的管理与控制（access control and access management）、渠化设计（channelization）、交叉口禁向管理（indirect left turns and u turns）等方面早已不是传统道路设计所涵盖的内容，而是交通设计思想的体现。此外，如加拿大的 *Geometric Design Guide for Canadian Roads*（TAC，1999）、英国的 *Design Manual for Roads and Bridges*（Highway Agency，2008）、澳大利亚的 *Guide to Road Design*（Austroads，2006）、日本《道路の計画と設計》（武部健一，1988）等国家的道路设计手册中均有涉及渠化设计（channelization）、左转车道设置（left-turn lanes）、车道数平衡（lane balance）等体现交通设计思想内容。随着交通设计理论体系的不断完善，现已作为一个独立概念被提出，并成为一项被高度重视的改善城市交通的方法和技术。其中，关于提高城市道路交通运行效率的研究主要包括以下几个方面。

1. 交叉口节点交通设计

交叉口是道路通行能力的瓶颈，往往制约整条道路乃至路网的服务水平。交叉口交通设计是从微观角度，通过路段和交叉口进口道、进口道和出口道、出口道和路段通行能力的有效匹配设计，以及进出口道和交叉口内部各类交通流渠化设计，在实现通行安全和有序的前提下，达到交叉口通行效率最大化。其研究可以分为常规交叉口设计和非常规交叉口设计两个层面。

常规交叉口交通设计主要是针对一般的交叉口通行规则，对交叉口的各组成部分进口优化设计。研究内容包括：交叉口设计模式（杨晓光，2003；白玉，

2004；杨晓光等，2010；赵靖和赵广福，2010）、交叉口渠化（Neuman，1985；Tarawneh and Mccoy，1996；Gowri and Sivanandan，2008）、左转交通设计（Oppenlander and Oppenlander，1989；王京元和庄焰，2007；Yu et al.，2008）、右转交通设计（Lin，1985；Oppenlander and Oppenlander，1989；McCoy et al.，1994；Fitzpatrick et al.，2006；Kikuchi and Kronprasert，2008）、掉头交通设计（Zang et al.，2009；Kong et al.，2011）、交叉口车道功能划分（王京元和王炜，2007；赵靖和郁晓菲，2007；Zhong et al.，2008；梁潇，2008；李丽丽等，2009；曾滢，2010）、交叉口视距（Harwood et al.，1996；Easa，2007；Ali et al.，2009）、停车线设置位置（彭国雄，1988；白玉等，2004；黎冬平和陈峻，2005）、车道宽度（Khattak et al.，2004；杭州市综合交通研究中心，2006；Potts et al.，2007）、非机动车与行人（孙明正，2003；景春光，2005；杨晓光等，2012；赵靖等，2012）、环形交叉口设计（AUSTROADS，1988；FHWA，1997a；Waddell，1997；Flannery，2001；汪涛，2007）等。

非常规交叉口设计主要是应对交叉口拥堵的情况，从提高交叉口通行能力的角度提出的一系列特殊的设计方法，主要有以下几种类型。

(1) 左转交通远引（indirect left-turn treatment）。这可以通过多种方式实现，如图 1-1—图 1-4 所示，包括基于中央分隔带掉头交叉口（median u-turn）、壶柄形交叉口（jug-handle）、超级道路交叉口（superstreet）、蝴蝶结形交叉口（bowtie）等（Hummer，1998a，b；Hummer and Reid，1990；Associates，2008；Hughes et al.，2010）。这些交叉口设计方案具有一个共同的特点，都试图禁止交叉口的某个或某些左转流向，从而通过减少交叉口的信号相位数和损失时间，来达到提高交叉口通行能力的目的。被禁止的流向则通过不同的绕行路径完成左转的交通需求。但由于需通过路网来实现交叉口的转向功能，上述方案对路网形态有一定要求，且这些被禁止的流向需要通过路网绕行才能到达目的地，不仅增加了这部分车流的行程时间，同时也增加了路网的总车公里

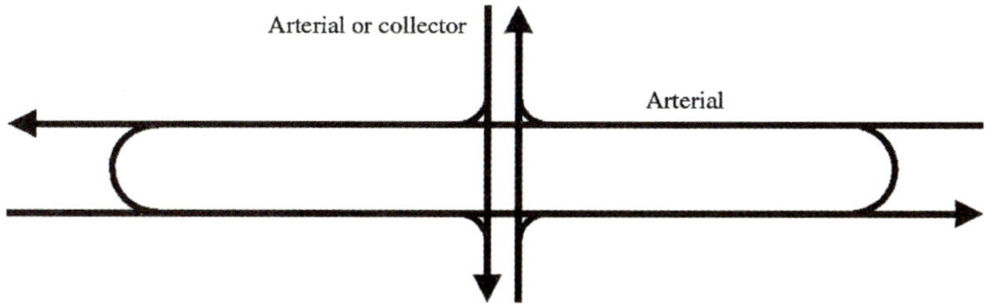

图 1-1 基于中央分隔带掉头交叉口(Hummer and Reid, 1990)

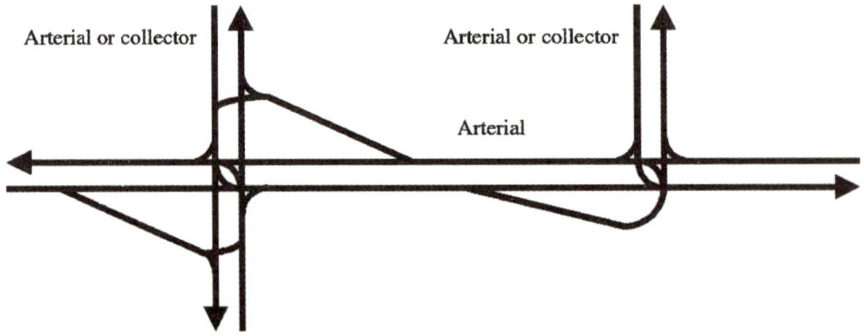

图 1-2　壶柄形交叉口(Hummer and Reid,1990)

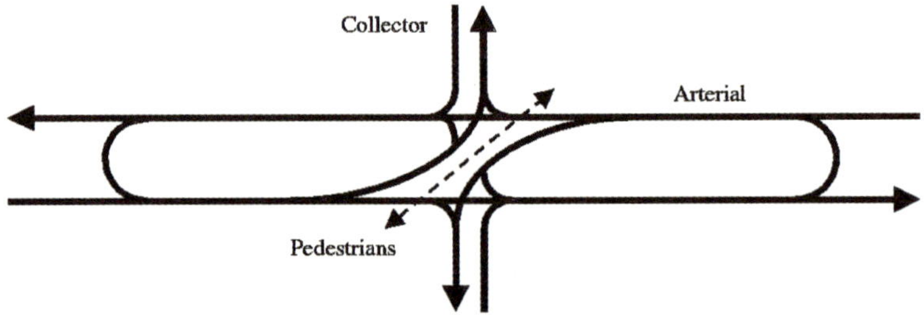

图 1-3　超级道路交叉口(Hummer and Reid,1990)

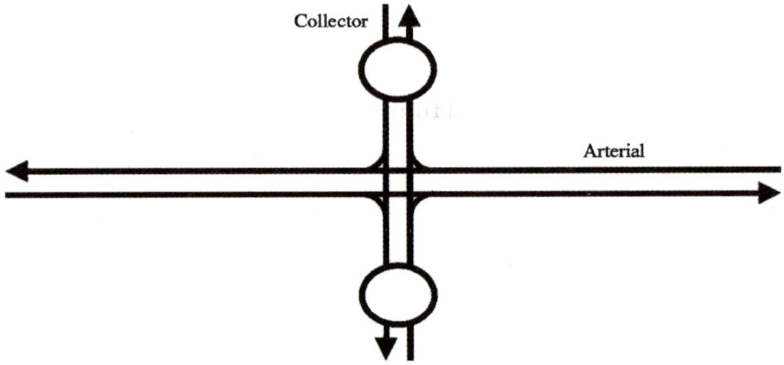

图 1-4　蝴蝶结形交叉口(Hummer and Reid,1990)

数,因此该方法一般适用于直行比例较大的情况,且有必要对路网整体效益进行评价。

(2) 连续流交叉口(continuous flow intersection, CFI)(Al-Salman and Salter,1974;Hummer and Reid,1990;Goldblatt et al.,1994;Associates,2008;Hughes et al.,2010)。如图 1-5 所示,它通过在交叉口上游路段设置预信号,并将进口左转车道布置在出口道的左侧(针对靠右通行规则的交叉口),

使得原本发生在交叉口内部的左转交通与对向直行交通间的冲突转移至交叉口上游的预信号处。该设计方案消除了交叉口处左转与对向直行的冲突，允许对向两个进口的左转和直行交通都在同一相位内放行，达到提高交叉口的通行能力的目的。然而，该设计在实际应用中的灵活性较差：首先，它需要对交叉口进行永久性改造，无法在运行过程中根据实际交通需求的变化选择启用或关闭；其次，它必须在对向两个进口同时采用；第三，它只有在左转和直行流量比与车道数均衡且两个进口交通需求与其车道数均衡的情况下才能取得良好的效果；第四，交叉口间距需要满足两个排队长度和车道变换的要求。

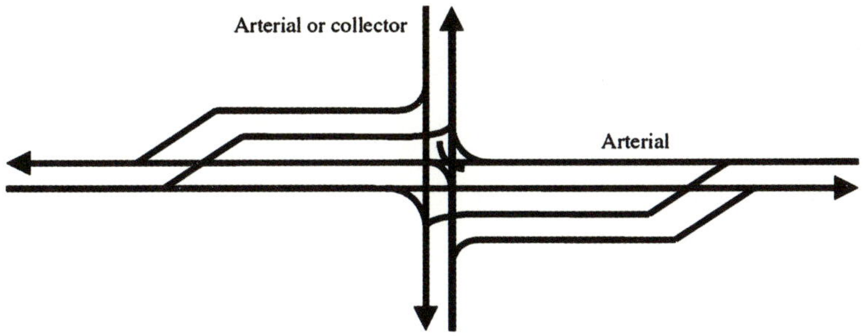

图 1－5　连续流交叉口(Hummer and Reid,1990)

(3) 串联交叉口(tandem intersection，或称为双停车线交叉口，double stop line intersection)(Xuan et al.，2009；Xuan et al.，2011；Ma et al.，2013；谢涵洲，2013)。如图 1－6 所示，它通过在交叉口上游增设停车线和预信号，对进入交叉口进口道的各流向车辆进行预组织。该设计方案将交叉口停车线与上游停车线间的空间作为综合待行区，利用预信号依次放行左转和直行车辆进入综合待行区，动态地将所有进口车道作为左转和直行车道使用。由于常规的交叉口在左转相位期间只有左转车道被使用，同样，在直行相位期间也只有直行车道被使用。而串联交叉口在上述两个相位期间，所有两个进口车道都能被充分利用，提高进口车道的利用率，增加交叉口通行能力。然而，串联交叉口需要对所有车辆与组织，增加了停车次数，尤其对于非饱和情况，可能造成车均延误的增加，因此一般仅适用于过饱和的情况。此外，交叉口间距同样需要满足预信号处排队长度的要求。

常规交叉口的运行方式已被人们普遍接受，但随着交通需求的不断增加，交通拥堵问题日益突显。尤其在左转交通量较大的情况下，仅仅依靠设置左转专

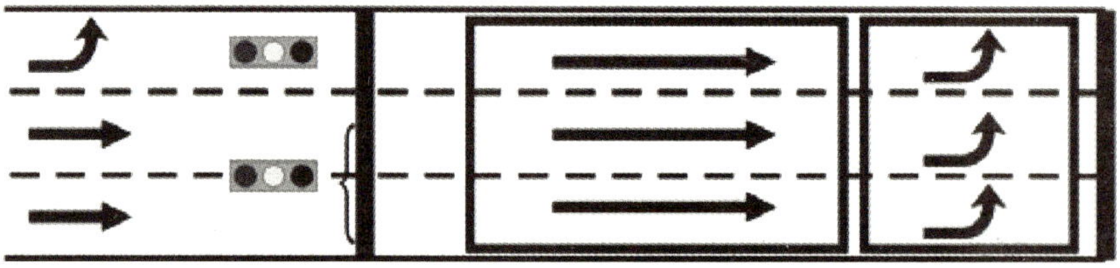

图 1-6 串联交叉口(Xuan et al. ,2011)

用车道和专用相位,往往无法缓解交叉口的拥堵状况。因此,需要对传统设计方法进行改进,使交叉口的资源得到更充分的利用。针对特殊的交通问题,探索非常规的交叉口设计方案,提高交叉口通行能力,已成为交通运行组织与管理领域的研究热点之一。

2. 连线及通道交通设计

对于由两个交叉口构成的连线及多个交叉口顺连构成的通道,除交叉口要素外,增加了路段要素。各节点之间的空间协调设计以及通行能力的匹配是研究关注的焦点,其核心仍是均衡交通供需关系,避免道路资源的浪费。

对于两相邻交叉口构成的连线,协调设计主要试图解决两个交叉口各进出口车道布置及其与路段各流向车道布置的关系(白玉,2004;杨晓光等,2006)。其中,短连线交叉口群由于交叉口间距较短,存在车辆排队长度超过两交叉口之间的路段长度导致溢流发生的隐患,这在菱形立交的地面部分尤为典型。因此,如何提高内部路段的运行效率,从而提高短连线交叉口整体通行能力是研究人员长期关注的问题。将两相邻交叉口进行一体化的渠化设计是传统应对短连线交叉口的设计方法,主要包括相邻交叉口展宽段、展宽渐变段、行人过街、公交停靠站的一体化设计以及车道功能的优化(杨晓光,2003;白玉,2004)。针对菱形立交地面部分这一特殊而又典型的短连线交叉口型式,由于它是城市中最常用的立交型式,格外受到研究人员的关注,在设计层面,以往研究试图寻找非常规的设计控制方法,提升菱形立交的通行能力。如图 1-7 所示,分离菱形立交(Diverging Diamond Interchange, DDI,或称为 Double Crossover Diamond Interchange)由于较传统的菱形立交具有更高的运行效率,是一种最普遍的非常规菱形立交设计。该设计方案的核心思想是对内部路段的交通进行重新组织,将往返两个流向的车道方向互换,即对于采用右行规则的地区,立交内部路段的某流向交通将在对向交通的左侧通行。如此,虽然对于地面来往两个直行交通需要互相穿越两次，但从匝道左转进入内部路段的车流以及从内部路段左转进入匝道的车流都无需穿越对向车流（Edara et al.，2005；Yang et al.，2013）。由此，DDI设计可采用两相位的信号控制，从而大大提高了通行能力（Chlewicki，2003；Bared et al.，2005；Smith and Speth，2008；Bared，2009；Maji et al.，2013）。然而，但该方法需要改变常规的通行规则，将靠右行规则改为靠左侧通行，不符合驾驶员的驾驶习惯。此外，大部分的DDI设计均假设快速路辅路不存在或禁止匝道车辆直行，若考虑匝道直行车流，DDI设计仍需要3相位信号控制，其改善效果将大大降低（Martinez and Cheu，2012）。并且该设计需要对交叉口连线进行永久性改造，无法在运行过程中根据实际交通需求的变化选择启用或关闭，因此在实际的应用中不具有很强的灵活性。

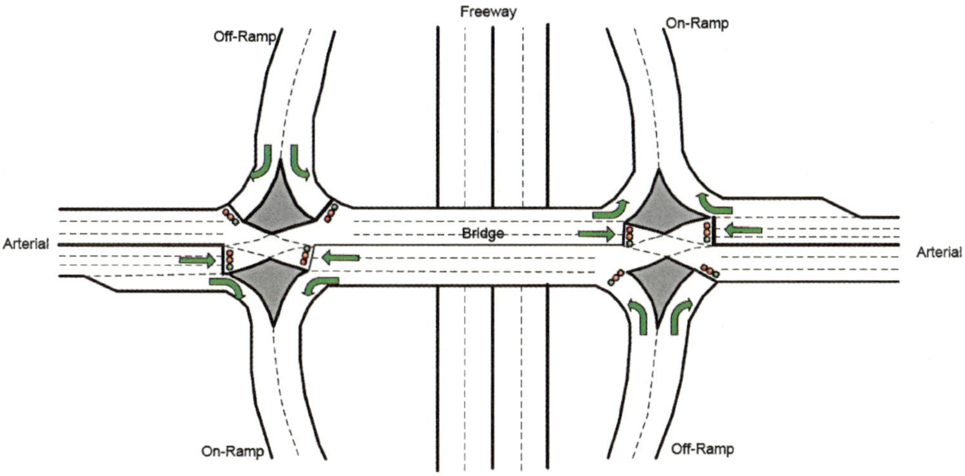

图1-7 分离菱形立交(Yang et al. ,2013)

对于通道，以往研究主要关注干道功能的保障，通过确定合理的信号控制节点间距、控制出入口数量、位置和形式来减少连接交通对主线的影响。对于交通压力较大的地区，主要的优化策略包括变向交通组织和单向交通组织。由于设置单行线后禁行流向车流需要绕行，因此，将在网络层面对其进行讨论。这里主要讨论可逆车道（又称为潮汐车道）的控制与管理。关于路段可逆车道的概念，目前已得到了广泛认可和应用。其基本原理为，通过重新分配往返两个流向的车道数，使得通行能力与交通需求相匹配。可逆车道最早在1928年在美国洛杉矶使用，通过设置可逆车道来应对潮汐交通问题（Dorsey，1948）。经过几十年的发展，可逆车道已通过各种形式在全球范围内使用，来处理多种不同的交通问题(Wolshon and Lambert,2004),包括高峰时段交通需求不均衡问题(Upchurch,1975;Agent and Clark,1980;Nava et al.,2012)、大型活动交通管理(Gillis,1990;Lambert and Wolshon,2002;Wojtowicz and Wallace,2010;Hua et al.,2013),以及紧急疏散和救援中(Wolshon,2001;Theodoulou and Wolshon,2004;Ren et al.,2012)。同时,为便于实际应用,AASHTO(2011)、ITE(2009)、JSCE(1989)和FGSV(2006)等交通研究机构编制了可逆车道的设置指南。

3. 道路网络交通优化组织设计

交通组织是从宏观层面,应对交通的拥堵和设施的不当使用,常通过交叉口转向限制、交叉口冲突点消除、变向交通组织、单向交通组织等交通组织策略,提高道路网利用率和通行效率,均衡交通需求在路网上的分布,以实现交通需求和供给之间的平衡。

流向禁限是从网络角度缓解交叉口拥堵状况的主要措施(Yu and Prevedouros,2013)。它通过减少信号相位数从而减少损失时间,同时增加其他流向的车道数,从而增加了交叉口通行能力。然而,被禁止流向车流需要通过路网绕行到达目的地,造成路网总车公里数的增加。因此,该措施在应用需特别考虑禁止流向的绕行问题,以免引发新的交通问题。美国公路合作研究组织(NCHRP)的报告(Bonneson and Fontaine,2001)详细给出了左转禁止措施的实施条件,但对于实施效果仅能给出粗略估计。近些年,研究人员基于离散网络优化,对交叉口流向禁限措施的实施地点及效果进行了分析,并利用双层规划模型对其进行优化。

交叉口流向禁限的一种极端情况是通过流向的合理禁限,将信号控制交叉口转变为连续流交叉口,将交叉口冲突点消除(uninterrupted flow intersection、crossing elimination intersection)。它最初在应急疏散路径规划中使用(Cova and Johnson,2003)。之后,Luo and Liu(2012,2013)开始关注信号控制交叉口与连续流交叉口的合理布局问题,并从静态和动态不同角度讨论了应急疏散网络优化问题。Xie等(2010,2011)进一步将其与路段可逆车道相结合,建立针对应急疏散网络的组合优化模型(图1-8)。

变向交通组织,该措施已通过各种形式在全球范围内使用,来处理多种不同的交通问题。除上述在通道层面对其设置条件进行的研究外,更多的研究是从网络层面,对其路网布局进行研究。大量双层规划模型被用来优化道路网络服务水平(Yang and Bell,1998a)。其中,上层规划一般以系统总行程时间最小为

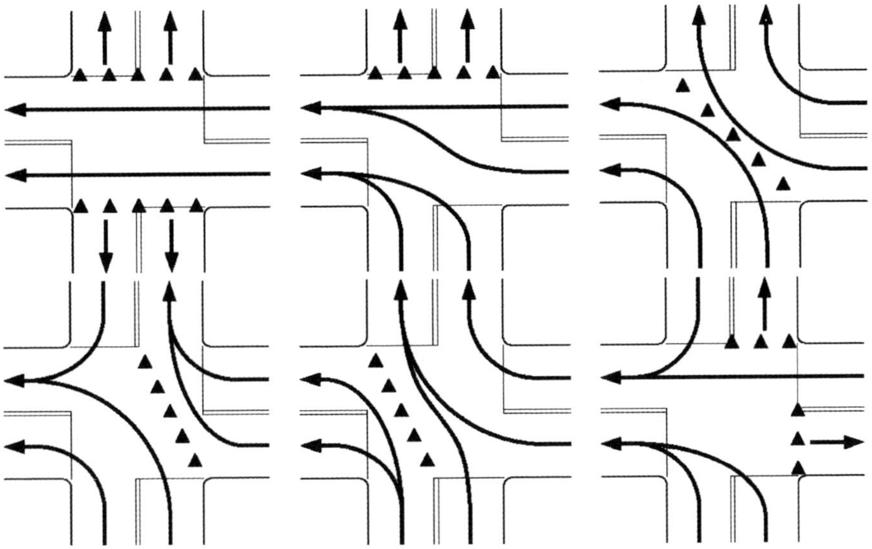

图 1-8 交叉口冲突点消除示例(Xie et al. ,2011)

优化目标,下层驾驶员路径选择行为的描述则有多种形式,包括系统最优分配(Tuydes and Ziliaskopoulos,2004)、用户均衡分配(Zhang and Gao,2007)、随机用户均衡分配(Wu et al. ,2009)、元胞自动机模型(Kalafatas and Peeta,2009)等。Karoonsoontawong and Lin(2011)在原有静态模型的基础上,加上时间序列,实现路段可逆车道的动态优化,从而可根据每天交通量变化,制定路段可逆车道方案。

路段可逆车道的特殊情况是将路段所有车道供一个方向使用,形成单行线交通。有大量研究表明,单行线设置可显著提高路网的通行能力(Dorroh and Kochevar,1996;Schwinger et al. ,1999;Vo et al. ,2007;Chiu et al. ,2007)。但这些研究都是针对特定的路网案例展开的,因此无法得到普遍性结论。Gayah and Daganzo(2012)从宏观上对比了单行线系统和双向行驶系统路网的通行能力,发现当平均出行距离较短时,双向行驶的路网具有更高的通行能力。这主要是由于单行线与交叉口流向禁限管理类似,都存在车辆需要绕行的问题。为了保证单行交通措施的合理性和有效性,双层规划模型被用来从路网角度确定单行线的最优化设置问题(Tuydes,2005;Shi et al. ,2009;Long et al. ,2010)。

上述交通设计的优化成果均作为控制、管理阶段的输入参数。

1.4.2 交通信号控制

交通信号灯控制是道路系统最普遍的交通管理形式，用来在时间上给交通流分配通行权，是缓解城市交通拥堵最高效、最灵活的方法之一（Wong et al.，2005）。信号控制交叉口的实际通过能力，以及车辆通过交叉口时受阻滞程度，都直接受配时方案影响。因此，改善配时设计方法，设法寻求最优配时方案，成为提高交叉口运行效率的关键。

1. 单点控制交叉口配时

单点控制交叉口配时是最基本的信号控制方法。最早由 Webster(1958)提出，该理论基于车辆平均到达率在所取时间段内稳定不变且到达分布满足泊松分布为假设条件，确定信号周期以及每个方向上绿灯的起讫时间。Allsop(1972)提出了以通行能力最大为目标的单点信号控制方法。流量系数（common flow multiplier）首次被引入作为交叉口服务水平的优化目标。这个交叉口通行能力最大化问题由线性规划模型描述，其整个优化过程后被编制成了 SIGCAP 优化程序，用以估算单点信号控制交叉口的通行能力。对于上述基于相位阶段（stage-based）的优化方法，阶段的划分和顺序是整个配时过程的关键输入。为了能在信号配时设计中采用最优的阶段划分方案，Tully(1976)基于图论提出了一种生成备选阶段划分及其顺序的算法。Gallivan and Heydecker(1988)又对该算法进行了改进，允许某阶段可在整个周期中多次出现。但由于阶段内部交通流之间冲突所造成的通行时间的额外损失会严重降低整个交叉口的运行水平。为了解决该问题，Heydecker(1992)将所有可行的周期结构归为相对较少数量的等价类，并将各等价类用后继函数来描述。这大大减少了备选方案的数量，从而显著提高了计算效率。由于后继函数是针对各交通流进行描述的，因此它可以很好地将各种相位相序方案公式化。Improta and Cantarella(1984)建立了基于信号灯组（group-based）的信号配时优化方法，由混合整数线性规划模型描述。在该模型中，相互冲突的车道组被禁止在同一时刻通行，并且在相互冲突的一股交通流绿灯结束时刻和下一股交通流绿灯开始时刻之间需设置足够长的清空时间，以保障通行安全。Allsop(1992)总结了基于相位阶段（stage-based）和基于信号灯组（group-based）两种信号配时设计方法的数学模型和优化方法。

2. 线协调控制交叉口配时

Allsop(1968)提出，可以通过信号协调控制的方法降低道路网络的车辆延误。其中,线协调控制(或绿波控制),是最基本的协调控制方法,它通过协调相邻交叉口的相位差,使得大部分车辆能够以一定的行驶速度连续通过几个交叉口。交叉口之间的协调关系,主要体现在车流运动图式上。其中,停车线断面的车辆到达率与时间关系图式是决定所有车流运动参数(排队长度、延误时间、停车率)的基本因素。因此,通过数学模型预测停车线断面的车辆到达率与时间关系图式成为协调控制的关键内容(全永燊,1989)。

尤其是对于相邻间距很近的两个信号控制交叉口,其运行过程会相互影响,往往需要将两个交叉口协同考虑,采用特殊的信号相位设计和配时方案。如前文所述,菱形立交地面部分是这一类型交叉口连线的典型代表。通过优化信号控制,提高其运行效率的努力(Messer and Chang,1987;Chaudhary and Chu,2000; Tian,2004),主要包括两种控制相位方案:3 相位的控制方法(Munjal,1971; Messer et al.,1977)和 4 相位的控制方法(Engelbrecht,2001; Engelbrecht and Barnes,2003;Gordon and Tighe,2005;Pham et al.,2011)。如图 1-9 所示,3 相位的控制方法将菱形立交的两个交叉口分别单独考虑,每个交叉口都可由 3 相位进行控制,分别放行相交道路的直行交通、内部路段的左转和直行交通,以及匝道各流向交通。当交通量较小时,3 相位进行控制由于可减少信号周期时长,因此具有较高的运行效率。然而,当交通量增加后,该控制方法易造成内部路段排队溢出从而使交叉口运行瘫痪(Gordon and Tighe,2005)。

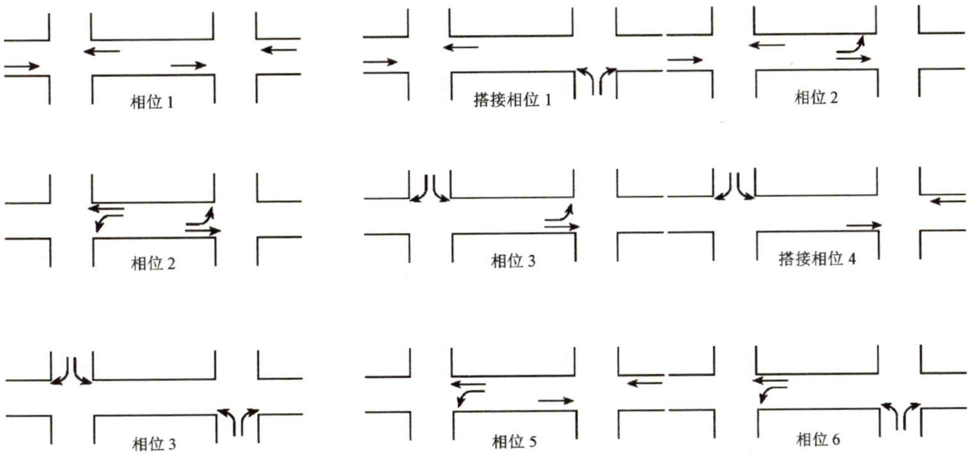

(a) 3 相位方案(CTP)　　(b) 德克萨斯 4 相位方案(TTI)

图 1-9 菱形立交常用的信号相位方案(TRB,2000)

4相位的控制方法通过给菱形立交地面交叉口连线每一个进口一个单独的相位，从而最大限度地避免了排队溢出问题的发生。然而，由于采用了4相位，增加了必要的周期时长，会降低交叉口的通行能力(Fang，2004)。此外，该控制方法可能减少相交道路直行主流向的绿信比，在交通量较小时，交叉口延误较3相位的控制方法高(TRB，2000；Nelson et al.，2000)。上述多相位设计方案的关键在于把握流量、排队长度和配时之间的关联性，使两个相邻交叉口能顺畅地协同运行。

3. 网络协调控制及交通信号控制与交通分配的结合

将路网上若干交叉口的信号配时进行协调，对其周期时长、绿信比以及相位差作统筹安排，即形成了网络协调控制(全永燊，1989)。以往对该问题已有了深入研究，取得了丰硕的研究成果(Wong and Wong，2002)。并形成了成熟的信号控制网协调配时设计方法(如TRANSYT)。

上述研究成果都是基于固定需求的，如现状观测数据或交通规划的预测数据，不考虑用户的路径选择行为。然而，在大多数情况下，当新的设计方案实施后，交通需求都会发生较大变化，这也是造成设计方案的实际运行效果往往不如预期的主要原因。为了避免上述问题，Allsop(1974)和Gartner(1975)提出将交通分配和信号控制问题相结合(The Combined Traffic Assignment-signal Control Problem，CTAC)。根据对信号控制的优化目标的不同，CTAC问题可分为信号控制局部优化(Local Optimization of Signal Settings，LOSS)和信号控制全局优化(Global Optimization of Signal Settings，GOSS)(Cascetta et al.，2006)两类。在LOSS问题中，网络中的交叉口信号控制方案的生成通常以该交叉口效益达到局部最优为目标，且各交叉口之间相对独立(Smith and Vuren，1993；Meneguzzer，1995；Gartner and Al-Malik，1996)。另一方面，在GOSS问题中，网络中的信号控制方案的生成通常以某全局效益指标的最优化为目标(Sheffi and Powell，1983；Cascetta et al.，1999)。根据交通分配模型的不同，CTAC问题还可分为基于静态交通分配的CTAC和基于动态交通分配的CTAC。目前，大部分的研究主要围绕基于静态交通分配的CTAC问题。基于动态交通分配的CTAC问题的研究起步于20世纪90年代末，虽然从理论上讲更为接近实际，但这类CTAC问题更为复杂。另一方面，由于所引入的动态交通分配(Dynamic Traffic Assignment，DTA)问题本身的研究还不够成熟，故研究成果相对较少。现有研究主要围绕理论框架(Gartner and Stamatiadis，1998)、数学建模(Chen and Ben-Akiva，1998；Abdelfatah and

Mahmassani，1998；Beard and Ziliaskopoulos，2006）、模型求解（Varia and Dhingra，2004）及其应用（Abdelghany et al.，1999）等问题。对于CTAC的建模问题，双层规划是目前最有效的方法。Chen（1989）在实际路网上对比了4种双层规划模型，它们采用不同信号配时方法和延误计算模型。Yang将应用双层规划模型研究了过饱和状态下的CTAC问题（Yang and Yagar，1995）。Ceylan和Bell建立了一种双层CTAC模型（Ceylan and Bell，2004），整合了遗传算法（Genetic Algorithm，GA）、TRANSYT以及路径流量预测器（Path Flow Estimator，PFE）。

上述信号控制优化都需要道路几何条件作为其优化的基本输入参数。

1.4.3 组合优化

各设计要素之间的关联性是道路交通系统的特点之一。无论是不同的交通组织策略之间，还是时间与空间优化措施之间，都会相互影响。忽略这些相互作用将导致优化结果非最优性，并可能造成道路运行状态无法满足正常运行的需求。为了应对这一问题，集成（组合）优化的思想应运而生。现有研究成果主要包括以下几个方面。

1. 交叉口车道功能与信号配时的组合优化

车道功能是影响交叉口空间资源分配的重要因素之一，它不仅直接影响交叉口空间资源的分配，而且是信号控制设计的前提条件，间接影响信号相位相序的选择。传统上，对于静态的车道功能划分主要以交叉口关键流量比之和作为方案合理性的判断依据（Lam et al.，1997）。为保障交叉口正常运行，一般要求交叉口关键流量比之和不大于0.9（吴兵和李晔，2007）。

为追求最优的管理控制效果，有研究提出将车道功能划分与信号控制相结合的组合优化方法。Lam（1997）最早提出将进口道车道功能划分与信号配时整合在一个优化流程中。之后，Wong提出了基于车道控制的车道功能划分与信号配时的组合优化模型，根据优化目标的不同，建立了两类模型：一类是分别以通行能力最大和信号周期最短为优化目标的二进制混合整数线性规划模型，采用分支定界法求解（Wong and Wong，2003a）；另一类是以延误最小为优化目标的二进制混合整数非线性规划模型，采用割平面算法和启发式线性搜索算法求解（Wong and Wong，2003b）。这类组合优化方法将车道功能划分和信号配时一同考虑，并同步优化求解，研究结果表明能显著提高交叉口的运行水平。

2. 不同交通组织策略的组合优化

相对于交叉口而言，上述网络层面的交叉口转向限制、交叉口冲突点消除、变向交通组织、单向交通组织等交通组织策略的组合优化更具复杂性。然而，以往研究主要还是针对单个交通组织策略。在少量的组合优化研究中，Xie and Turnquist(2010，2011)针对网络疏散问题，提出了一种将交叉口冲突点消除与变向交通组织相结合的优化方法，但在该模型中未考虑交叉口车道功能及信号配时。Luo and Liu(2012，2013)将在研究信号控制交叉口与连续流交叉口的合理布局问题中，在通过交叉口流向禁限实现交叉口冲突点消除的同时，也考虑了网络中常规交叉口信号配时的影响，将交叉口冲突点消除这种交通组织策略与交叉口信号配时进行了组合优化。

3. 区域交叉口车道功能与信号配时及交通分配的组合优化

在上文信号控制部分提到的关于网络协调控制中交通信号控制与交通分配相结合的方法，均假设受信号控制交叉口的几何条件是信号控制优化的外部输入条件。但对于需要考虑驾驶员路径选择行为的网络优化而言，各交叉口各流向的交通需求会根据方案的不同而改变。因此，在信号配时及交通分配之前预先给定交叉口车道功能方案，较单点优化更难达到良好的优化效果。Wong(2002)提出了将交叉口车道功能与信号配时及交通分配统一在一个优化框架之中。但在具体模型求解中，车道功能与信号配时的优化仍是分步进行，并且模型中未考虑任何交通组织策略。

1.4.4 综合评述

综上所述，通过各种技术手段(空间上、时间上、常规的、非常规的、静态的、动态的)提高城市道路交通运行效率，将现有道路资源的利用率发挥到极致，是目前交通运行与管理研究的重要内容。

无论是从交通设计、交通组织还是信号控制，对于单个策略优化的研究已较为成熟。相对而言，由于各种优化策略之间存在相互影响制约的关系，试图用数学的方法描述这些关联性并非易事，使得组合优化在模型建立、求解和分析中都需要面对比单个策略优化更复杂的问题。但正是各种优化策略之间关联性的存在，欲在现有基础上进一步提升道路系统的通行能力，组合优化，特别是时间与空间的协同优化之路势在必行。本书将针对该问题展开研究，尤其针对控制层面，通过对城市道路空间的优化控制，将以往作为交通信号控制阶段输入参数的部分空间结构要素，也作为优化的控制变量，将其与信号配时构建在统一的优化控制框架之下。

1.5 研究定位、内容和技术路线

1.5.1 研究定位

本书以道路交通时间和空间要素为主要的优化对象（优化什么），以道路机动车交通通行能力为基本的优化条件和目标（为什么要优化），采用空间和时间集成的最优化方法（怎样优化），对道路交通系统进行控制，提高其运行效率。

本书将从中微观层面，针对机动车交通，建立空间变量（路段各方向车道数量、交叉口转向、车道功能）和时间变量（信号相位、相序、周期、绿信比、相位差）的组合优化模型，并基于算例、仿真及驾驶模拟实验评价，构筑提升通行能力的道路交通流通行权时空协同优化控制理论与方法。

1.5.2 研究内容

空间和时间是道路交通系统正常运行所依赖的两项资源，由于土地对于城市而言是一种稀缺的资源，同时由于时间一维性，即供给毫无弹性、无法储蓄、无法替代、无法失而复得的性质，也是一种稀缺的资源，因此，对其高效利用是交通研究人员追求的目标。本书对城市道路交通时空协同优化展开研究，从点、线、面三个层次出发，利用道路现有资源，在对道路进行少量改造的基础上，拟建立下述几种道路交通时空协同优化方法：

1. 在节点层面，针对传统的优化步骤（依次确定允许及禁止流向、进出口车道、各进口车道功能和信号配时参数），基于车道控制理论，自下而上逐步提出空间结构与信号控制相结合的变结构优化方法，分别形成车道功能动态控制、出口车道动态控制和基于中央分隔带掉头的交叉口流向控制三种时空协同优化控制方法。并分别建立了（非）线性混合整数规划模型。通过算例及仿真分析，对其交通运行效益及适用条件分别进行了评价。

2. 在连线和通道层面，除了考虑沿线交叉口的流向管理、车道方向、车道功能和信号配时之外，重点对路段车道的优化布置进行了研究。从可逆车道的动态使用和可逆车道与其他交通管理措施的组合使用两个角度，分别针对交叉口连线和通道，形成基于动态可逆车道的连线交通控制和基于可逆车道的干道交通优化控制两项时空协同优化控制方法。并分别建立了（非）线性混合整数规划模型。通过算例及仿真分析，对其交通运行效益及适用条件分别进行了评价。

3. 在网络层面，由于研究范围的扩展，诸如转向禁止、冲突点消除、可逆车道和单向交通等交通组织策略的组合更为多样，相互关系也更为复杂，此外，还需要考虑驾驶人路径选择行为的影响。将从多种交通组织策略的组合优化和针对转向交通的动态控制两个角度，形成两项时空协同优化控制方法，并分别建立双层规划模型和线性混合整数规划模型。通过算例分析，对其交通运行效益及适用条件进行了评价。

1.5.3 技术路线

本书的研究按照道路交通时空协同优化控制的需求与要素—理论与模型—评价与建议的思路展开，具体如图 1-10 所示。

1. 道路交通时空协同优化基本要素分析

对道路交通网络的空间要素进行辨识，确定车道作为构成整个交通道路网络最基本且可控的要素，包括数量、方向、功能和信号配时参数等优化变量都可定义车道上，因此，本书将其作为最基本的优化要素。

2. 道路交通时空协同优化方法建立

从点、线、面三个层次出发，利用道路现有资源，在对道路进行少量改造的基础上，建立一系列道路交通时空协同优化方法。

3. 道路交通时空协同优化效果评价

主要从以下三个方面对时空协同优化控制效果进行评价：① 理论评价，从理论上分析所采用的时空协同优化方法是否可实现预期目标，并对优化的程度进行评价(主要针对优化目标)；② 仿真评价，在典型工况条件下基于微观仿真实验对交通运行的各项指标进行评价，检验控制方法的适用性；③ 潜在风险评价，新的控制方法会对驾驶行为产生影响，反过来影响控制的实际效果，通过在典型工况条件下的驾驶模拟实验，检验控制方法对驾驶员驾驶行为的潜在影响。并根据评价结果给出实施建议。

1.6 本章小结

本章首先介绍了研究背景，从社会需求和科学问题两个方面指出了本书研究的必要性。然后阐述了研究的目的和意义，表明了将道路空间资源和时间资源

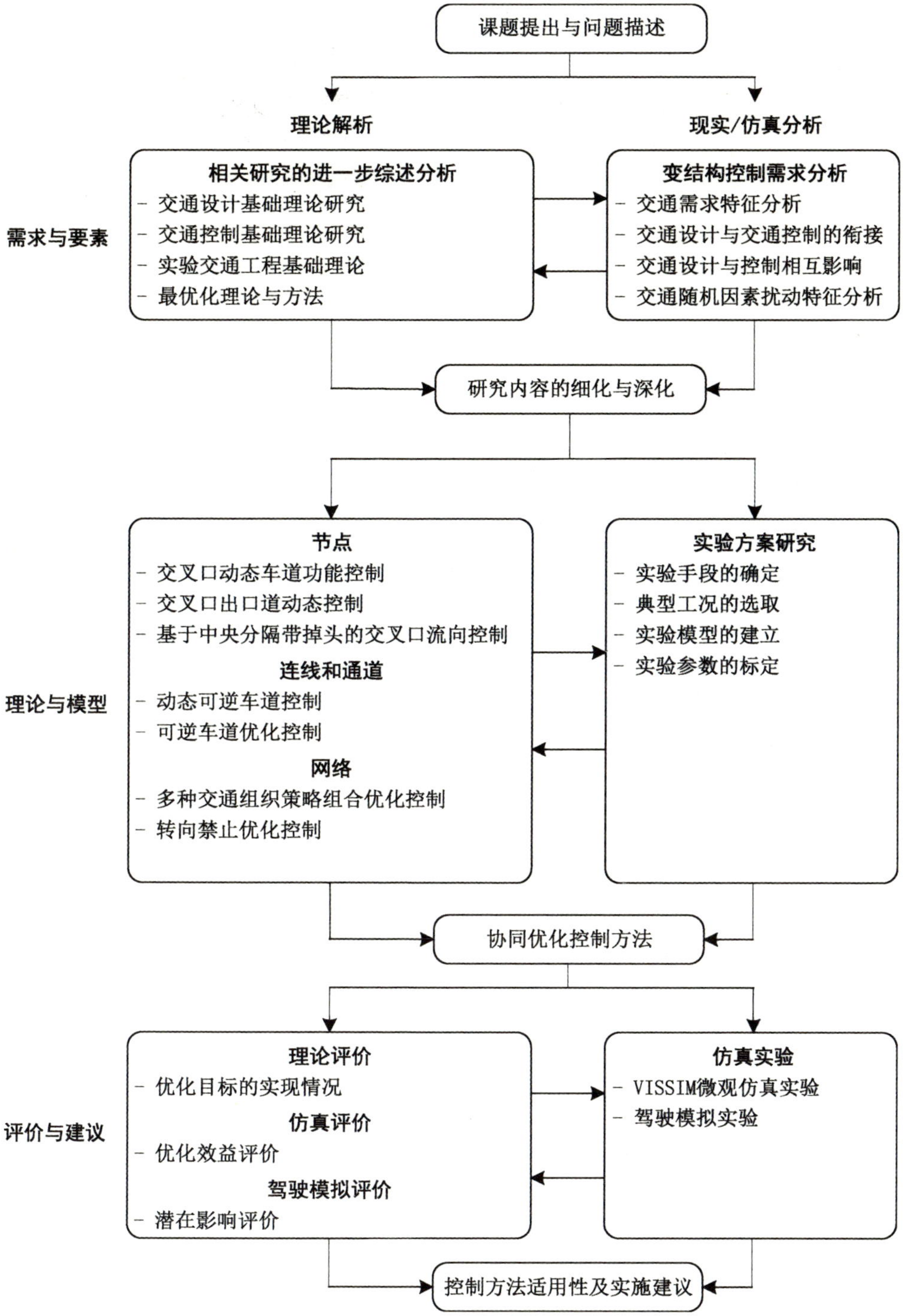
课题提出与问题描述
理论解析
现实/仿真分析
需求与要素
相关研究的进一步综述分析
- 交通设计基础理论研究
- 交通控制基础理论研究
- 实验交通工程基础理论
- 最优化理论与方法
变结构控制需求分析
- 交通需求特征分析
- 交通设计与交通控制的衔接
- 交通设计与控制相互影响
- 交通随机因素扰动特征分析
研究内容的细化与深化
理论与模型
节点
- 交叉口动态车道功能控制
- 交叉口出口道动态控制
- 基于中央分隔带掉头的交叉口流向控制
连线和通道
- 动态可逆车道控制
- 可逆车道优化控制
网络
- 多种交通组织策略组合优化控制
- 转向禁止优化控制
实验方案研究
- 实验手段的确定
- 典型工况的选取
- 实验模型的建立
- 实验参数的标定
协同优化控制方法
评价与建议
理论评价
- 优化目标的实现情况
仿真评价
- 优化效益评价
驾驶模拟评价
- 潜在影响评价
仿真实验
- VISSIM微观仿真实验
- 驾驶模拟实验
控制方法适用性及实施建议

图 1 - 10　研究技术路线

统筹优化是当前进一步挖掘道路潜力，提升城市道路通行能力，缓解城市拥堵的必经之路。随后，分别从道路交通空间设计、交通信号控制和组合优化三个方面对研究现状进行了综述，并发现时空协同优化正是目前交通运行与管理研究中亟待解决的问题。最后对本书研究进行了定位，并对研究的主要内容、方法给予了描述，提出了较为清晰的研究思路和技术路线。后文将基于时空协同优化的思想，从节点、连线、通道和网络三个层面，对于信号控制和道路空间的交通流通行权控制理论进行探讨，建立一系列提升道路通行能力的方法，将现有道路资源的利用率发挥到极致。

第2章 时空协同优化控制基础问题

本书所研究的时空协同优化控制问题其实质是一个最优化问题(optimization problem)，即在给定约束之下，从有限的道路空间和时间中，寻求使某一(或某些)指标达到最优解答的问题。在介绍具体的优化方法之前，本章将对时空协同优化控制的一些共性的基础性问题进行讨论。主要包括三个方面：首先是为什么要优化，即优化目标的确定，它是优化过程的第一要素。其次是优化对象，整个优化过程都是为了使优化对象达到预定目标进行的，因此优化对象直接决定了可利用的资源和约束条件。最后是优化建模方法，即如何用数学语言来描述，在一给定的资源条件下，求某优化目标极值(极小化或极大化)的问题，并求解该问题得到相应的最优解。

2.1 优化基本目标

本书基于时空协同优化的思想，通过对现有道路资源的高效利用，缓解城市道路拥堵问题，因此将提升道路通行能力作为优化控制的基本目标。

道路通行能力是指在给定的时间段内，在一定的道路、几何线型、交通、环境和管制条件下，通过车道或道路某一点或某均匀路段的最大可持续的合理期望交通流率。

本书将采用储备通行能力(reserve capacity)的概念。它最早是在单个信号控制交叉口中使用，被定义为在各进口通行能力、周期时长、最短绿灯时长等约束条件下，交叉口所能处理的给定流量的最大系数(Webster and Cobbe，1966)。之后，Wong(1996)将储备通行能力的概念应用在优先控制交叉口和环形交叉口。Wong and Yang(1997)又将储备通行能力拓展到信号控制网络中。与单个交叉口类似,网络的储备通行能力被定义为在连线和交叉口饱和度不超过限定值的条件下,交通网络所能容纳的给定交通需求 OD 矩阵的最大系数。Yang and Bell(1998a,b)将它引入网络设计,作为优化目标,并研究了传统网络设计中的贝叶斯悖论问题,指出储备通行能力的概念可以避免这个问题。

按通行能力计算出的总通行能力能够反映出交通设施最薄弱部分,但没有考虑交通需求分布的影响。由于道路交通系统中各组成部分通常不会同时达到饱和,总通行能力对应的是一种理想状态。而储备通行能力反映的是交通设施所能容纳的给定交通需求矩阵的最大流量系数,即交通需求按实际情况等比例增大或减少后,交通设施达到饱和时对应的交通流量,考虑交通需求分布的影响,更符合工程实际分析要求。

2.2 控制基本对象

分解和建构是科学研究的基本方法之一。本书的研究试图将道路交通空间和时间要素建立在一个统一的框架中进行优化。在交通运行层面,道路空间设计要素主要包括:节点与节点的连通性、连线与连线的连通性、交叉口车道功能划分以及路段车道布置等;道路时间控制要素主要包括:交叉口的信号周期、各流向通行的先后顺序(相位)、各流向绿信比以及两个控制单元之间的相位差。

怎样才能理解对象结构组成的内在关系,一种流行而往往有效的方法是把研究对象分解为越来越小的部分。物理学家把晶体分解为原子,又把原子分为更小的粒子,即原子核和电子。现代物理学研究的一个重要分支就是与更为“基本”的粒子——夸克和胶子打交道,但二者也许还都不是物质的最基本的构件。生物学家从组织分拨出细胞,再把细胞分解成诸如细胞膜和细胞核等组成部分,进而又把细胞核分拆成生物分子这种组成形式。我们可以从各种各样的科学领域补充不可胜数的例子。如图 2-1 和图 2-2 所示,发现车道是道路空间和时间控制中最基础的要素,它可包含数量、方向、功能、长度、允许通行的起止时刻等道路时空信息。通过车道的组合,可进一步得到交叉口车道功能划分和路段车道布置,进而构成路网拓扑结构(节点与节点的连通性、连线与连线的连通性)。

具体而言,从道路空间角度,一个交通道路网由节点和连接节点的连线构成,对于交叉口节点可包含有多个岔口,每个岔口又可分为进口道和出口道,它们分别由一条或若干车道组成,通过定义每条进出口车道的方向和功能,便可描

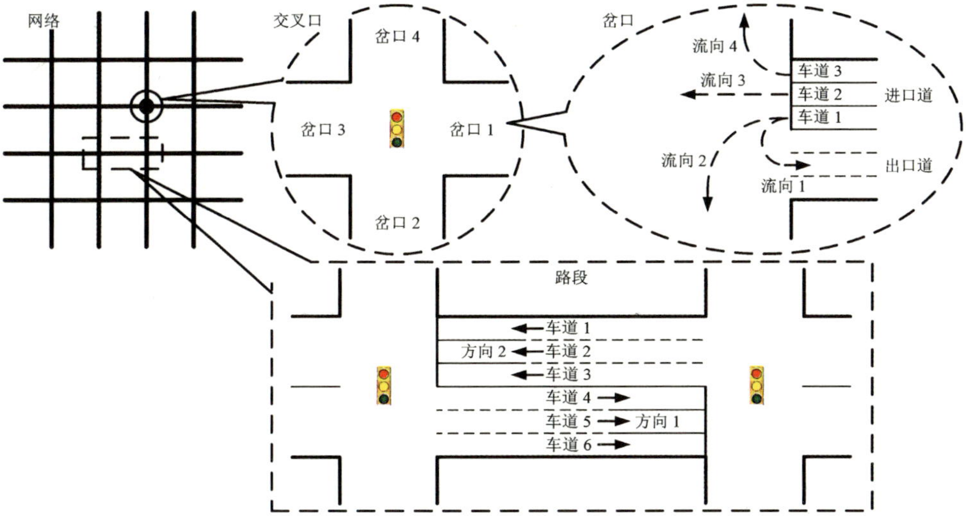

图 2－1　道路网络构成要素示意图

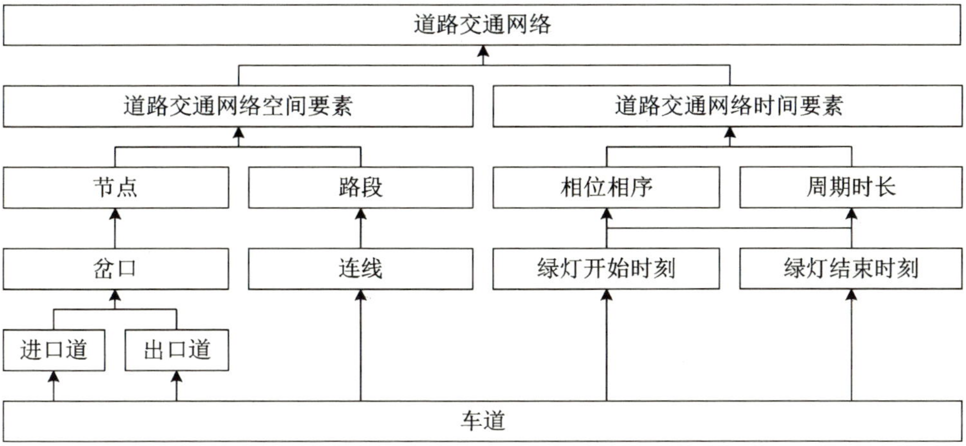

图 2－2　车道对道路交通网络的基础性描述作用示意图

述整个交叉口的平面布置及连线与连线的连通性；对路段连线，包含有往返两个流向，每个流向也都由一条或若干车道组成，通过定义每条路段车道的方向，便可描述路段车道布置及节点与节点的连通性。从道路时间角度，通过定义每条车道允许通行的起止时刻，结合车道功能信息，便可得到交叉口相位相序、各流向绿信比以及周期时长。

因此，车道能够很好地反映道路空间和时间的基本特征，它是构成整个交通道路网络最基本且可控的要素。后文将基于车道控制，建立时空协同优化控制方法。

2.3 优化建模方法

在道路空间和时间资源约束条件下，从众多可行的方案中选择最优者，追求最优控制效果是本书研究的目标。基于运筹学理论，用定量化的方法建立数学模型并进行求解，然后进行定量和定性分析，从而为交通管理部门作出合理的决策提供科学的依据，是本书基本的研究方法。具体的建模方法包括：混合整数线性规划（Mixed Integer Linear Programming）、非线性规划（Non-Linear Programming）和双层规划（Bi-Level Programming）。

1. 混合整数线性规划

线性规划是解决资源最优分配问题的一个理论和方法都较为成熟的运筹学分支。通过构造决策变量、约束条件和目标函数，便可建立线性规划模型，并通过单纯形法、改进单纯形法、对偶单纯形法、原始对偶方法、分解算法和各种多项式时间法等成熟的算法，得到模型的最优解。

对于本书研究的道路时空资源优化问题，时间要素一般可由连续型决策变量表述，而描述空间要素的决策变量一般都是离散型的整数值。这样的线性规划问题称为混合整数线性规划。由于它可由分支定界法（branch-and-bound）求得最优解，保障了模型求解的效率和准确性，因此，混合整数线性规划将是后文建模过程中常用的方法。

2. 非线性规划

对于实际的优化问题，有时难以保证所有的目标函数和约束条件都可由线性函数描述，非线性函数可能是较为普遍的情况。对于一般的非线性规划问题，常用的求解方法包括：① 拉格朗日乘子法：它是将原问题转化为求拉格朗日函数的驻点；② 制约函数法：又称系列无约束最小化方法，简称 SUMT 法，它又分两类，一类叫惩罚函数法，或称外点法，另一类叫障碍函数法，或称内点法，它们都是将原问题转化为一系列无约束问题来求解；③ 可行方向法：这是一类通过逐次选取可行下降方向去逼近最优点的迭代算法，如佐坦迪克法、弗兰克-沃尔夫法、投影梯度法和简约梯度法都属于此类算法；④ 近似型算法：这类算法包括序贯线性规划法和序贯二次规划法，前者将原问题化为一系列线性规划问题求解，后者将原问题化为一系列二次规划问题求解。但上述求解方法仅能求出局部最优解，无法保证是否为整体最优解。此外，对于一些特殊的非线性规划，有其特殊的求解方法，如凸规划、二次规划和几何规划，可得到整体最优解。

可见，非线性规划较线性规划在求解复杂程度上显著增加，且未必能保证求解结果为整体最优解。因此，对于工程优化问题，最理想的状态是能够通过数学变换或工程简化，将非线性函数线性化，在保障不会招致较大误差的情况下，将优化问题由线性规划描述，以便于模型的求解和分析。

3. 双层规划

从宏观的角度对道路交通系统进行优化，通常采用交通网络设计的方法(Network Design Problem，NDP)。自 20 世纪 70 年代 Leblanc(1975)提出离散网络设计问题，以及 Abulaal and Leblanc(1979)合作提出连续网络设计问题以来，交通网络设计问题已经有了三十多年的发展历史。它主要关注的是，在现有的投资规模条件下，通过在现有交通网络中增加新的路段或更新、改善已有路段的供给能力，从而达到使整个交通网络某种系统性能最优的目的(张好智，2007)。通常交通网络设计问题可分为三类：离散网络设计问题(Discrete NDP，DNDP)、连续网络设计问题(Continuous NDP，CNDP)以及混合网络设计问题(Mixed NDP，MNDP)(张好智，2007；曾滢，2010)。这里的离散，是网络设计中的决策变量是离散形式的，例如，在现有交通网络中添加新路段，连续网络设计中的决策变量是连续的形式的，例如改进现有路段供给能力。

对交通网络设计问题的数学描述一般采用双层规划模型，该思想首先由 Fisk(1984)提出，他把交通网络设计问题描述为一个 Stackelberg 博弈问题，也称为领导者——跟随者博弈，这类问题最初是由 Von Stackelberg 于 1952 年在研究市场经济时提出的。这里的领导者一般是交通规划和管理的决策人员，他们的目标是通过交通规划和管理的手段去优化系统层面的交通网络性能，而跟随者是道路网络用户(出行者)，他们根据领导者的决策选择用户的最优路径。因此，交通网络设计问题具有双层结构，上层为系统优化问题，代表决策者的目标，下层为用户优化问题，代表普通用户的目标。Fisk 的研究为解决网络设计问题提供了重要的研究方向。Leblanc and Boyce(1986)将网络设计问题变换为一个双层线性规划模型，并使用 Bard(1983)算法求解。此后，国内外的研究者对双层交通网络设计模型的上层和下层模型分别都进行了更细致的研究。Yang and Bell(1998)总结了道路网络设计模型和算法研究的发展。上层模型根据决策变量的类别不同可分为离散模型(Boyce and Janson，1980；Chen and Alfa，1991)、连续模型(Tobin and Friesz，1988；Yang，1995)和混合模型(Yang and Meng，2000)；根据优化目标的不同可分为固定需求条件下的系统出行阻抗最小(Chen,1989; Pirkul,1991;Kim and Schonfeld,2008)、固定需求条件下的网络备用能力最大(Wong and Yang,1997;Yang and Bell,1998;Gao and Song,2002)、弹性需求条件下的社会效益最大(Yang and Bell,1997)、弹性需求条件下的需求最大(Yang et al.,1992),以及多目标优化(Friesz and Harker,1983;Current and Min,1986;Friesz et al.,1993)。下层模型根据对交通需求考虑的不同可以分为固定需求模型和弹性需求模型(Sheffi,1985;Yang,1997);根据用户均衡模型中用户对路径判断的不同考虑可分为用户均衡模型(User Equilibrium)和随机用户均衡(Stochastic User Equilibrium)模型(Chen and Alfa,1991;Davis,1994;Bell,1995)。

尽管关于交通网络设计的研究已经有了非常丰富的文献和研究,双层规划问题的求解仍然是个难题,这主要因为即使上、下层模型都是线性规划模型,它们组成的双层规划问题仍是 NP-hard 问题(Ayed et al.,1992)。更何况对于道路交通研究而言,下层问题一般为反映驾驶路径选择的交通分配模型,且效用函数一般由非线性函数描述的出行时间表示,增加了模型的复杂性。在求解算法方面,主要有 Bender 分解法、分支定界法和各种启发式算法(Heuristic algorithms)(Poorzahedy and Turnquist,1982;Magnanti et al.,1983),然而,如果考虑因素过多或网络规模过大仍可能导致模型无法求解。

2.4 本章小结

本章从优化目标、控制对象和建模方法三个方面,对时空协同优化控制的共性的基础性问题进行讨论。明确了将储备通行能力作为后续各时空协同优化控制方法的基本优化目标。通过对道路交通网络中空间和时间构成要素的分析,发现车道是其最基础的要素,它可包含数量、方向、功能、长度、允许通行的起止时刻等信息,因此确定其为基本控制对象。最后介绍了一些用数学语言来描述最优化问题的建模方法,这些方法将被后文各时空协同优化控制方法所采用。

第3章 节点时空协同优化控制

交叉口作为城市道路交通的重要转换节点，对其进行时空优化，是保障城市道路畅通的关键。传统的优化步骤一般依次确定允许及禁止流向、进出口车道、各进口车道功能和信号配时参数。本书基于车道控制理论，针对上述步骤，自下而上逐步提出空间结构与信号控制相结合的协同优化控制方法，分别形成车道功能动态控制、出口车道动态控制和基于中央分隔带掉头的交叉口流向控制三种时空协同优化控制方法，并分别建立了(非)线性混合整数规划模型。通过算例及仿真分析，对其交通运行效益及适用条件分别进行了评价。

3.1 概　　述

道路交通信号控制是影响城市交通流运行质量的一个决定性因素，它也成为交通运行管理层面，改善交叉口运行状况的主要方法。针对单点交叉口，主要包括基于阶段(stage-based)和基于信号灯组(group-based)两种方法。在此基础上，利用感应信号控制和自适应信号控制技术，可在一定程度上适应交通需求的波动特性，这些方法均将交叉口空间布置作为输入条件。

传统的信号控制交叉口优化可分为以下几个步骤：① 确定交叉口允许及禁止流向；② 确定交叉口进出口车道；③ 确定各进口车道功能；④ 确定信号配时参数。以往一般将前 3 个步骤在设计阶段完成，在控制和管理阶段主要对信号配时进行优化。但由于交叉口运行水平同时受车道布置和信号控制两方面影响，尤其是在交通供需关系发生较大变化的情况下，仅通过信号优化措施常难以快速有效应对。信号交叉口车道控制技术应运而生，后文将针对上述步骤，将信号控制优化自下而上地与上层各空间优化步骤相结合，提出三种空间结构与信号控制相结合的协同优化控制方法。

首先，将信号控制与进口车道功能相结合，提出一种两步骤动态车道功能优化方法：第一步通过非线性规划模型得到最优车道功能划分方案，第二步通过二进制阈值判断，得到合适的实施方案。

其次，将信号控制与进出口车道分配相结合，提出一种新型的交叉口设计方法：该方法将出口车道动态控制，在信号周期的不同阶段作为出口车道或进口左转车道使用，为左转交通提供额外的路权，从而提高交叉口的通行能力。

最后，将信号控制与交叉口流向禁止策略相结合，并利用中央分隔带掉头提供禁限流向绕行，该优化方法将禁止流向选择、车道功能、开口与交叉口间距以及信号配时同时优化，以生成最优方案。

3.2 动态车道功能优化

3.2.1 基本概念

车道功能是影响交叉口空间资源分配的重要因素，以往研究（Lam，1997；Wong and Wong，2003a，b；Wong and Heydecker，2011）已建立了车道功能划分与信号控制相结合的静态组合优化模型，并取得了良好的优化效果。

对于动态控制，出于实时性的考虑，以往有研究试图通过减少优化变量数来简化模型，提高算法的计算速度。Zhong et al.（2008）将优化对象从整个交叉口简化为单个进口，这虽能起到简化模型的作用，但导致结果非最优解，无法达到交叉口整体运行水平最佳的效果。梁潇（2008）和李丽丽等（2009）分别采用车道占有率加排队长度和饱和度作为可变车道控制的触发条件，提出了基于检测数据的动态车道功能控制方法。该方法以单个进口为研究对象，采用逻辑判断的方法，算法简洁，但该研究同样以单个进口为研究对象，优化结果非最优解。并且该方法仅适用于进口道只有一条车道为可变车道的情况。曾滢（2010）为了简化模型，对车道功能与信号控制组合优化模型中的信号配时部分，引用 Webster 信号控制模型及其优化目标，使周期时长和绿灯时长成为确定性的参数，降低模型求解的复杂程度，但同时也造成模型在实际应用中缺乏灵活性。

从优化效果来看，目前交叉口静态车道功能优化模型已较为成熟。但要将该方法移植到动态控制中需要重新审视车道功能与信号控制同时优化与同时实施的关系。这是因为车道功能在交叉口控制系统中是一个较为稳定的部分（慢变量），不应与信号控制这种更易改变的参数（快变量）具有相同的变化频率。它应当主要在交叉口供需关系发生显著变化的情况下才使用（如潮汐交通、紧急救援或突发事件等），而对于一般的交通需求波动可通过信号控制来调节。

因此，本书提出一种两步骤动态车道功能优化方法，第一步通过非线性规划模型得到最优车道功能划分方案，第二步通过二进制阈值判断，得到合适的实施方案。将优化方案与实施方案分两个步骤给出。同时，由于车道功能方案仅对信号配时中的相位产生影响，为了提高模型在实际应用中缺乏灵活性，模型的优化参数包括车道功能以及信号相位方案，而不对具体的信号配时参数进行优化。实际应用中只需在本模型优化结果的基础上，灵活运用现有的动态信号控制成果，对信号配时参数进行优化，即可输出最终的动态控制方案。

整个优化流程如图 3 - 1 所示。

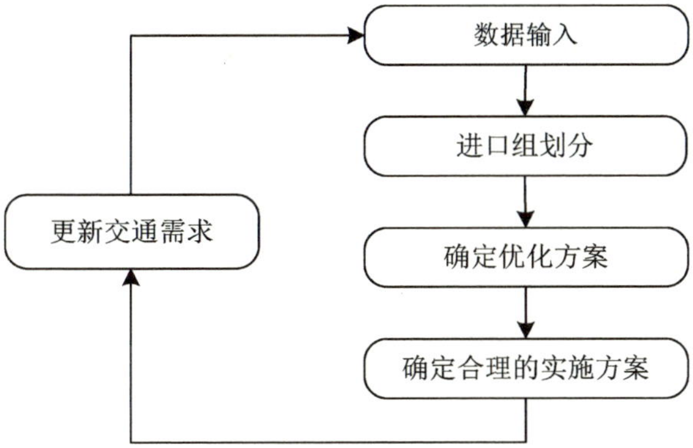

图 3 - 1　动态车道功能优化流程

3.2.2　优化模型

1. 模型参数

模型中涉及的符号及参数如表 3 - 1 所列。

表 3 - 1　模型符号及参数

参　数	
$\mathcal{A}$	交叉口进口组
i	交叉口岔口编号，$i=1$ 表示东岔口，$i=2$ 表示南岔口，$i=3$ 表示西岔口，$i=4$ 表示北岔口

续 表

参 数	
w	交通流向编号，w=1 表示左转，w=2 表示直行，w=3 表示右转
j	车道组编号，j=EL 表示单独左转车道组，j=LT 表示左直车道组，j=ET 表示单独直行车道组，j=TR 表示直右车道组，j=LR 表示左、右转车道组，j=LTR 表示左直右车道组，j=ER 表示单独右转车道组
k	进口车道编号，从最左侧车道开始编号，如图 3-2 所示
p	车道功能编号，p=0 表示该车道为可变车道，p=1 表示左转专用车道，p=2表示左直共用车道，p=3 表示直行专用车道，p=4 表示直右共用车道，p=5 表示左、右共用车道，p=6 表示左直右共用车道，p=7 表示右转专用车道，如图 3-3 所示
h	信号相位编号，h=0 表示信号相位可变，h=1 表示对称 4 相位控制(保护型左转相位，无搭接相位)，h=2 表示双环控制(保护型左转相位，有搭接相位)，h=3 表示单口放行控制，h=4 表示许可型左转相位控制
t	分析周期编号
x_{ikp}^{0}	进口 i 车道 k 的初始车道功能(1—该车道功能为类型 p，0—该车道功能不为类型 p)
n_{ip}^{t}	分析周期 t 岔口 i 使用车道功能 p 的车道数
n_i	i 岔口的进口车道数
n_{iw}^{e}	i 岔口 w 流向对应的出口车道数
S_s^t	分析周期 t 的实施方案
S_a^t	分析周期 t 的模型优化方案
c_1，c_2，c_3，c_4	模型优化方案是否实施的判断(1—实施，0—不实施)
q_{iw}^{t}	分析周期 t，i 岔口 w 流向的交通量(veh/h)
s_{ij}^{t}	分析周期 t，i 岔口 j 车道组一条车道的饱和流率(veh/h/ln)
H^0	初始信号相位方案
y_{ij}^{t}	分析周期 t，i 岔口 j 车道组的流量比
Y^t	分析周期 t 进口组关键流量比之和
Y_h^t	分析周期 t 对应信号相位 h 的进口组关键流量比之和
δ^t	分析周期 t 非关键流向流量比与关键流量比之比的差值
δ_h^t	分析周期 t 对应信号相位 h 的非关键流向流量比与关键流量比之比的差值
D_s^t	分析周期 t 模型优化方案的交叉口车均延误

续　表

参　数	
M	充分大的正数
u	充分小的正数
决策变量	
x_{ikp}^{t}	分析周期 t 岔口 i 车道 k 的优化车道功能(1 -该车道功能为类型 p,0 -该车道功能不为类型 p)
H^{t}	分析周期 t 的信号相位优化方案

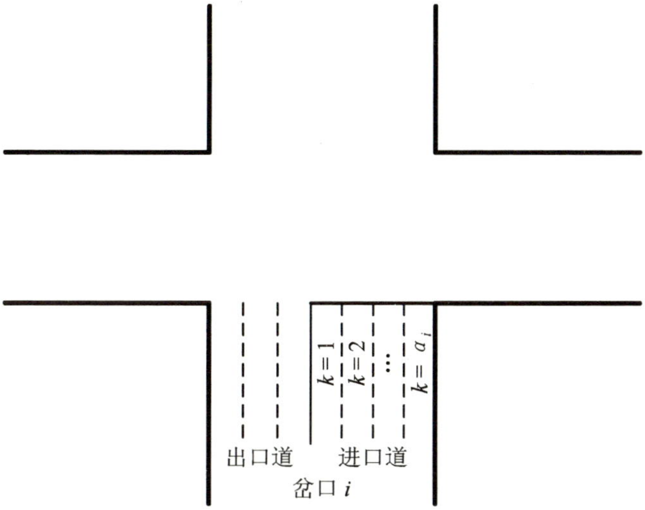

图 3 - 2　车道编号示意图

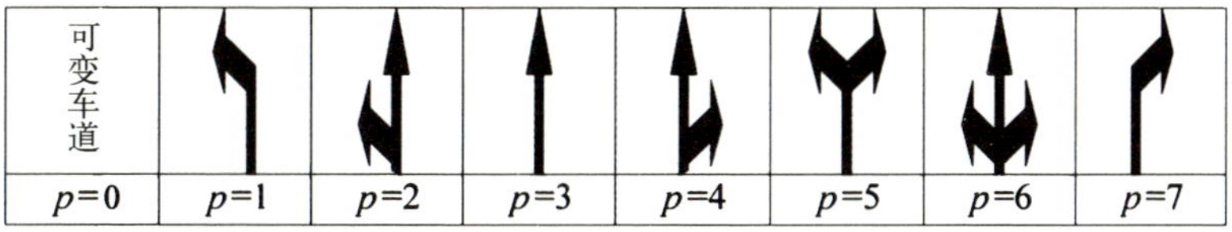

图 3 - 3　车道功能编号示意图

2. 进口组划分

以往研究在优化对象的选择上,多针对一个进口道或整个交叉口,前者导致优化结果为非最优解,后者使模型计算复杂。实际上,交叉口某进口的车道功能优化方案并非与其余进口都相关。例如,对于对称放行的 4 相位控制交叉口,某进口的车道功能仅与对向进口有关,而与相邻进口无关。对此,本书提出以“进口组”为研究对象，根据需要可按交叉口的单个进口、对向两个进口或整个交叉口作为一个进口组，进行车道功能设计。下面给出进口组划分的方法：

（1）一个进口构成一个进口组。当进口道各流向在同一相位内通行时，可将该进口作为一个进口组，例如：采用单口放行或左转许可相位的进口。

（2）对向两个进口构成一个进口组。当进口采用保护型左转相位，且存在与对向进口同时放行的流向时，则在车道功能划分中该进口与对向进口有着极大的相关性。因为，分配给某一流向的车道数不仅会影响分配给该进口其他流向的车道数，还会影响对向进口车道功能的合理划分。但并不会影响两侧相邻进口的车道功能的划分方案。因此，应将这两个对向进口作为一个进口组。

（3）交叉口的所有进口构成一个进口组。这主要针对进出口车道数会发生变化的情况。由于本节研究中进出口车道分配已确定，不考虑这种情况，主要对前两种情况进行探讨。

当所分析的进口组包含两个或两个以上进口时，在以后所有的分析中，都要将这些进口看成一个整体。如此，可在保证优化结果为最优解的前提下，减少了须同时进行优化的变量数，提高了求解效率。针对4种常用的信号相位，图3-4给出了与之对应的进口分组。

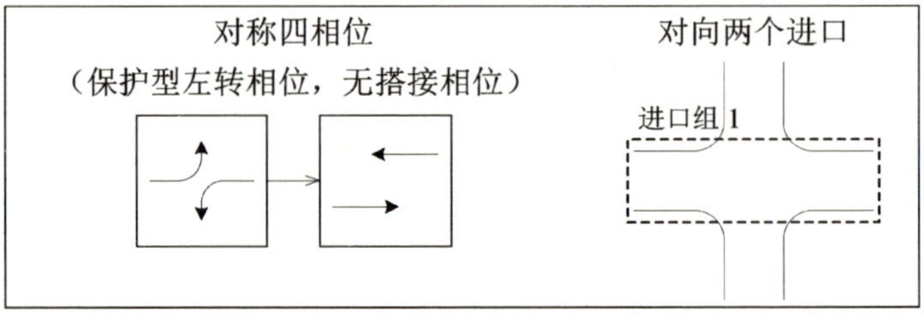

(a) 信号相位方案1

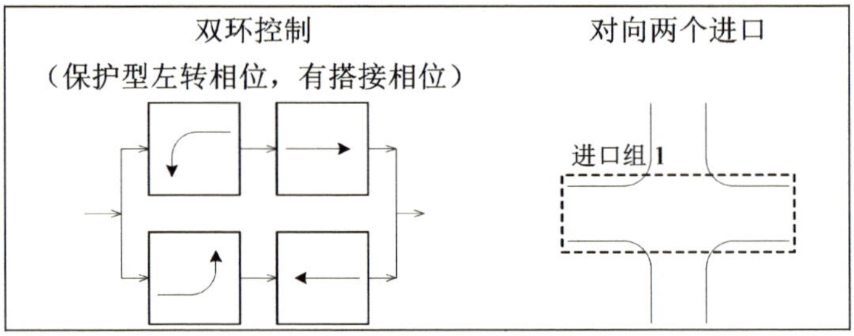

(b) 信号相位方案2

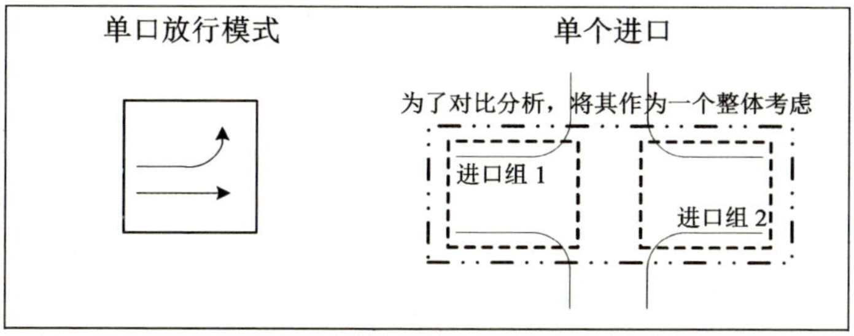

（c）信号相位方案 3

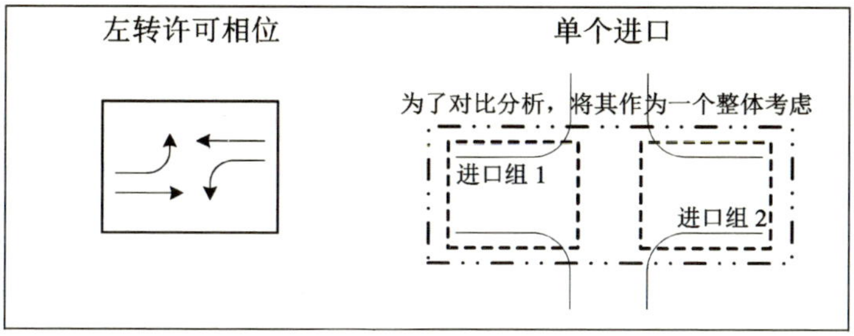

（d）信号相位方案 4

图 3-4　典型进口组划分

3. 确定最优车道功能划分方案

由于优化参数中不包含信号配时，因此在优化过程中不可选用通行能力最大、饱和度最小或延误最小等目标，本书将采用关键流量比之和（Y^t）最小作为主要的优化目标，这主要是由于在以等饱和度为原则进行绿灯时间分配的条件下，交叉口关键流量比之和最小与饱和度最小等价，同时，根据信号配时的基本理论（如 Webster 配时理论），关键流量比之和是表征交叉口供需关系的关键参数，关键流量比之和越小，表示交叉口的整体供需矛盾越缓和。但关键流量比之和最小在某些特殊情况下，不能保证最优解的唯一性。因此，引入优化的次目标，非关键流向流量比与关键流量比之比的差值（δ^t）最小，即非关键流向流量比与关键流向流量比最匹配，并将其乘以一个充分小的正数 u，使其不会对优化的主要目标造成影响，如下式：

$$\min \quad Y^t + u\delta^t \tag{3-1}$$

约束条件包括：

（1）确定 Y^t 和 δ^t：Y^t 和 δ^t 的计算公式与信号相位有关。

$$-M \mid H^t - h \mid \leqslant Y^t - Y_h^t \leqslant M \mid H^t - h \mid, \ \forall h = 1, 2, 3, 4 \quad (3-2)$$

$$-M \mid H^t - h \mid \leqslant \delta^t - \delta_h^t \leqslant M \mid H^t - h \mid, \ \forall h = 1, 2, 3, 4 \quad (3-3)$$

若 $H^t = 1$，即信号相位采用传统 4 相位，则关键流量比之和等于左转相位的关键流量比与直行相位的关键流量比之和。需要注意的是，在计算直行相位的关键流量比时，需要选择单独直行车道组或直右车道组的流量比，这将在约束进行选择。当左转相位与直行相位的关键流向属于同一进口时，其对向进口可能存在多个车道功能划分方案，同时具有相同的关键流量比之和值，即最优解不唯一。因此，需要计算次目标，非关键流向流量比与关键流量比之比的差值。

$$Y_1^t = z_{11}^t y_{1EL}^t + z_{12}^t y_{2EL}^t + z_{13}^t (y_{1ET}^t + y_{1TR}^t) + z_{14}^t (y_{2ET}^t + y_{2TR}^t) \quad (3-4)$$

$$z_{11}^t + z_{12}^t = 1 \quad (3-5)$$

$$z_{13}^t + z_{14}^t = 1 \quad (3-6)$$

$$(y_{1EL}^t - y_{2EL}^t)(z_{11}^t - z_{12}^t) \geqslant 0 \quad (3-7)$$

$$(y_{1ET}^t + y_{1TR}^t - y_{2ET}^t - y_{2TR}^t)(z_{13}^t - z_{14}^t) \geqslant 0 \quad (3-8)$$

$$\delta_1^t = \left| \frac{(1 - z_{11}^t) y_{1EL}^t + (1 - z_{12}^t) y_{2EL}^t}{z_{11}^t y_{1EL}^t + z_{12}^t y_{2EL}^t} - \frac{(1 - z_{13}^t)(y_{1ET}^t + y_{1TR}^t) + (1 - z_{14}^t)(y_{2ET}^t + y_{2TR}^t)}{z_{13}^t (y_{1ET}^t + y_{1TR}^t) + z_{14}^t (y_{2ET}^t + y_{2TR}^t)} \right| \quad (3-9)$$

式中，z_{11}^t、z_{12}^t、z_{13}^t、z_{14}^t 表示二进制变量。

若 $H^t = 2$，即信号相位采用双环控制，则关键流量比之和等于上半环各流向流量比之和与下半环各流向流量比之和中的大值。由于上下半环中的两个流向都属于不同的进口，进口组各进口的车道功能都能由关键流量比之和最小来优化确定，不存在最优解不唯一的情况，因此 δ_2^t 可直接取 0。

$$Y_2^t = z_{21}^t (y_{1EL}^t + y_{2ET}^t + y_{2TR}^t) + z_{22}^t (y_{2EL}^t + y_{1ET}^t + y_{1TR}^t) \quad (3-10)$$

$$z_{21}^t + z_{22}^t = 1 \quad (3-11)$$

$$(y_{1EL}^t + y_{2ET}^t + y_{2TR}^t - y_{2EL}^t - y_{1ET}^t - y_{1TR}^t) + (z_{21}^t - z_{22}^t) \geqslant 0 \quad (3-12)$$

$$\delta_2^t = 0 \quad (3-13)$$

式中，z_{21}^t、z_{22}^t 表示二进制变量。

若 $H^t=3$，即信号相位采用单口控制，关键流量比为各流向流量比的最大值。但由于单口控制的进口其对向进口也应采用单口控制，且在不同相位内通行，为了与前两种信号相位具有可比性，计算中应当计算对向两个进口的关键流量比之和。这种情况也不存在最优解不唯一的情况，δ_3^t 可直接取 0。

$$Y_3^t=\sum_{i\in\mathcal{A}}\sum_{j=1}^{7}z_{3ij}^t y_{ij}^t \tag{3-14}$$

$$\sum_{j=1}^{7}z_{3ij}^t=1,\ \forall i\in\mathcal{A} \tag{3-15}$$

$$(y_{ij}^t-y_{ij'}^t)(z_{3ij}^t-z_{3ij'}^t)\geqslant 0,\ \forall i\in\mathcal{A};\ j=1,\cdots,7;\ j'=1,\cdots,7 \tag{3-16}$$

$$\delta_3^t=0 \tag{3-17}$$

式中，z_{3ij}^t 表示二进制变量。

若 $H^t=4$，即信号相位采用许可型左转相位，首先计算各进口的关键流量比，由于对向两个进口在同一绿灯相位内通行，进口组的关键流量比等于对向两个进口关键流量比的较大值。这种情况也不存在最优解不唯一的情况，δ_4^t 可直接取 0。

$$Y_4^t=\sum_{i\in\mathcal{A}}\sum_{j=1}^{7}z_{4ij}^t y_{ij}^t \tag{3-18}$$

$$\sum_{i\in\mathcal{A}}\sum_{j=1}^{7}z_{4ij}^t=1 \tag{3-19}$$

$$(y_{ij}^t-y_{ij'}^t)(z_{4ij}^t-z_{4ij'}^t)\geqslant 0,\ \forall i\in\mathcal{A};\ j=1,\cdots,7;\ j'=1,\cdots,7 \tag{3-20}$$

$$\delta_4^t=0 \tag{3-21}$$

式中，z_{4ij}^t 表示二进制变量。

(2) 每条车道只能允许分配一种车道功能类型。

$$\sum_{p=1}^{7}x_{ikp}^t=1,\ \forall i=1,\cdots,4;\ k=1,\cdots,n_i \tag{3-22}$$

(3) 任意进口 i，采用车道功能 p 的车道数的总和可由下式计算：

$$n_{ip}^t=\sum_{k=1}^{n_i}x_{ikp}^t,\ \forall i=1,\cdots,4;\ p=1,\cdots,7 \tag{3-23}$$

(4) 出口车道数约束：为保障通行顺畅，对于任意进口 i 中的任意流向，其车道数不应大于与之对应的出口车道数，以避免通行瓶颈点的产生，防止不必要的合流，对于左转、直行和右转流向分别如约束条件式(3-24)—式(3-26)所示。

$$n_{i1}^{e} \geqslant \sum n_{i1}^{t} + n_{i2}^{t} + n_{i5}^{t} + n_{i6}^{t} \tag{3-24}$$

$$n_{i2}^{e} \geqslant \sum n_{i2}^{t} + n_{i3}^{t} + n_{i4}^{t} + n_{i6}^{t} \tag{3-25}$$

$$n_{i3}^{e} \geqslant \sum n_{i4}^{t} + n_{i5}^{t} + n_{i6}^{t} + n_{i7}^{t} \tag{3-26}$$

(5) 各种车道组的流量比计算分别如约束条件式(3-27)—式(3-33)所示。

$$y_{iEL}^{t} = \begin{cases} \dfrac{q_{i1}^{t}}{s_{iEL}^{t} n_{i1}^{t}}, & n_{i1}^{t}(1-n_{i2}^{t})(1-n_{i5}^{t})(1-n_{i6}^{t}) > 0 \\ 0, & n_{i1}^{t}(1-n_{i2}^{t})(1-n_{i5}^{t})(1-n_{i6}^{t}) = 0 \end{cases} \tag{3-27}$$

$$y_{iLT}^{t} = \begin{cases} \dfrac{q_{i1}^{t} + q_{i2}^{t}}{s_{iLT}^{t}(n_{i1}^{t} + n_{i2}^{t} + n_{i3}^{t})}, & n_{i2}^{t}(1-n_{i4}^{t}) > 0 \\ 0, & n_{i2}^{t}(1-n_{i4}^{t}) = 0 \end{cases} \tag{3-28}$$

$$y_{iET}^{t} = \begin{cases} \dfrac{q_{i2}^{t}}{s_{iET}^{t} n_{i3}^{t}}, & n_{i3}^{t}(1-n_{i2}^{t})(1-n_{i4}^{t})(1-n_{i6}^{t}) > 0 \\ 0, & n_{i3}^{t}(1-n_{i2}^{t})(1-n_{i4}^{t})(1-n_{i6}^{t}) = 0 \end{cases} \tag{3-29}$$

$$y_{iTR}^{t} = \begin{cases} \dfrac{q_{i2}^{t} + q_{i3}^{t}}{s_{iTR}^{t}(n_{i3}^{t} + n_{i4}^{t} + n_{i7}^{t})}, & n_{i4}^{t}(1-n_{i2}^{t}) > 0 \\ 0, & n_{i4}^{t}(1-n_{i2}^{t}) = 0 \end{cases} \tag{3-30}$$

$$y_{iLR}^{t} = \begin{cases} \dfrac{q_{i1}^{t} + q_{i3}^{t}}{s_{iLR}^{t}(n_{i1}^{t} + n_{i5}^{t} + n_{i7}^{t})}, & n_{i5}^{t} > 0 \\ 0, & n_{i5}^{t} = 0 \end{cases} \tag{3-31}$$

$$y_{iLTR}^{t} = \begin{cases} \dfrac{q_{i1}^{t} + q_{i2}^{t} + q_{i3}^{t}}{s_{iLTR}^{t}(n_{i1}^{t} + n_{i6}^{t} + n_{i7}^{t})}, & n_{i2}^{t} n_{i4}^{t} + n_{i6}^{t} > 0 \\ 0, & n_{i2}^{t} n_{i4}^{t} + n_{i6}^{t} = 0 \end{cases} \tag{3-32}$$

$$y_{iER}^{t} = \begin{cases} \dfrac{q_{i3}^{t}}{s_{iER}^{t} n_{i7}^{t}}, & n_{i7}^{t}(1-n_{i4}^{t})(1-n_{i5}^{t})(1-n_{i6}^{t}) > 0 \\ 0, & n_{i7}^{t}(1-n_{i4}^{t})(1-n_{i5}^{t})(1-n_{i6}^{t}) = 0 \end{cases} \tag{3-33}$$

(6) 当信号相位采用保护型左转相位时，必须设置独立左转车道，且禁止设置左直共用车道和左直右共用车道。

$$n_{i1}^t + (H^t - 1)(H^t - 2) \geqslant 1 \tag{3-34}$$

$$n_{i2}^t(H^t - 3)(H^t - 4) = 0 \tag{3-35}$$

$$n_{i6}^t(H^t - 3)(H^t - 4) = 0 \tag{3-36}$$

(7) 对于右转不受信号灯控制的情况(right turn on red，RTOR)，当使用独立右转车道时，右转交通往往比直行和左转交通更为高效的通行。如图 3-5 所示，只要右转流量比达到直行流量比的 70%，设置独立右转车道就能降低直行和右转的车均延误。因此，可将右转流量比是否达到直行流量比的 70%作为设置独立右转车道的阈值。

$$y_{iER}^t \geqslant 0.7 y_{iET}^t,\ \text{PTOR} \tag{3-37}$$

$$n_{i4}^t\left(\frac{0.7q_{i2}^t}{s_{iET}^t(n_{i3}^t + n_{i4}^t - 1)} - \frac{q_{i3}^t}{s_{iER}^t}\right) \geqslant 0,\ \text{PTOR} \tag{3-38}$$

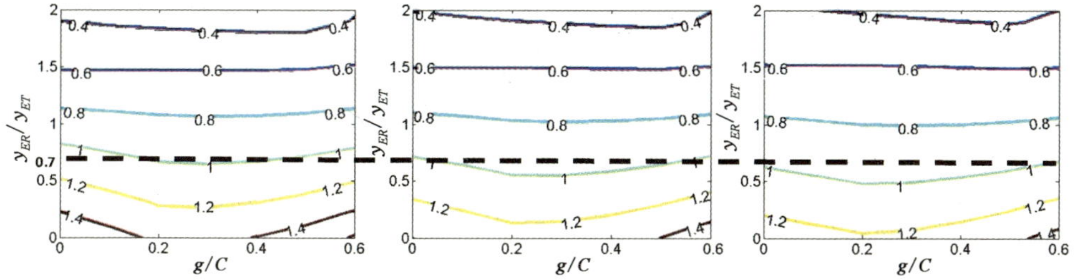

(a) 信号周期=60 (s)的情况　(b) 信号周期=90 (s)的情况　(c) 信号周期=120 (s)的情况

图 3-5　有无独立右转车道情况下直行和右转交通车均延误对比

图中等高线表示设置独立右转车道情况下直右交通车均延误与不设置独立右转车道情况下直右交通车均延误的比值，该值越小，表示设置独立右转车道的效益越高。延误的计算采用 HCM2000(TRB，2000)中的计算公式。

(8) 消除进口各车道间潜在冲突的约束，包括下述四个方面：一是对于任意进口，每种组合车道最多在进口道的一条车道使用；二是任意两种组合车道不能在同一进口使用(左直车道与直右车道这两种功能车道的组合除外)；三是独立直行车道与左、右车道或左直右车道这两种组合车道不可同时使用；四是对于任意两条相邻的车道，如果车道 $k+1$ 采用了车道功能 p，那么，车道 k 就不可采用 $p+1$，$p+2$，…，7 这几种车道功能，除非信号相位使用了对称 4 相位。分别如约束条件式(3-39)—式(3-42)所示。

$$n_{ip}^{t} \leqslant 1,\ \forall i = 1, \cdots, 4;\ p = 2, 4, 5, 6 \tag{3-39}$$

$$(n_{ip}^{t} + n_{ip'}^{t})\left[\frac{p + p' - 6}{p + p' - 5.9}\right] \leqslant 1,\ \forall i = 1, \cdots, 4;$$
$$p, p' = 2, 4, 5, 6;\ p \neq p' \tag{3-40}$$

$$n_{i3}^{t} n_{ip}^{t} = 0,\ \forall i = 1, \cdots, 4;\ p = 5, 6 \tag{3-41}$$

$$(x_{ikp'}^{t} + n_{i(k+1)p}^{t} - 1)(H^{t} - 1) \leqslant 0,$$
$$\forall i = 1, \cdots, 4;\ k = 1, \cdots, n_i;\ p = 1, \cdots, 6;\ p' = p + 1, \cdots, 7 \tag{3-42}$$

(9) 信号相位约束：本模型中，信号相位既可作为初始输入参数，直接在图 3-4 中所示 4 种常用的信号相位中进行选择，也可作为模型优化的控制变量。

$$(H^{t} - H^{0})H^{0} = 0 \tag{3-43}$$

上述确定最优车道功能划分的优化模型为混合整数非线性规划问题(Mix-Integer-Non-Linear-Program)，目标函数为式(3-1)，约束条件式(3-2)—式(3-43)。我们通过下述算法对优化模型进行求解。

步骤 1：初始化输入数据，进入步骤 2。

步骤 2：若 $H^0 = 0$，进入步骤 3；否则，进入步骤 4。

步骤 3：枚举所有满足约束条件式(3-2)—式(3-43)的车道功能方案 x_{ikp}^{t} 以及信号相位方案 H^{t}，进入步骤 5。

步骤 4：设置信号相位方案 $H^{t} = H^{0}$，枚举所有满足约束条件式(3-2)—式(3-43)的车道功能方案 x_{ikp}^{t}，进入步骤 5。

步骤 5：针对步骤 3 或步骤 4 中枚举的所有可行方案，计算目标函数式(3-1)，选择其中的最小值即为全局最优解。

对于每种信号相位方案，其可行车道功能方案数量如表 3-2 所列。我们发现可行解的数量十分有限。例如，对于一个各进口都有 5 条车道的十字交叉口，对应 4 种信号相位方案，可行解数量分别为 256、256、1 681、1 681。因此采用枚举法求解上述车道功能划分优化模型是完全可行的，既保证了求解的精度，又能满足动态控制计算速度的要求。这主要是由于本书提出的车道功能划分优化模型是基于进口组进行优化的，减少了同时优化的变量数。此外，模型中只将车道功能划分和与其密切相关的信号相位进行组合优化，不涉及具体的信号配时，同样使减少了优化变量，同时也使得模型具有更强的灵活性。

表 3－2　可行车道功能方案数量

相　　位	进口组可行车道功能方案
$H^t=1$	$\sum_{i\in \mathcal{A}}(n_i-1)^2$
$H^t=2$	$\sum_{i\in \mathcal{A}}(n_i-1)^2$
$H^t=3$	$\sum_{i\in \mathcal{A}}(2n_i^2-2n_i-1)^2$
$H^t=4$	$\sum_{i\in \mathcal{A}}(2n_i^2-2n_i-1)^2$

4. 确定合理的实施方案

在每个分析周期，通过上述模型均可得到一个最优车道功能划分方案。但并不是每次生成不同的车道功能方案都需要实施。这是因为一方面当交通需求变化较小时，信号控制也能很好地应对这些波动，车道功能优化所带来的效益可能很少；另一方面，改变车道功能需要花费更多的代价，可能造成驾驶员的困惑从而引发安全隐患。因此，在动态车道功能优化中，作为交叉口控制系统中是一个较为稳定部分（慢变量）的车道功能在变化频率上应与信号控制这种更易改变的参数（快变量）有所区分。车道功能的优化应当主要在交叉口供需关系发生显著变化的情况下才使用，如潮汐交通、紧急救援或突发事件等，而对于一般的交通需求波动可通过信号控制来调节。

对于优化方案是否实施，可通过下述条件进行判断：

$$S_s^{t+1}=\max(c_1,\ c_2c_3c_4)S_a^t+(1-\max(c_1,\ c_2c_3c_4))S_s^t \tag{3-44}$$

其中，c_1、c_2、c_3、c_4 为判断条件，分别为

（1）人为干预参数：当发生紧急情况时，管理人员有权切换车道功能方案。

（2）交叉口运行水平改善程度：当交叉口车均延误能减少 10%时才考虑改变车道功能。

（3）变化频率：车道功能作为交通控制中较为稳定的部分，应有限制其变化频率，这里设定最高的变化频率为 15 min。

（4）交通需求的变化趋势：由于交通需求的小幅波动在实际运行中十分常见，因此，只有当其显示出显著的变化趋势时，才考虑改变车道功能，这里限定至少连续三个分析周期车道功能的优化方案相同。

3.2.3　算例分析

基于 VISSIM 仿真软件对上述优化模型进行评价。如图 3－6 所示，仿真算

例为一个十字交叉口，每个岔口都有 4 条进口车道和 3 条出口车道，并且岔口 1 和 2 的第 2 和第 3 条车道设置为可变车道。交通需求如表 3－3 所列。最小及最大信号周期时长分别为 60 s 和 120 s，清空时间为 4 s。仿真中采用 VISSIM 默认的城市道路驾驶员行为，车型全部为小汽车，期望车速为 40～45 km/h，饱和流率约为 1 800 veh/h/ln。饱和度限定值为 0.85。

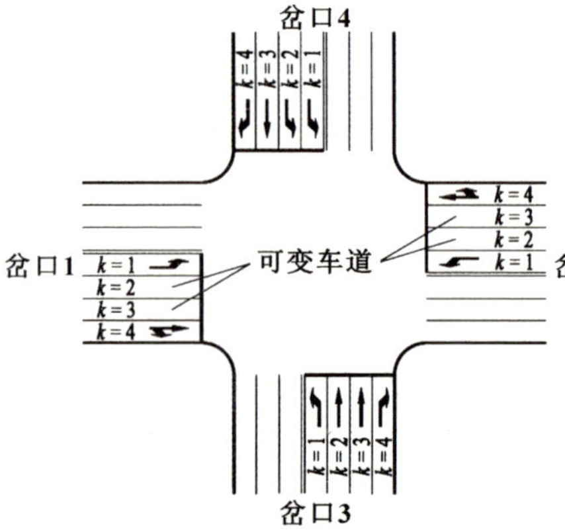

图 3－6　交叉口几何条件

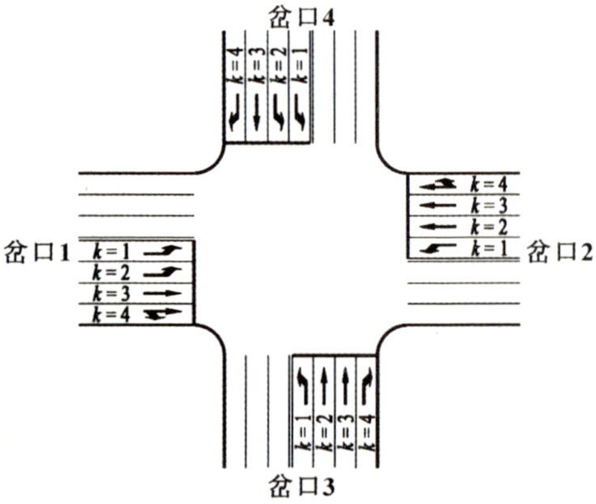

图 3－7　静态车道功能划分方案

表 3－3　交通需求输入

岔口	流向	平均值	交通需求(veh/h)		
			0～2 400 s	2 400～4 800 s	4 800～7 200 s
1	左转	650	350	650	950
	直行	550	750	600	300
	右转	150	250	100	100
2	左转	300	450	300	150
	直行	850	750	900	900
	右转	150	100	100	250
3	左转	200	200	200	200
	直行	600	600	600	600
	右转	300	300	300	300
4	左转	500	500	500	500
	直行	400	400	400	400
	右转	400	400	400	400

VISSIM 仿真中交通需求的变化及各阶段动态车道功能划分结果如图 3－8 所示。从中我们可以看到优化模型只有当交通需求发生显著变化时才会改变车道功能，而较小的短期波动会被忽略。这与模型最初的构想是一致的。

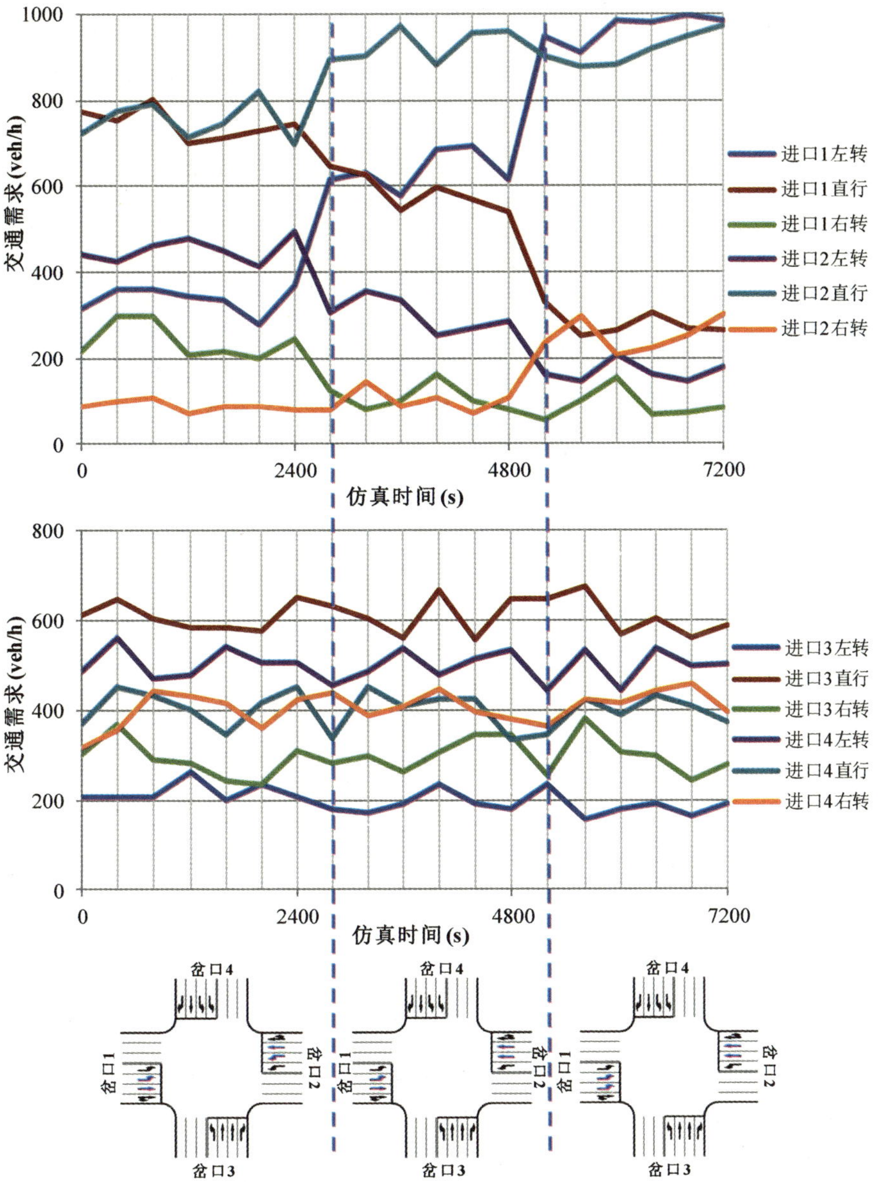

图 3－8　动态车道功能划分结果

作为对比，分析中还将不考虑可变车道的情况。其几何设计方案是基于交通需求的均值确定的，如图 3－7 所示。运行服务水平的对比结果如表 3－4 所列。可见，当交通需求发生明显变化时，动态车道功能可显著提高交叉口运行水平，案例中，车均延误降低了 14.7%。

表 3－4　运行服务水平的对比结果

阶段	岔口	进口道车均延误(s)			交叉口车均延误(s)		
		无可变车道	有可变车道	减少量	无可变车道	有可变车道	优化量
1	1	43.0	36.2	15.8%	48.5	37.0	23.7%
	2	50.6	38.6	23.8%			
	3	51.6	36.9	28.6%			
	4	48.6	36.4	25.2%			
2	1	37.6	38.1	−1.3%	36.0	36.2	−0.6%
	2	39.6	39.3	0.8%			
	3	36.4	36.8	−1.1%			
	4	31.5	31.3	0.6%			
3	1	45.0	39.0	13.3%	44.0	36.5	17.1%
	2	45.4	39.4	13.2%			
	3	47.3	36.1	23.7%			
	4	39.3	32.6	17.1%			
平　均					42.8	36.5	14.7%

3.2.4　小结

上文基于进口组的概念，提出了一种针对交叉口动态车道功能划分的两步骤优化模型，可根据各分析周期更新的交通需求，生成最优车道功能方案及实施方案建议。该优化模型能使得车道功能只在交通需求发生显著变化时才作出相应改变，而忽略小的交通波动，因此具有可操作性。实际应用中需要特别考虑驾驶员对动态可变车道的适应性，以减少安全隐患。

3.3　出口车道动态控制

3.3.1　基本概念

转向交通的存在是导致交叉口通行效率低于路段的重要原因，尤其是左转交通，是影响交叉口运行效率的重要因素，它使得通行空间和时间需要在多个流向间分配。应对这个问题，3.2 节从车道功能的角度给出了优化方案。但上述方法假设各岔口需要分为进口道和出口道。本节将提出一种新型的交叉口设计方法，将信号控制与进出口车道分配相结合，来应对左转交通问题。该方法的核心思想是将出口车道动态控制，在信号周期的不同阶段作为出口车道或进口左转车道使用，为左转交通提供额外的路权，从而提高交叉口的通行能力。我们称其为出口车道左转(exit-lanes for left-turn，EFL)交叉口。EFL 交叉口不需要大量的改建工作，也不要求任何流向绕行，只需通过合理的路权分配、主信号和预信号的优化设计，即可提高交叉口的通行能力，并且应用灵活，可根据具体情况在交叉口的一个或多个岔口使用，并可根据交通需求选择方案的启用与关闭。

EFL 交叉口基本概念如图 3－9 所示，综合功能区内车道的通行方向是可变的。这些车道在信号周期的不同阶段将作为出口车道或进口左转车道使用。在进口道上游，设置中央分隔带开口及预信号。部分左转车辆可在预信号绿灯期间，通过该信号控制中央分隔带开口进入综合功能区，随后在交叉口完成左转。由于这种交叉口布置方法增加了左转车道数，从而减少了左转相位所需的时间，

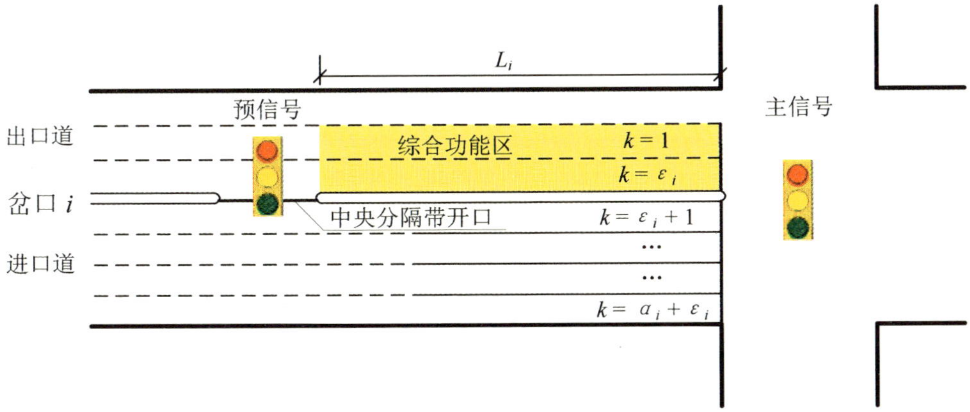

图 3－9　EFL 交叉口图示

可将更多的绿灯时间分配给与其相冲突的流向，因此可提升交叉口的通行能力。

图 3－10 显示了 EFL 交叉口在一个信号周期内的运行过程示意。图中假设信号控制采用对称 4 相位，并且左转相位先于直行相位通行。首先，当相交道路左转为绿灯信号时，预信号为红灯，禁止左转车辆进入综合功能区。当相交道路

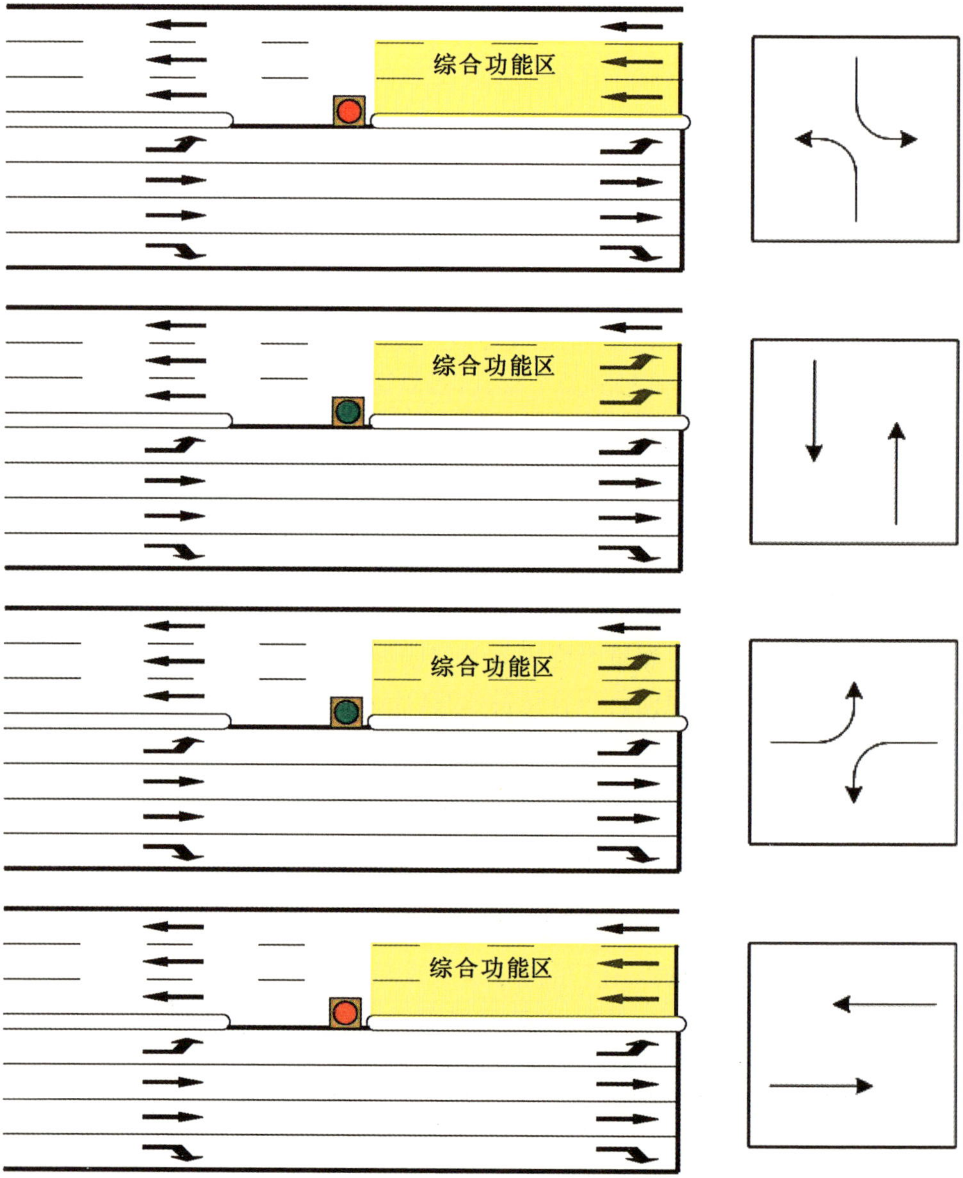

图 3－10 EFL 交叉口运行过程示意图

路左转相位结束一段时间后(保障使用综合功能区内的车辆清空),预信号对于进口左转车流显示为绿灯,左转车辆可进入综合功能区并在交叉口停车线排队等待。随后,当该进口左转获得绿灯信号后,左转车流就可同时使用进口左转车道和综合功能区内的车道,从而更高效地通过交叉口。最后,在对向直行绿灯开始前一段时间(保障综合功能区内的左转车辆清空),预信号转变为红灯信号。

3.3.2　优化模型

为了使 EFL 交叉口获得最佳的运行效益,下文将建立一个组合优化模型,同时对 EFL 交叉口的车道功能、综合功能区长度、主信号配时和预信号配时进行优化。

1. 模型参数

模型中涉及的符号及参数如表 3-5 所列。

表 3-5　模型符号及参数

参　数	
$\mathcal{A}$	交叉口岔口集合
$i \in \mathcal{A}$	交叉口岔口编号
$\mathcal{T}_i$	i 岔口的交通流向集合
$w \in \mathcal{T}_i$	交通流向编号,$w=1$ 表示左转,$w=2$ 表示直行,$w=3$ 表示右转
k	进口车道编号,从最左侧车道开始编号
μ	交叉口的流量系数
n_i	i 岔口进口车道数
n_{ie}	i 岔口出口车道数
n_{iw}^{e}	i 岔口 w 流向对应的出口车道数
L_m	综合功能区长度的优化间隔(m)
$L_{\min}$, $L_{\max}$	最小和最大的综合功能区长度限制(m)
Q_{iw}	i 岔口 w 流向的交通量(veh/h)
q_{iwk}	i 岔口 w 流向分配在 k 车道上的交通量(veh/h)
s_{ik}	i 岔口 k 车道的饱和流率(veh/h)
s_i^p	i 岔口中央分隔带开口的饱和流率(veh/h)
v	设计车速(m/s)

续 表

参 数	
v_{min}	最小车速(m/s)
$\overline{d}$	排队车辆平均车头空距(m)
C_{min}, C_{max}	最小和最大信号周期时长(s)
g_{iw}^{min}	i 岔口 w 流向的最小绿灯时长(s)
$I_{iw,i'w'}$	一组冲突流向的清空时长(s), $w \in \mathcal{T}_i$, $w' \in \mathcal{T}_{i'}$
K	安全时间间隔(s)
Ψ_s	冲突流向组的集合
$\mathcal{H}_i$	使用 i 岔口出口车道的流向集合
ds_{max}	最大饱和度允许值
y_{ik}	i 岔口 k 车道的流量比
M	充分大的正数
c_{EFL}, C_{CI}	EFL 交叉口和常规交叉口的通行能力(veh/h)
决策变量	
x_{iwk}	二进制变量,表示 w 流向是否在 i 岔口 k 车道上具有通行权(1—允许,0—禁止)
L_i	i 岔口综合功能区长度(m)
n_{il}	i 岔口综合功能区车道数
ξ	信号周期时长的倒数(1/s)
g_{iw}	i 岔口 w 流向的绿灯开始时刻
λ_{iw}	i 岔口 w 流向的绿信比
G_{ik}	i 岔口 k 车道的绿灯开始时刻
Λ_{ik}	i 岔口 k 车道的绿信比
g_i^p	i 岔口预信号的绿灯开始时刻
λ_i^p	i 岔口预信号的绿信比
$P_{iw,i'w'}$	冲突流向的信号相序, $P_{iw,i'w'}=0$ 表示流向(i', w')的绿灯开始时刻在(i, w)之后,否则, $P_{iw,i'w'}=1$

2. 目标函数

由于 EFL 交叉口布置的主要目的是缓解交叉口的拥挤,因此,将储备通行能力最大化作为优化目标,模型中将其转化为流量系数最大的优化问题,如下式所示:

$$\max \quad \mu \tag{3-45}$$

3. 约束条件

(1) 流量分配约束

交叉口各流向流量 Q_{iw} 为模型输入条件，为了获得最大的通行能力，在优化时引入流量系数 μ，分配在各车道上某流向的流量之和应等于流量系数调整后的该流向交通需求，如约束条件式(3-46)所示。约束条件式(3-47)表示，若 w 流向在 k 车道被禁止，则该流向在该车道上分配的流量应等于 0。对于左转车流，分配到综合功能区车道上的总量应小于中央分隔带开口的通行能力，如约束条件式(3-48)所示。

$$\mu Q_{iw} = \sum_{k=1}^{n_i} q_{iwk}, \quad \forall i \in \mathcal{A};\ w \in \mathcal{T}_i \tag{3-46}$$

$$M x_{iwk} \geqslant q_{iwk} \geqslant 0, \quad \forall i \in \mathcal{A};\ w \in \mathcal{T}_i;\ k \in \{1, \cdots, n_i + n_{il}\} \tag{3-47}$$

$$s_i^p \Gamma_i \geqslant \sum_{k=1}^{n_{il}} q_{iwk}, \quad \forall i \in \mathcal{A};\ w \in \mathcal{T}_i \tag{3-48}$$

(2) 车道功能分配约束

为了使各进口车道能够被充分利用，每条进口车道至少应允许一个流向通行，如约束条件式(3-49)所示。同时，为保障通行的顺畅，某流向对应出口车道数应大于等于该流向允许通行的进口车道数，如约束条件式(3-50)所示。约束条件式(3-51)避免了进口道内部各车道允许流向的相互冲突，若 w 流向在 $k+1$ 车道允许通行，则 $w' \in \{w+1, \cdots, 3\}$ 这些流向在 k 车道都应当禁止。考虑不熟悉 EFL 的驾驶员，为了增加 EFL 交叉口的容错率，并为左转车辆提供足够的排队空间，约束条件式(3-52)要求除了出口道综合功能区外，进口道中至少应有一条车道允许左转。约束条件式(3-53)限定了综合功能区内的车道数不能大于该岔口的出口车道数。

$$\sum_{w \in \mathcal{T}_i} x_{iwk} \geqslant 1, \quad \forall i \in \mathcal{A};\ k \in \{1, \cdots, n_i + n_{il}\} \tag{3-49}$$

$$n_{iw}^e \geqslant \sum_{k=1}^{n_i} x_{iwk}, \quad \forall i \in \mathcal{A};\ w \in \mathcal{T}_i \tag{3-50}$$

$$1 - x_{iw(k+1)} \geqslant x_{iw'k},$$
$$\forall i \in \mathcal{A};\ w \in \{1, 2\};\ w' \in \{w+1, \cdots, 3\};\ k \in \{1, \cdots, n_i + n_{il} - 1\} \tag{3-51}$$

$$\sum_{k=n_{il}+1}^{n_i+n_{il}} x_{i1k} \geqslant 1, \quad \forall i \in \mathcal{A} \tag{3-52}$$

$$n_{ie} \geqslant n_{il}, \ \forall i \in \mathcal{A} \tag{3-53}$$

(3) 主信号控制约束

约束条件式(3-54)限定了信号周期的取值范围,为了保障约束条件能由线性函数描述,这里采用信号周期的倒数作为控制变量。约束条件式(3-55)限定了各流向绿灯开始时刻应在 0～1 个周期时间范围内。约束条件式(3-56)表示各流向绿信比应在最小绿灯时长和周期时长之间取值。约束条件式(3-57)和式(3-58)定义了车道信号控制参数,包括车道绿灯开始时刻和绿信比。对于任意一组冲突流向,其信号相位相序可由约束条件式(3-59)所示的后继函数表述(Heydecker,1992)。约束条件式(3-60)表示任意一组冲突流向绿灯开始和结束时刻的间隔至少应满足清空时间的要求。

$$\frac{1}{C_{\min}} \geqslant \xi \geqslant \frac{1}{C_{\max}} \tag{3-54}$$

$$1 \geqslant g_{iw} \geqslant 0, \ \forall i \in \mathcal{A}; \ w \in \mathcal{T}_i \tag{3-55}$$

$$1 \geqslant \lambda_{iw} \geqslant g_{iw}^{\min}\xi, \ \forall i \in \mathcal{A}; \ w \in \mathcal{T}_i \tag{3-56}$$

$$\begin{gathered} M(1-x_{iwk}) \geqslant G_{ik} - g_{iw} \geqslant -M(1-x_{iwk}), \\ \forall i \in \mathcal{A}; \ w \in \mathcal{T}_i; \ k \in \{1, \cdots, n_i + n_{il}\} \end{gathered} \tag{3-57}$$

$$\begin{gathered} M(1-x_{iwk}) \geqslant \Lambda_{ik} - \lambda_{iw} \geqslant -M(1-x_{iwk}), \\ \forall i \in \mathcal{A}; \ w \in \mathcal{T}_i; \ k \in \{1, \cdots, n_i + n_{il}\} \end{gathered} \tag{3-58}$$

$$P_{iw,\,i'w'} + P_{i'w',\,iw} = 1, \ \forall (i, w), (i', w') \in \Psi_s \tag{3-59}$$

$$g_{i'w'} + P_{iw,\,i'w'} \geqslant g_{iw} + \lambda_{iw} + I_{iw,\,i'w'}\xi, \ \forall (i, w), (i', w') \in \Psi_s \tag{3-60}$$

(4) 预信号控制约束

由于协调控制的要求,预信号周期应与交叉口信号周期一致。为了保障行车安全,预信号绿灯开始时刻应满足所有使用该岔口出口道的车流均已通过综合功能区,如约束条件式(3-61)所示。并且,预信号绿信比应满足驶入综合功能区的车辆都应在主信号相应左转相位内清空,这需要满足以下两点:约束条件式(3-62)表示综合功能区的通行能力应大于中央分隔带开口的通行能力;约束条件式(3-63)表示预信号绿灯结束时刻与主信号相应的左转绿灯结束时刻的时间间隔应大于车辆通过综合功能区的最大行驶时间。

$$g_i^p \geqslant g_{i'w'} + \lambda_{i'w'} + \frac{L_i}{v_{\min}}\xi + K - P_{i'w',\,i1},\ \forall i \in \mathcal{A};\ (i',\ w') \in \mathcal{H}_i \tag{3-61}$$

$$\sum_{k=1}^{n_{il}} s_{ik}\Lambda_{ik} \geqslant s_i^p \lambda_i^p,\ \forall i \in \mathcal{A} \tag{3-62}$$

$$g_{i1} + \lambda_{i1} \geqslant g_i^p + \lambda_i^p + \frac{L_i}{v_{\min}}\xi + K,\ \forall i \in \mathcal{A} \tag{3-63}$$

(5) 综合功能区长度约束

综合功能区长度应满足进入综合功能区左转车辆排队长度的要求，它等于主信号左转红灯期间加上主信号左转绿灯开始直到排队消散时刻进入综合功能区的左转车辆数，如约束条件式(3－64)所示，其中，排队长度采用 HCM2000(TRB,2000)中的相应计算公式：

$$\frac{L_i}{d} \geqslant \frac{s_i^p\left(g_{i1} - g_i^p - \frac{L_i}{v}\xi\right)s_{ik}}{3\,600\xi\left(\sum_{k=1}^{n_{il}} s_{ik} - s_i^p\right)},\ \forall i \in \mathcal{A};\ k \in \{1,\ \cdots,\ n_{il}\} \tag{3-64}$$

(6) 饱和度约束

约束条件式(3－65)定义了车道流量比的计算公式。约束条件式(3－66)表示任意相邻进口车道若同时允许某流向，则它们的流量比应相等。综合功能区内各车道的流量比应相等，并应不大于进口左转车道的流量比，如约束条件式(3－67)所示。约束条件式(3－68)表示任意车道的饱和度不能超过限定值，以此保障交叉口的服务水平。

$$y_{ik} = \frac{\sum_{w\in T_i} q_{iwk}}{s_{ik}},\ \forall i \in \mathcal{A};\ k \in \{1,\ \cdots,\ n_i + n_{il}\} \tag{3-65}$$

$$M(2 - x_{iwk} - x_{iw(k+1)}) \geqslant y_{i(k+1)} - y_{ik} \geqslant -M(2 - x_{iwk} - x_{iw(k+1)}),$$
$$\forall i \in \mathcal{A};\ w \in \mathcal{T}_i;\ k \in \{n_{il} + 1,\ \cdots,\ n_i + n_{il}\} \tag{3-66}$$

$$y_{i(n_{il}+1)} \geqslant y_{in_{il}} = y_{ik},\ \forall i \in \mathcal{A};\ k \in \{1,\ \cdots,\ n_{il}\} \tag{3-67}$$

$$ds_{\max}\Lambda_{ik} \geqslant y_{ik},\ \forall i \in \mathcal{A};\ k \in \{1,\ \cdots,\ n_i + n_{il}\} \tag{3-68}$$

4. 模型求解

上述 EFL 交叉口优化模型为混合整数非线性规划问题，目标函数式(3－45)，约束条件式(3－46)—式(3－68)。要获得全局最优解十分困难

(Wong and Lee,2012)。造成模型非线性的控制变量为综合功能区长度 L_i,它使得约束条件式(3-61)、式(3-63)和式(3-64)为非线性函数。如果假定 L_i 已知,则模型就变为混合整数线性规划问题,可通过分支定界法求解。这一假设可通过以下过程实现:设定 L_i 的取值范围,并以一定步长取值,将各 L_i 值代入原模型中求解,比较各求解结果即可得到最优解。模型算法流程如下所示:

步骤 1:初始化输入参数。

步骤 2:设定综合功能区长度 L_i 的取值范围及步长。

步骤 3:将每一个 L_i 值代入由目标函数式(3-45)和约束条件式(3-46)—式(3-68)构成的混合整数线性规划模型中,并通过分支定界法求解。

步骤 4:比较各 L_i 值的优化结果,得到全局最优解。

3.3.3 算例分析

通过算例对 EFL 交叉口优化模型进行评价,主要包括两部分内容:首先对 EFL 交叉口的运行效益进行评价;然后通过敏感性分析,对其适用范围进行分析。

1. 运行效益分析

本节将基于 VISSIM 仿真软件,对 EFL 交叉口的运行效益进行评价,同时将其与常规交叉口进行对比。选用的案例为一个十字交叉口,各岔口有 4 条进口车道和 3 条出口车道,西岔口采用 EFL 布置。优化模型中,最小及最大信号周期时长分别为 60 s 和 120 s;最小绿灯时长为 5 s;清空时间为 4 s;饱和流率为 1 800 veh/h/ln;设计车速为 12.5 m/s;最小车速为 10 m/s;排队车辆平均车头空距为 7 m;饱和度限定值为 0.85。仿真中,采用 VISSIM 默认的城市道路驾驶员行为,车型全部为小汽车,期望车速为 40~45 km/h,饱和流率约为1 800 veh/h/ln。交通需求考虑低、中、高 3 种流量水平,如表 3-6 所列。

表 3-6 交通需求

岔口		西			东			南			北			合计
流向		左	直	右	左	直	右	左	直	右	左	直	右	
流量(veh/h)	低	400	350	200	200	400	200	200	400	200	200	400	200	3 350
	中	640	560	320	320	640	320	320	640	320	320	640	320	5 360
	高	880	770	440	440	880	440	440	880	440	440	880	440	7 370

EFL 交叉口和常规交叉口的平面布置(包括车道功能、综合功能区规模和长度)和信号配时优化结果分别如图 3－11 和表 3－7 所示。由于 3 种交通需求情况的转向比例一致，且模型优化目标为交叉口通行能力最大，因此，3 种交通需求情况的优化方案是相同的。

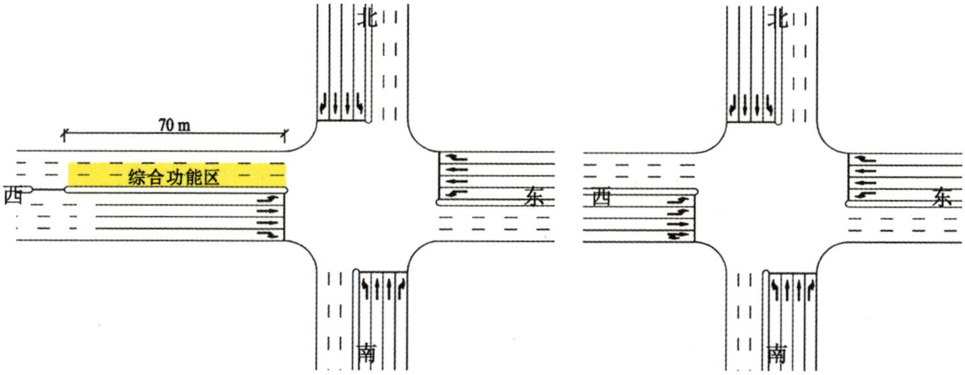

(a) EFL 交叉口　　(b) 常规交叉口

图 3－11　交叉口平面布置优化结果

表 3－7　交叉口信号配时优化结果

岔口			西			东			南			北		
流向			左	直	右	左	左	直	右	左	左	直	右	左
EFL 交叉口	主信号	绿灯开始(s)	120	31	/	120	27	27	58	89	/	58	89	27
		绿灯时长(s)	23	23	120	27	27	89	27	27	120	27	27	58
		绿灯结束(s)	23	54	/	27	54	116	85	116	/	85	116	85
	预信号	绿灯开始(s)	99											
		绿灯时长(s)	34											
		绿灯结束(s)	13											
常规交叉口	绿灯开始(s)		120	120	120	62	62	/	33	33	33	91	91	/
	绿灯时长(s)		29	29	29	25	25	120	25	25	83	25	25	120
	绿灯结束(s)		29	29	29	87	87	/	58	58	116	116	116	/

仿真分析结果如图 3－12 所示，考虑了 3 种评价指标：通过车辆数、车均延误和平均排队长度。

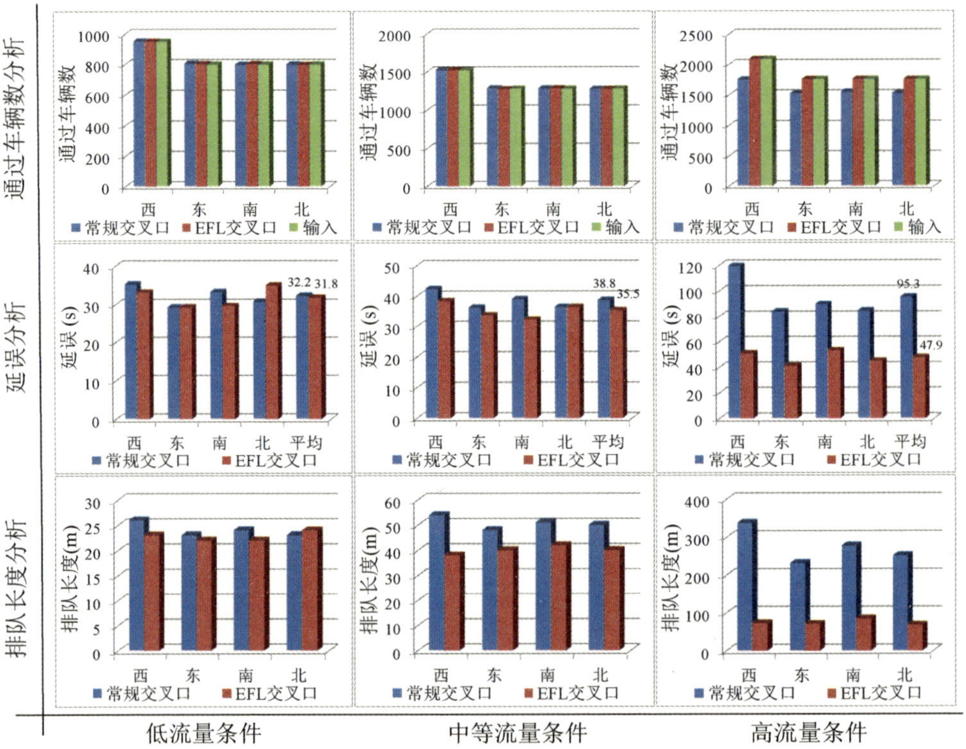

图 3-12　仿真分析结果

由于 VISSIM 仿真无法输出交叉口的通行能力，因此，分析中采用通过的车辆数这一指标来判断交叉口是否达到饱和。若通过车辆数与仿真输入流量基本相同，说明交叉口未饱和；若通过车辆数小于仿真输入流量，说明交叉口达到饱和状态。由图 3-12 可得，当输入流量采用低流量和中等流量时，EFL 交叉口与常规交叉口通过车辆数相同，均未饱和。但当采用高流量时，EFL 交叉口通过车辆数明显高于常规交叉口，并仍使交叉口保持未饱和状态，而此时常规交叉口已经饱和。

图 3-12 还对车均延误和排队长度进行了对比分析。在所有仿真案例中，EFL 交叉口都能较常规交叉口生成更小的延误以及更小的排队长度，并且在高流量状态下，取得最佳的优化效果。3 种流量水平下，EFL 交叉口较常规交叉口车均延误和排队长度分别减少了 49.8%和 72.6%(高流量)、8.5%和20.7%(中流量)、1.2%和 5.1%(低流量)。可见，通过对出口车道的动态使用，EFL 交叉口能在优化左转流向的同时不对其他车流产生负面影响，因此能在提高交叉口

通行能力的同时，还能减少延误和排队长度。

2. 敏感性分析

本节将通过一系列算例，比较在不同交叉口几何条件和交通流量条件下 EFL 交叉口较常规交叉口的通行能力提升量，分析 EFL 交叉口的适用范围。输入参数如表 3-8 所列。

表 3-8　敏感性分析输入参数

参　　数	值
进出口车道数	情况 1：进出口车道数均为 3；情况 2：进出口车道数均为 4；情况 3：进出口车道数均为 5
转向比例	右转 25%；左转+直行 75%
饱和度限定值	0.85
饱和流率(veh/h)	各车道以及中央分隔带开口均为 1 800
最小绿灯时长(s)	5.0
最小清空时间(s)	4.0
综合功能区长度取值范围及步长(m)	[0，5，200]
设计车速(m/s)	12.5
最小车速(m/s)	10.0
排队车辆平均车头空距(m)	7.0
安全时间间隔(s)	3.0

敏感性分析结果如图 3-13 所示。它由 $4\times3=12$ 张小图构成，排列顺序为，从下往上使用 EFL 控制的岔口数逐步递增，从左往右车道数逐步递增。对于每一张小图，两个横轴分别表示左转比例和周期时长，纵轴表示 EFL 交叉口通行能力与常规交叉口通行能力的比值。由图 3-13 可得

1）总体而言，EFL 控制有助于提升交叉口的通行能力，当左转交通量较大时尤为显著。算例中，与常规交叉口相比，EFL 控制对通行能力提升量最高可达 50.0%。

2）从每一纵列可以看出，随着使用 EFL 控制的岔口数的增加，通行能力提升越显著。例如，当进出口车道数为 4 车道，左转比例为 35%，周期时长为 120(s)时，随着使用 EFL 控制的岔口数从 1 个逐个增加到 4 个，通行能力提升的百分比分别为 7.2%、12.9%、19.3%和 24.7%。算例中，平均每增加一个使

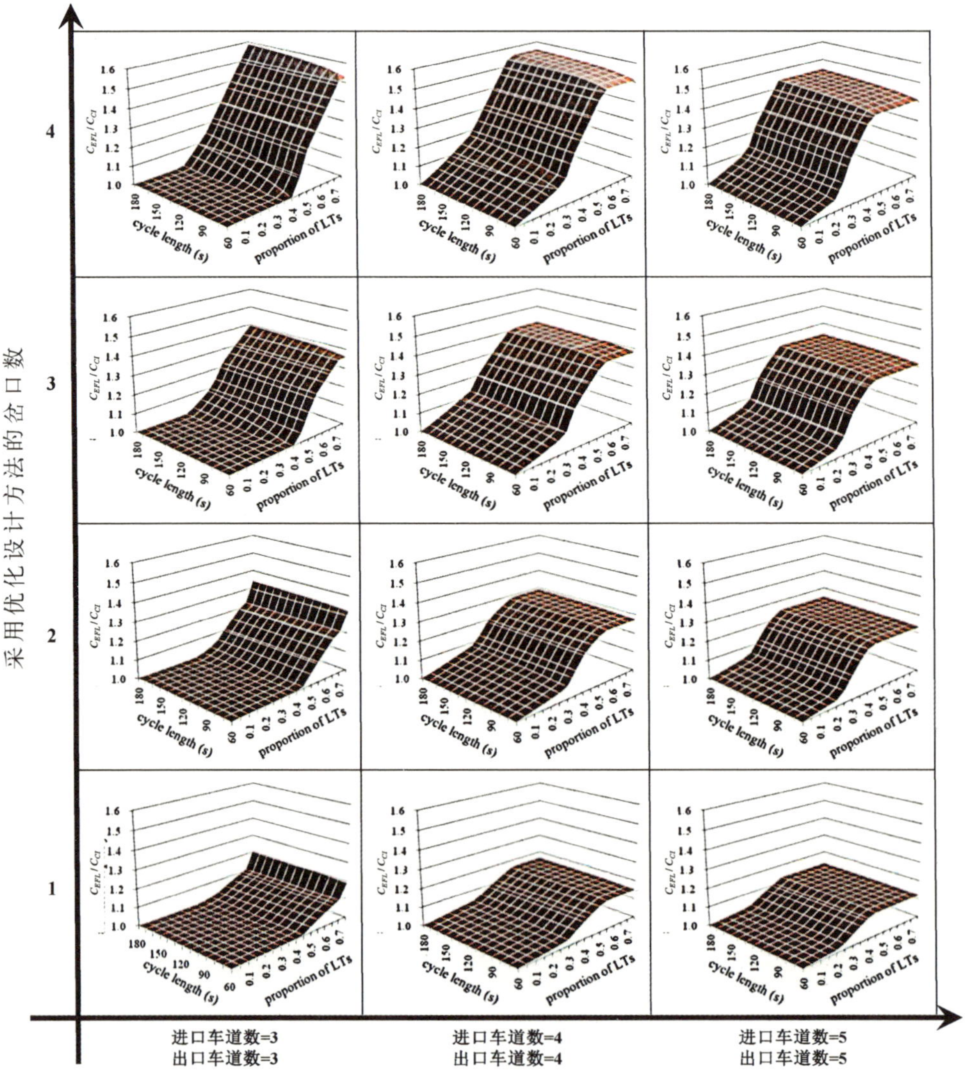

图 3-13 敏感性分析结果

用 EFL 控制的岔口，可使交叉口通行能力提高 7.0%。

3) 从每一横列可以看出，当进出口道数为 3 车道时，EFL 交叉口与常规交叉口通行能力的比值随着左转交通量比例的增加而增加。但当进出口道数为 4 车道或 5 车道时，在左转交通量比例上升到约 50%，通行能力的比值会达到一个稳定值，之后不再随左转交通量比例的增加而增加。这主要是由于综合功能区为左转交通提供的额外通行能力受预信号绿灯时长及其饱和流率限制，因此无法随出口车道数的增加而不断增加。

4）敏感性分析显示，左转交通比例是影响 EFL 控制对交叉口通行能力提升效果的重要因素，为了更明确地反映这一点，表 3-9 列出了在不同交叉口几何条件下达到提升通行能力 10%优化效果的左转交通比例阈值。

表 3-9　通行能力提升 10%时的左转交通比例阈值

采用 EFL 控制的岔口数	进出口车道数		
	3	4	5
1	0.70	0.45	0.40
2	0.55	0.35	0.30
3	0.50	0.30	0.25
4	0.45	0.25	0.20

3.3.4　驾驶模拟分析

EFL 控制作为一种非常规的交叉口控制方法，其控制效果可能会受到驾驶员熟悉度和遵从度的影响。例如，一名不熟悉该控制方式的驾驶员驾驶车辆在进口道中央分隔带开口处排队等待左转，当预信号绿灯启亮后他未利用中央分隔带开口进入综合功能区，这同时也阻塞了后续排队左转车辆对综合功能区的利用，使其运行效率未能有效发挥。由于 EFL 控制是一个全新的概念，尚不清楚驾驶员对此会如何反应。本节将对 EFL 控制条件下驾驶员行为进行研究，并探讨通过交通标志标线提高其运行安全性的方法。

由于现实中暂时没有采用 EFL 控制的交叉口，因此不可能通过实测数据进行研究。同时，也无法采用微观仿真软件（如 VISSIM 等），这是因为微观仿真中驾驶行为是给定的。本书采用高逼真的驾驶行为模拟系统（Advanced Car Driving Simulator），这是一种高性价比驾驶员感知评价方法，并可保障测试驾驶员的安全（Lee et al.，2003；Montella et al.，2011）。

驾驶模拟技术之前已在交通研究的多个领域得到应用，包括不同交通流之间的相互影响、车辆控制、正常与非正常驾驶行为对比等（Allen et al.，2007；Gelau et al.，2011）。较实测实验，高逼真的驾驶行为模拟在实验场景的可控性、实验效率、费用、安全性、数据采集等诸多方面具有显著优势（Nilsson，1993）。此外，研究发现在驾驶错误、车道保持、外界刺激的适应调整和视觉判断偏差等方面，驾驶员在驾驶模拟器中的表现与在道路上实际驾驶没有显著差别（Shechtman et al.，

2009)。最近又有研究通过驾驶模拟实验数据与实测的车速和交通事故数据的对比分析,证明驾驶模拟是一种分析信号控制交叉口交通安全问题的有效工具(Yan,2008)。因此,驾驶模拟在分析驾驶员行为与驾驶环境的关联性方面有着显著优势,有利于实验中的变量控制(Lee,2011;Montella et al.,2011),并且已经在一些交通控制的创新车技中得到了应用,包括黄灯闪烁箭头灯(Knodler Jr et al.,2006a;Knodler Jr et al.,2006b)、分离式菱形立交(FHWA,2007b)、连续流交叉口(Inman,2009)和复杂交叉口指路系统设计(Fitzpatrick et al.,2013)等。

本节将基于驾驶模拟,对 EFL 交叉口的标志标线设计提出建议,同时对其驾驶员适应性作出评价。

1. 标志标线设计

如图 3-14 所示,提出了两套 EFL 交叉口的标志标线设计方案。方案一为简化方案,包括在综合功能区采用彩色铺装,并在综合功能区起点的中央分隔带鼻端设置 EFL 交叉口指示标志和信号灯。方案二为完整方案,它在方案一的基础上,在各出口车道上方通过龙门架增设了可变车道控制标志,此外还在综合功能区起

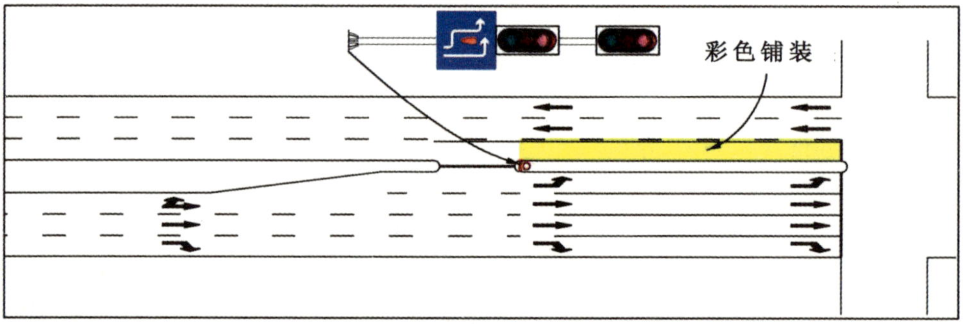

(a) 方案一:简化方案

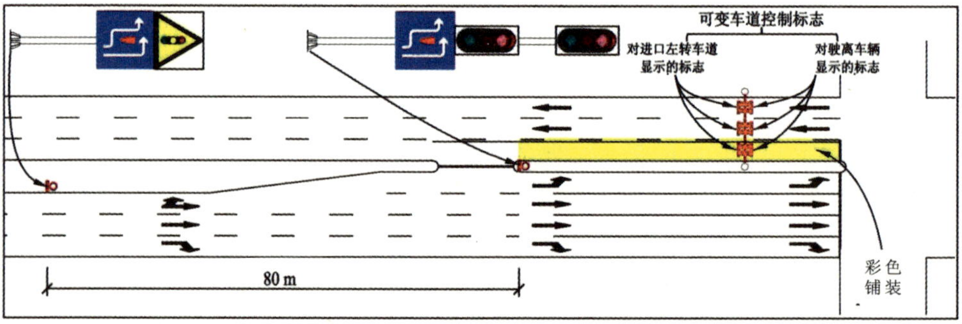

(b) 方案二:完整方案

图 3-14 出口车道动态控制交通标志标线设计

点前 80 m 左右增设了 EFL 交叉口指示标志和注意前方信号灯的预警标志。

上述两套标志标线具有以下特点：

(1) 在综合功能区采用彩色铺装来提高其视认性，提醒驾驶员综合功能区特殊的路权分配。

(2) 在综合功能区的左侧为常规的出口车道，为了明确显示其功能，设置了方向箭头。并且采用白色虚实线分隔，以指示综合功能区内的左转车辆禁止跨越。

(3) 在方案二中，各出口车道上方设置了可变车道控制标志，动态显示车道功能的分配情况。对于左转交通，当车道关闭时显示红×，当车道作为左转车道使用时显示左转箭头；对于出口驶离车流，当车道关闭时显示红×，当车道作为出口车道使用时显示直行箭头。

(4) 在综合功能区起点设置的 EFL 交叉口标志是一个新发明的指示标志，它用来提示驾驶员前方路口采用 EFL 控制，并帮助驾驶员理解 EFL 交叉口的运行特点。该标志的设计是由注意障碍物(左侧绕行)警告标志演变得到的，如图 3-15 所示。较注意障碍物(左侧绕行)警告标志，这个新发明的 EFL 交叉口指示标志能更准确地反映左转车辆有两条路径可供选择的运行特点，而不是必须从中央分隔带左侧通行。并且显示进入中央分隔带左侧通行的车辆必须在交叉口左转。

(a) 注意障碍物（左侧绕行）警告标志

(b) 新发明的指示标志

图 3-15　出口车道动态控制指示标志

(5) 在方案二中，综合功能区起点前 80 m 左右增设了 EFL 交叉口指示标志和注意信号灯的预警标志，前者与在综合功能区起点处设置的 EFL 交叉口指示标志相同，后者是国标(GB5768.2-2009)中的标准警告标志。

(6) 在 EFL 交叉口中，需要通过信号灯控制左转车辆是否允许进入综合功能区。因此在综合功能区起点设置了信号灯，包括高低两个灯组。

2. 实验目的

通过驾驶模拟实验，希望回答以下几个方面的问题来评价标志标线设计成果，检验驾驶员对 EFL 交叉口的适应性。

(1) 驾驶员是否能正确完成左转任务；

(2) 交通标志标线方案能否帮助驾驶员理解 EFL 交叉通行规则，并正确完成左转任务，是否存在信息冗余；

(3) 通过教育是否有助于驾驶员的理解并在测试中有更好的表现；

(4) 若在驾驶员通过交叉口时有引导的车辆，是否有助于驾驶员的理解并在测试中有更好的表现；

(5) 在综合功能区内通行时，是否会产生困惑并有异常驾驶行为，包括行驶车速过低，或在绿灯期间未能顺利驶出综合功能区。

3. 实验设备

如图 3－16 所示，研究采用高逼真的驾驶行为模拟系统(Advanced Car Driving Simulator)，是同济大学交通运输工程国家一级重点学科建设("985 工程"二期)的重要组成部分。在该系统的支撑下，可深入研究各类行驶环境下驾驶员-车辆-道路设施-路面行人及综合行驶环境之间相互作用的复杂机制，实现对驾驶员心理、生理和行为及其与交通环境(包括自然环境与信息环境)互动机理等的基础研究。特别可支持不同行驶环境和场景下的道路与交通适应性理论、典型集成设计方案的综合评价。该驾驶模拟器具有 8 个自由度，与目前应用较多的 6 自由度运动系统相比，可更加逼真地模拟了车辆驾驶，全方位细致地分析驾驶员行为，增加了实验结果的可行度。

4. 测试人员

测试人员包括 64 名驾驶员(50 名男性，14 名女性)。实验人员按人数均分

图 3－16　驾驶模拟实验平台

为两组：受过训练的(25 名男性，7 名女性，平均年龄 32.1 岁，平均驾龄 5.3 岁)和未受过训练的(25 名男性，7 名女性，平均年龄 31.8 岁，平均驾龄 5.2 岁)。对于需要受训练的实验人员，在实验前应对其进行培训，详细说明 EFL 控制交叉口的通行特点及特殊的识别标志。

所有测试人员在驾驶模拟器中做了充分的适应性训练，包括三项内容。一是驾驶模拟器熟悉训练，如图 3-17(a)所示，测试者驾驶车辆在一条直线道路上

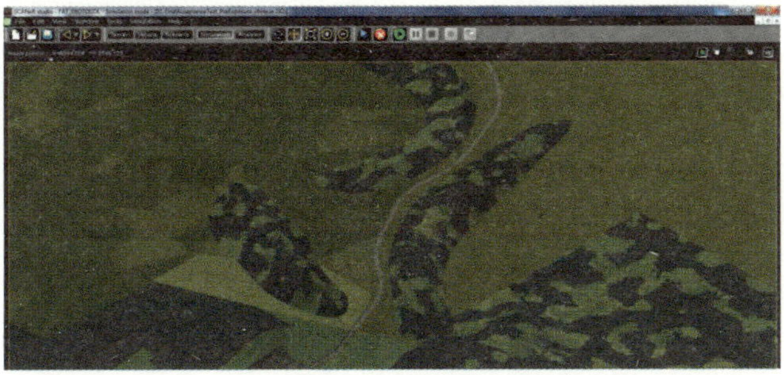

(a) 操控熟悉训练

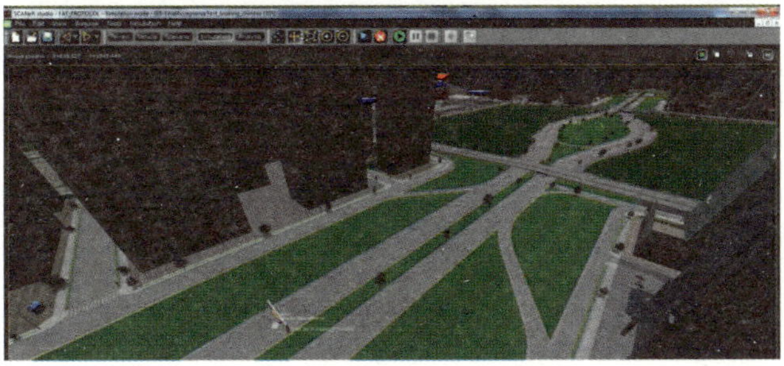

(b) 加减速及停车训练

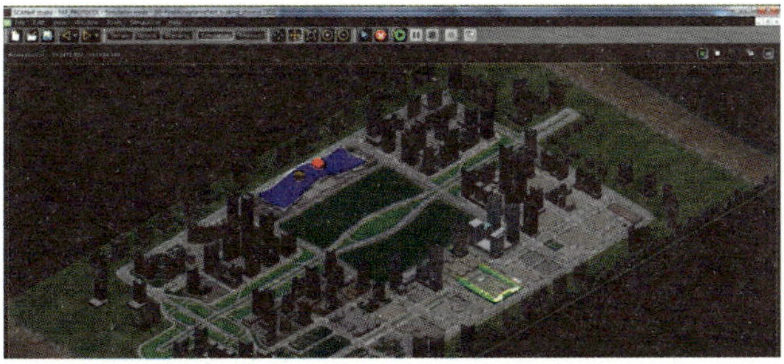

(c) 转向训练

图 3-17　驾驶模拟适应性训练

行驶；二是加减速及停车训练，如图 3－17(b)所示，要求测试者先将车速提高到 100 km/h以上，然后减速，最后在停止线前停车；三是转向训练，如图 3－17(c)所示，测试者按要求在一个城市道路网中行驶，完成各转向动作。在训练过程中，测试者若感到不适，可随时申请退出。

5. 实验设计

如图 3－18 所示，驾驶模拟环境为北京市的局域路网，该路网东起南礼士路，西至三里河东路，北起阜成门外大街，南至复兴门外大街。测试者被要求先沿复兴门外大街作一段适应性驾驶(约 5 min)后，沿指定的行驶路径进行驾驶模拟实验(约 10 min)。

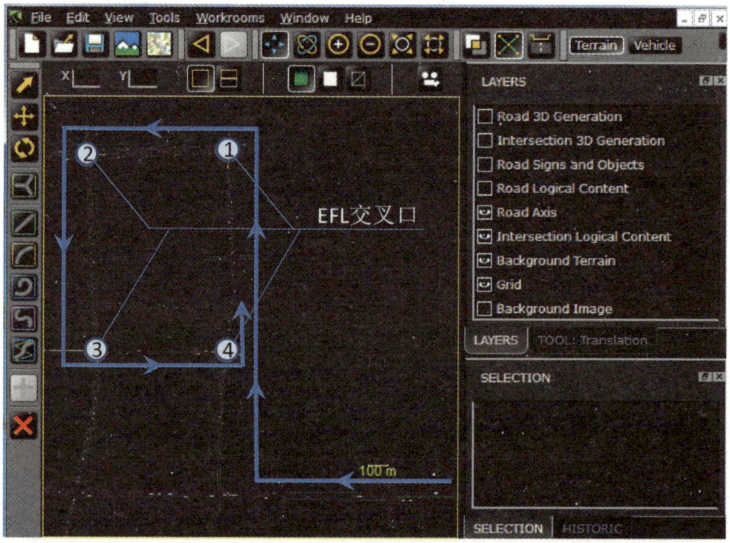

(a) 行驶路径

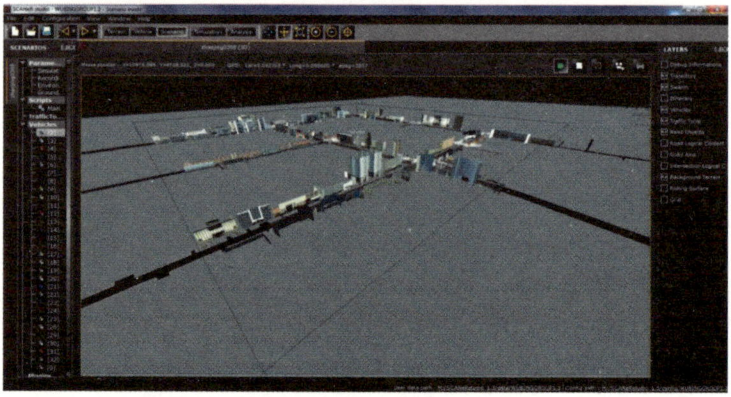

(b) 驾驶模拟场景

(c) EFL 交叉口驾驶员视角

图 3 - 18　实验路网

在测试路径上，4 个 EFL 交叉口和 4 个常规交叉口会交替出现。这 4 个 EFL 交叉口包含了 4 个测试场景，如表 3 - 10 所列，为两种标志标线方案和两种交通条件的组合。对于两种交通条件，如图 3 - 19 所示，对于无引导车的情况，当测试者的车辆到达 EFL 交叉口时，会被恰好安排在中央分隔带开口处排队等候，因此，若驾驶员理解 EFL 交叉口的通行规则，则在预信号绿灯启亮后会驶入综合功能区，从而高效地完成左转任务；对于有引导车的情况，当测试者的车辆到达 EFL 交叉口时，会被恰好安排在中央分隔带开口后排队等候，在他之前，会有几辆车作为引导车，在预信号绿灯启亮后会驶入综合功能区，给予测试驾驶员提示。

表 3 - 10　驾驶模拟实验 4 个 EFL 交叉口测试场景

场　景	标志标线方案	交通条件
1	方案一	无引导车
2	方案二	无引导车
3	方案一	有引导车
4	方案二	有引导车

6. 数据分析

实验中，记录了：① 在 EFL 交叉口是否完成左转任务；② 在 EFL 交叉口是

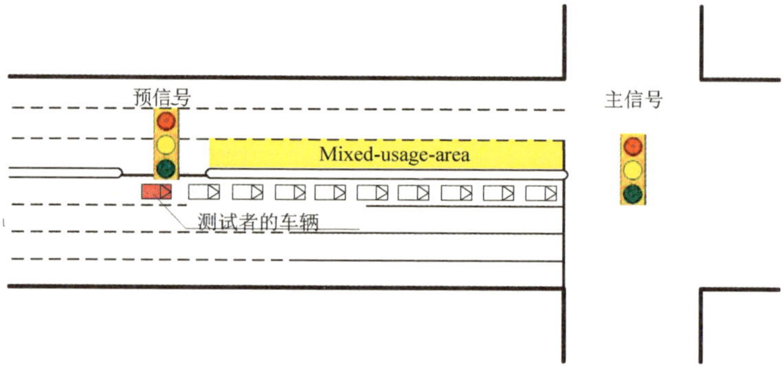

(a) 无引导车的情况

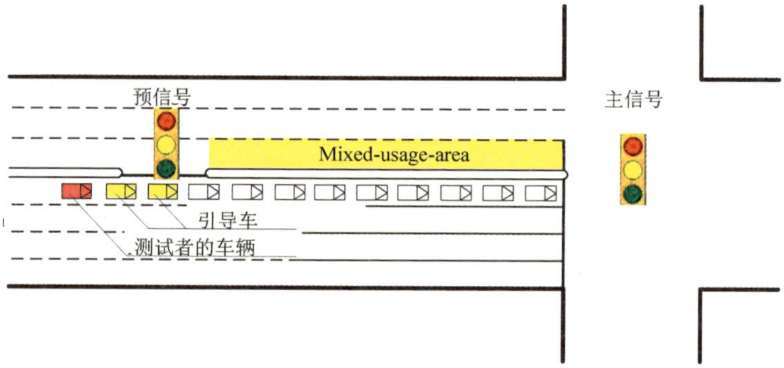

(b) 有引导车的情况

图 3-19　驾驶模拟实验两种交通条件

否进入综合功能区；③ 进入综合功能区的车辆是否遵守信号灯控制（有无闯红灯）；④ 进入综合功能区的车辆是否进入了出口车道；⑤ 车辆通过 EFL 交叉口的平均车速。用这五个指标来反映驾驶员对 EFL 交叉口的适应性。

(1) 在 EFL 交叉口是否完成左转任务

若测试者没有在 EFL 交叉口左转，则认为任务失败。实验中，所有的测试者在 EFL 交叉口均顺利完成了左转任务。这主要是由于 EFL 交叉口提供了两条左转的路径，即使对于那些不熟悉其运行特点的驾驶员，也能像常规的交叉口一样，利用进口左转车道通过交叉口。因此，EFL 交叉口不会对不熟悉的驾驶员产生负面影响。

(2) 在 EFL 交叉口是否进入综合功能区

虽然所有的测试者均在 EFL 交叉口完成了左转，但一些驾驶员并没有意识到可以利用综合功能区高效地完成左转。表 3-11 列了两组测试者经过四个测试场景时利用综合功能区的人次。

表 3-11　利用综合功能区的人次(最多为 32 人次)

测　试　分　组		场景 1	场景 2	场景 3	场景 4
受过教育的	数量	18	21	30	32
	比例	56.3%	65.6%	93.8%	100%
未受过教育的	数量	3	6	25	27
	比例	9.4%	18.8%	78.1%	84.4%
χ^2		15.95	14.41	2.07	3.47
p		<0.01	<0.01	>0.05	>0.05

两行数据对比发现，未受过教育的测试人员利用综合功能区的比例较低。尤其在没有引导车的场景中(场景 1 和场景 2)，χ^2 检验结果分别为 $\chi^2(2)=15.95$、$p<0.01$ 和 $\chi^2(2)=14.41$、$p<0.01$，差异还是十分显著的。而当有引导车时(场景 3 和场景 4)，差异并不显著($p>0.05$)。可见，当初次遇到时，驾驶员普遍难以理解 EFL 交叉口的运行特点，但通过教育可令这一状况得到显著改善，EFL 交叉口的运行特点的知识可通过刻意地宣传教育获得，也可在驾车过程中观察其他车辆的行驶轨迹学习获取。

此外，对比场景 1 和场景 2 这两列数据，发现在标志标线完整设计方案条件下，有更多的测试者利用综合功能区。造成这一差异的原因可能主要是可变车道控制标志在上海已实施多年，驾驶员对此普遍较为熟悉，增加了 EFL 交叉口的接受和理解程度。

除了进入综合功能区的车辆数外，对测试车进入综合功能区的时刻(相对于绿灯起亮时刻)也做了记录。表 3-12 列出了未受过教育的测试人员即使是最后利用了综合功能区，但在预信号绿灯启亮后，也会较受过教育的测试人员犹豫更长的时间。

表 3-12　进入综合功能区前的等待时长(s)

测　试　分　组		场景 1	场景 2	场景 3	场景 4
受过教育的	均值(s)	4.8	2.0	0.3	0.4
	方差	0.61	0.68	0.53	0.58
未受过教育的	均值(s)	10.4	4.5	5.7	2.1
	方差	0.72	0.64	0.69	0.66
增加量(s)		5.6	2.5	5.4	1.7

(3) 进入综合功能区的车辆是否遵守信号灯控制

若车辆在红灯期间进入综合功能区，则被认为闯红灯，这是一种可能产生严重危害的行为。实验中，所有的测试者均被安排在红灯期间到达综合功能区起点前，但没有测试车辆有闯红灯行为。这一方面可能由于整个测试场景均在北京城市道路中，驾驶员在通过交叉口时习惯于遵守信号灯指示。另一方面，测试中为了使测试车利用综合功能区，其前方有一定长度的初始排队，因此驾驶员潜意识中会减速并停车。因此，EFL 交叉口不会因驾驶员不熟悉而产生闯红灯的安全隐患。

(4) 进入综合功能区的车辆是否进入了出口车道

对于利用综合功能区的车辆，若进入了其他出口车道，则是一种逆行行为。这些驾驶员应当已经理解了在 EFL 交叉口，可利用出口车道实现左转。但他们没有意识到综合功能区内的左转车辆禁止跨越到其他出口车道。在全部 48 名测试者中，仅有 2 人次(约 4%)有进入出口车道行驶的行为，一人是在场景 1 中，另一人在场景 3 中。发现这两人都是在交通标志标线的简化方案场景中犯错误的，可见可变车道控制标志的设置是十分必要的。

(5) 车辆通过 EFL 交叉口的平均车速

实验中检测了测试车辆通过 EFL 交叉口进口道的车速，若测试者内心困惑，一般会降低车速行驶。如表 3-13 所列，受过教育和未受过教育而进入综合功能区的测试人员较没有进入综合功能区的驾驶人员的车速分别降低了 3.5 km/h 和 9.4 km/h。可见，受过教育的测试者在驾驶过程中更为自信。

表 3-13 平 均 车 速

测试分组	(1) 没有进入综合功能区的车辆	(2) 未受过教育并进入综合功能区的车辆	(3) 受过教育并进入综合功能区的车辆
样本量	94	61	101
平均速度(km/h)	39.2	29.8	35.7
方差	72.2	38.0	63.0
(2)和(1)间均值差 t 检验	$t=-7.968\leqslant -t_{0.05}(153)=-1.66$		
(2)和(1)间均值差 t 检验	$t=-2.966\leqslant -t_{0.05}(193)=-1.66$		

7. 实验结果

通过实验分析，可得到下述结果：

(1) 虽然对于驾驶员而言 EFL 交叉口的操作过程并不复杂，但毕竟与常规设置不同，因此，当初次遇到时，驾驶员普遍感到困惑，难以理解。

(2) 对比受过教育和未受教育这两类驾驶员，受过教育的驾驶员明显较未受教育的驾驶员在遵章率和通行效率方面均有着更好的表现。因此，建议在变结构协同控制措施实施前需要通过媒体对广大驾驶员进行宣传教育，告知驾驶员特殊控制交叉口的位置及通过要领，以提高控制措施的通行效率和运行可靠性。

(3) 实验结果显示完备的交通标志标线设置有助于提高驾驶员对控制措施的理解，提高驾驶员的遵章率，这主要是由于完备的交通标志标线设置给驾驶员提供了明确的通行路径、路权的指引。

(4) 实验中受过教育的驾驶员及测试者在有引导车场景中的良好表现使我们有理由相信经过一段时间的磨合，EFL 交叉口特殊的控制措施会被公众接受，并发挥出其应有的效力。

(5) 实验过程中，发现驾驶员对于红灯信号的敏感性较高，从积极的意义上，这会大大减少 EFL 交叉口的安全隐患，实验结果也显示出在安全性上 EFL 交叉口未见有明显不足。但我们也担心这是由于驾驶员感到受到监督，在驾驶模拟器中的驾驶行为会偏向安全，有待进一步研究。

3.3.5　实际应用讨论

EFL 控制方法可应用于交叉口的单个或多个岔口，并且可根据实际交通需求灵活选择关闭与开启。但需要注意，采用了 EFL 控制岔口的相邻交叉口的排队长度，应保证不会溢流至综合功能区。

虽然上述分析显示 EFL 控制对于拥挤交叉口能显著提高其运行水平，但在实际应用前，必须对其潜在安全隐患进行研究。例如，EFL 控制带来的综合功能区内对向车流的冲突。在综合功能区内，左转车辆不可与其他驶离交叉口的车辆同时存在。这需要主预信号间有良好的协调控制。上述优化模型中还引入了安全时间间隔 K 来提高运行的安全性。实际应用中，除了设置必要的标志标线外，还可通过埋设车辆检测器来提高 EFL 交叉口的安全性。如图 3-20 所示，当检测器检测到有左转车辆滞留在综合功能区内时(1#、2# 检测器检测到的车辆数大于 3#、4# 检测器检测到的车辆数)，可变车道控制标志将对驶离车辆显示红×；同样的，当综合功能区不被用作进口左转车道时，可变车道控制标志将对进口左转车辆显示红×。

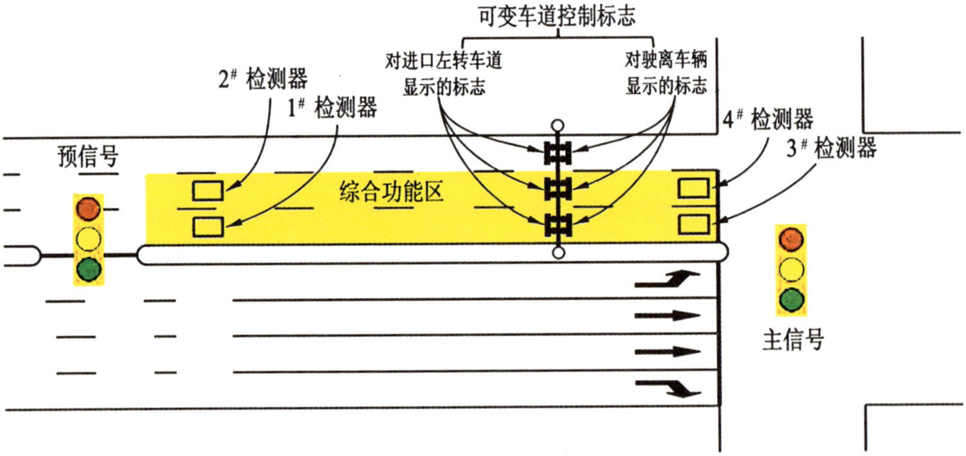

图 3-20　可变车道标志及车辆检测器布置

3.3.6　小结

上文提出了一种新型的交叉口设计控制方法，该方法利用出口车道供进口左转交通使用。并建立了混合整数非线性规划模型，对交叉口车道功能、综合功能区长度、主信号控制和预信号控制同步进行优化。求解过程中，将模型转换为一系列混合整数线性规划，由分支定界法求解。通过一系列算例及仿真分析，可得到以下结论：

（1）在所有的算例分析中，EFL 控制都有助于提升交叉口的通行能力。与常规交叉口相比，在左转比例较低的情况下，提升量较小，但最左转比例的增加迅速增大。算例中，EFL 控制对通行能力提升量最高可达 50.0%。一般而言，交叉口使用 EFL 控制的岔口数越多，通行能力提升越显著。

（2）在所有仿真案例中，EFL 交叉口都能较常规交叉口生成更小的延误以及更小的排队长度，并且在高流量状态下，取得最佳的优化效果，车均延误和排队长度分别减少了 49.8%和 72.6%。

（3）EFL 控制方法可应用于交叉口的单个或多个岔口，并且可根据实际交通需求选择关闭与开启，体现了较高的灵活性。

（4）应注意，采用了 EFL 控制岔口的相邻交叉口的排队长度，应保证不会溢流至综合功能区。

（5）在实际应用前，还必须对 EFL 交叉口的潜在安全隐患进行研究并作必要的预防措施。例如，设置必要的标志标线以及埋设车辆检测器来降低车辆在综合功能区内发生冲突的风险，提高 EFL 交叉口的安全性。此外，还应对 EFL 这种新型交叉口的驾驶员行为进行分析，并在实施前做好必要的宣传和教育工作。

3.4　基于中央分隔带掉头的交叉口流向控制

3.4.1　基本概念

流向禁限是针对城市拥挤交叉口的一种常用管理措施，它通过减少交叉口的相位数来减少损失时间，从而提高交叉口的通行能力。根据禁限流向绕行路径的不同，可分为多种类型。其中，在交叉口层面，利用中央分隔带掉头提供禁限流向绕行，是一种较为常见的处理方法，该类型交叉口称为中央分隔带掉头交叉口（median u-turn intersection，MUTI）。本节将基于 MUTI 的概念，将信号控制与交叉口流向禁止策略相结合，将禁止流向选择、车道功能、开口与交叉口间距以及信号配时建立在统一的优化框架中，以生成最优方案。

关于中央分隔带掉头交叉口（MUTI）的研究，以往主要关注其道路平面线型设计（包括中央分隔带掉头开口与交叉口间距、中央分隔带掉头开口的几何线型、掉头展宽 loon 的几何线型）（Taylor，2001；Sisiopiku and Aylsworth-Bonzelet，2003；FHWA，2007a；DMJM，2008；AASHTO，2011；MDOT，2012）、交通安全分析（TRB，2004；Liu et al.，2008；Tarko et al.，2008；Tao and Wei，2009；Olarte，2011）以及交通效益评价（Bared and Evangelos，2002；Chowdhury et al.，2003；Shahi and Choupani，2009；Ahmed，2011；El Esawey and Sayed，2011；Pirdavani et al.，2011）。

对于 MUTI 的优化控制，以往主要依靠工程师的经验：首先判断交叉口是否采用 MUTI，并设定禁止的流向，然后划分其车道功能，并进行信号配时，最后对设计结果进行评价，通过对上述设计成果的反复调整，直到评价结果满足要求。这种基于经验的设计往往无法获得最优的设计结果，这是由于根据禁止流向的不同，MUTI 可有多种类型，应根据不同的交通需求及交叉口几何条件进行选择，并与交叉口车道功能和信号配时相互关联。因此，有必要建立组合优化模型，将 MUTI 类型、车道功能、开口与交叉口间距以及信号配时同时优化，以生成最优方案。

典型 MUTI 的运行过程如图 3－21 所示，交叉口禁止主路和次路的左转交通，这些流向需通过路段中央分隔带开口绕行(FHWA，2007a)。对于主路左转车辆，其绕行路径为，先直行通过交叉口，在交叉口下游路段中央分隔带开口处掉头，最后在交叉口右转；对于次路左转车辆，其绕行路径为，先右转进入主路，在主路路段中央分隔带开口处掉头，最后直行通过交叉口。

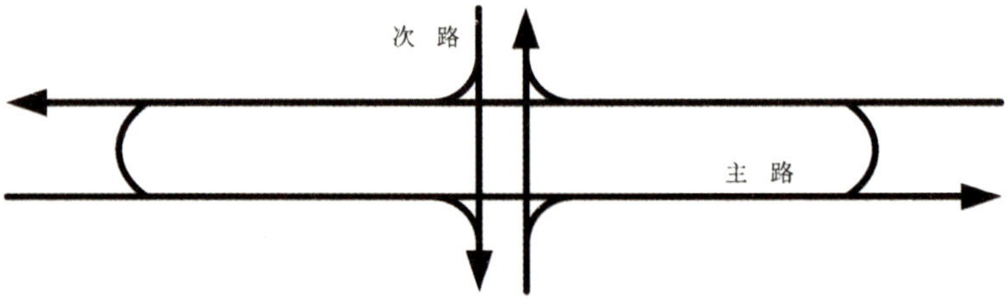

图 3－21　典型 MUTI 运行图示

基于 MUTI 通过路段掉头实现交叉口禁止流向绕行的思想，根据禁止流向的不同，MUTI 可分为 6 种类型，再加上常规的交叉口设计，本书将考虑 7 种交叉口设计类型，如表 3－14 所列。

表 3－14　MUTI 交叉口分析类型

交叉口类型	禁止流向数	禁 止 流 向	俗　　称
0	0	—	常规交叉口
1	2	主路左转	median u-turn 或 Michigan u-turn
2	2	次路左转	median u-turn 或 Michigan u-turn
3	2	次路直行	—
4	4	主路和次路左转	median u-turn 或 Michigan u-turn
5	4	次路左转和直行	superstreet 或 restricted crossing u-turn
6	4	主路左转和次路直行	—

3.4.2　优化模型

1. 模型参数

模型中涉及的符号及参数如表 3－15 所列。

表 3 - 15　模型符号与参数

参　数	
$\mathcal{A}$	交叉口岔口集合
$i \in \mathcal{A}$	交叉口岔口编号，$i=1$ 表示东岔口，$i=2$ 表示南岔口，$i=3$ 表示西岔口，$i=4$ 表示北岔口，且主路为东西向，次路为南北向
$\mathcal{T}_i$	i 岔口的交通流向集合
$w \in \mathcal{T}_i$	交通流向编号，$w=1$ 表示左转，$w=2$ 表示直行，$w=3$ 表示右转
k	进口车道编号，从最左侧车道开始编号
z	交叉点编号，$z=1$ 表示东岔口上游的掉头点，$z=2$ 表示主次路交叉点，$z=3$ 表示西岔口上游的掉头点
μ_0	整个交叉口的流量系数
μ_z	交叉点 z 的流量系数
P_1，P_2，P_3	优化目标等级
n_{ia}	i 岔口可供优化的车道数，这些车道可被用为进口车道或掉头车道
n_{if}	i 岔口固定的进口车道数
n_{iu}	i 岔口掉头车道数
n_{ie}	i 岔口出口车道数
n_{iw}^{e}	i 岔口 w 流向对应的出口车道数
L_m	掉头开口与交叉口间距的优化间隔(m)
$L_{\min}$，$L_{\max}$	最小和最大的掉头开口与交叉口间距(m)
N_p	禁止流向的数量
δ_{iw}	i 岔口 w 流向是允许通行(1—允许，0—禁止)
Q_i	i 岔口的交通量(veh/h)
Q_{iw}	i 岔口 w 流向的交通量(veh/h)
Q'_{iw}	考虑流向禁止后，i 岔口 w 流向的交通量(veh/h)
q_{ziwk}	z 交叉点 i 岔口 w 流向分配在 k 车道上的交通量(veh/h)
$H_{iw,i'w'}$	二进制变量，表示流向(i, w)是否在流向(i', w')的绕行路径上(1—是，0—否)
s_{ik}	i 岔口 k 车道的饱和流率(veh/h)
s_i^p	i 岔口掉头处的直行车流所有车道的饱和流率(veh/h)
v	设计车速(m/s)

续 表

参 数	
$\overline{d}$	排队车辆平均车头空距(m)
$C_{\min}$，$C_{\max}$	最小和最大信号周期时长(s)
$I_{iw,i'w'}$	一组冲突流向的清空时长(s)，$w \in \mathcal{T}_i$，$w' \in \mathcal{T}_{i'}$
Ψ_s	冲突流向组的集合
$ds_{\max}$	最大饱和度允许值
y_{ik}	i 岔口 k 车道的流量比
M	充分大的正数
决策变量	
x_{iwk}	二进制变量，表示 w 流向是否在 i 岔口 k 车道上具有通行权(1—允许，0—禁止)
L_i	i 岔口掉头开口与交叉口间距(m)
ξ	信号周期时长的倒数(1/s)
g_{iw}	i 岔口 w 流向的绿灯开始时刻
λ_{iw}	i 岔口 w 流向的绿信比
G_{ik}	i 岔口 k 车道的绿灯开始时刻
Λ_{ik}	i 岔口 k 车道的绿信比
$P_{iw,i'w'}$	冲突流向的信号相序，$P_{iw,i'w'}=0$ 表示流向(i'，w')的绿灯开始时刻在(i，w)之后，否则，$P_{iw,i'w'}=1$

2. 目标函数

本模型的目标函数包括 3 个部分：最小化禁止流向数量、最大化整个交叉口的储备通行能力和最大化各交叉点的通行能力。

以往研究成果显示，MUTI 能提高交叉口通行能力，并减低主路直行车流延误。但该类型交叉口迫使被禁止流向绕行，增加了总车公里数，并可能增加这些绕行车流的延误。此外，作为非常规交叉口，还可能造成驾驶员的困惑或者驾驶员不遵守禁止转向。因此，在保障交叉口服务水平的前提下，本模型首先将最小化交叉口禁止流向数量，使控制措施对交通的正常运行的影响最小化。

在相同禁止流向数量的情况下，我们希望交叉口具有最大的储备通行能力，同 3.3 节所述，将其转化为流量系数最大的优化问题。

然而，MUTI 有 3 个交叉点：主次路交叉点和 2 个掉头节点。设置交叉口总体通行能力最大的优化目标，只能优化关键交叉口的信号配时，而无法对非关键交叉口进行合理的信号配时，即模型的优化解不唯一。为合理分配绿灯时间，模型要求 3 个交叉点都按储备通行能力最大的原则进行信号配时，又由于 3 个交叉点相互独立，因此将其通行能力之和最大作为模型的第三层优化目标。

因此，模型目标函数可表述为

$$\min \quad P_1 N_p - P_2 \mu_0 - P_3 \sum_{z=1}^{3} \mu_z, \quad P_1 \gg P_2 \gg P_3 \tag{3-69}$$

3. 约束条件

(1) 流量分配约束

为了使优化方案能保障交叉口的服务水平，要求流量系数不小于 1，如约束条件式(3－70)所示。整个交叉口的通行能力应等于 3 个交叉点中关键交叉点的通行能力，即整个交叉口的流量系数应等于 3 个交叉点中流量系数的最小值，这可由约束条件式(3－71)表示。约束条件式(3－72)表示分配在各车道上某流向的流量之和应等于流量系数调整后并考虑了流向禁止及绕行的该流向交通需求。约束条件式(3－73)表示若 w 流向在 k 车道被禁止，则该流向在该车道上分配的流量应等于 0。

$$\mu_z \geqslant 1, \ \forall z = 0, 1, 2, 3 \tag{3-70}$$

$$\mu_z \geqslant \mu_0, \ \forall z = 1, 2, 3 \tag{3-71}$$

$$\mu_z Q'_{iw} = \sum_{k=1}^{n_{ia}+n_{if}} q_{ziwk}, \ \forall i \in \mathcal{A}; w \in \mathcal{T}_i; z = 0, 1, 2, 3 \tag{3-72}$$

$$\begin{aligned} & Mx_{iwk} \geqslant q_{ziwk} \geqslant 0, \ \forall i \in \mathcal{A}; w \in \mathcal{T}_i; \\ & k \in \{1, \cdots, n_{ia} + n_{if}\}; z = 0, 1, 2, 3 \end{aligned} \tag{3-73}$$

(2) 车道功能分配约束

对于 MUTI，为了消除掉头车辆排队对出口道通行的影响，需要设置掉头车道供掉头车辆排队。这必然占用道路空间资源，为了进行公平的对比，若采用常规的交叉口，这些掉头车道做占用的空间可作为进口车道使用，即这些车道是可供选择的，或作为掉头车道或作为进口车道，如约束条件式(3－74)所示。对于固定的进口车道，不可作为掉头车道使用，如约束条件式(3－75)所示。各岔口掉头车道的数量可由约束条件式(3－76)表述。为了使各进口车道能够被充分利用，每条进口车道至少应允许一个流向通行，如约束条件式(3－77)所示。同时，为保障通行的顺畅，某流向对应出口车道数应大于等于该流向允许通行的进口车道数，如约束条件式(3-78)所示。约束条件式(3-79)避免了进口道内部各车道允许流向的相互冲突，若 w 流向在 $k+1$ 车道允许通行，则 $w' \in \{w+1, \cdots, 3\}$ 这些流向在 k 车道都应当禁止。

$$x_{i1k} + x_{iwk} \leqslant 1, \ \forall i \in \mathcal{A};\ w \in \{2, 3, 4\};\ k \in \{1, \cdots, n_{ia}\} \quad (3-74)$$

$$x_{i1k} = 0, \ \forall i \in \mathcal{A},\ k \in \{n_{ia}+1, \cdots, n_{ia}+n_{if}\} \quad (3-75)$$

$$n_{iu} = \sum\nolimits_{k=1}^{n_{ia}} x_{i1k}, \ \forall i \in \mathcal{A} \quad (3-76)$$

$$\sum\nolimits_{w \in T_i} x_{iwk} \geqslant 1, \ \forall i \in \mathcal{A};\ k \in \{1, \cdots, n_i\} \quad (3-77)$$

$$n_{iw}^{e} \geqslant \sum\nolimits_{k=1}^{n_i} x_{iwk}, \ \forall i \in \mathcal{A};\ w \in \mathcal{T}_i \quad (3-78)$$

$$1 - x_{iw(k+1)} \geqslant x_{iw'k}, \ \forall i \in \mathcal{A};\ w \in \{1, 2\};\ w' \in \{w+1, \cdots, 3\};\ k \in \{1, \cdots, n_i - 1\} \quad (3-79)$$

(3) 流向禁止约束

约束条件式(3-80)要求对于禁止流向，分配的车道数应当为0。根据MUTI的概念，只有主路左转、次路左转和次路直行这几个流向作为禁止流向的备选方案，其余流向都应允许通行，如约束条件式(3-81)和式(3-82)所示。并且，禁止流向一般都对称设置，以求达到减少相位数的目的，如约束条件式(3-83)所示。交叉口禁止流向的数量可由约束条件式(3-84)表述。若某一流向被禁行，则该流向流量应当转移至绕行路径上，如约束条件式(3-85)所示。

$$\delta_{iw} \geqslant x_{iwk}, \ \forall i \in \mathcal{A};\ w \in \{2, 3, 4\};\ k \in \{1, \cdots, n_{ia}+n_{if}\} \quad (3-80)$$

$$\delta_{i3} = 1, \ \forall i \in \{1, 3\} \quad (3-81)$$

$$\delta_{i4} = 1, \ \forall i \in \mathcal{A} \quad (3-82)$$

$$\delta_{iw} = \delta_{(i+2)w}, \ \forall i \in \{1, 2\};\ w \in \{2, 3, 4\} \quad (3-83)$$

$$N_p = 12 - \sum\nolimits_{i=1}^{4} \sum\nolimits_{w=2}^{4} \delta_{iw} \quad (3-84)$$

$$Q'_{iw} = \delta_{iw} Q_{iw} + H_{iw,\,i'w'}(1 - \delta_{i'w'}) Q_{i'w'}, \ \forall i, i' \in \mathcal{A};\ w, w' \in \{2, 3, 4\} \quad (3-85)$$

(4) 交叉口信号控制约束

约束条件式(3-86)限定了信号周期的取值范围，为了保障约束条件能由线性函数描述，这里采用信号周期的倒数作为控制变量。约束条件式(3-87)限定了各流向绿灯开始时刻应在 0～1 个周期时间范围内。为讨论方便，将东进口直行流向的绿灯开始时刻定为 0，如约束条件式(3-88)所示。约束条件式(3-89)表示各流向绿信比应在 0 和周期时长之间取值。但对于禁止流向，其绿信比应等于 0，如约束条件式(3-90)所示。约束条件式(3-91)和式(3-92)定义了车道信号控制参数，包括车道绿灯开始时刻和绿信比。对于任意一组冲突流向，其信号相位相序可由约束条件式(3-93)所示的后继函数表述(Heydecker，1992)。这里需要注意，为了保障通行的顺畅和安全，对于可能在出口道形成交织的流向对，也应作为冲突流向对。约束条件式(3-94)表示任意一组冲突流向绿灯开始和结束时刻的间隔至少应满足清空时间的要求。

$$\frac{1}{C_{\min}} \geqslant \xi \geqslant \frac{1}{C_{\max}} \tag{3-86}$$

$$1 \geqslant g_{iw} \geqslant 0,\ \forall i \in \mathcal{A};\ w \in \{2,\ 3,\ 4\} \tag{3-87}$$

$$g_{13} = 0 \tag{3-88}$$

$$1 \geqslant \lambda_{iw} \geqslant 0,\ \forall i \in \mathcal{A};\ w \in \{2,\ 3,\ 4\} \tag{3-89}$$

$$\delta_{iw} \geqslant \lambda_{iw} \geqslant -\delta_{iw},\ \forall i \in \mathcal{A};\ w \in \{2,\ 3,\ 4\} \tag{3-90}$$

$$M(1-x_{iwk}) \geqslant G_{ik} - g_{iw} \geqslant -M(1-x_{iwk}),\\ \forall i \in \mathcal{A};\ w \in \{2,\ 3,\ 4\};\ k \in \{1,\ \cdots,\ n_{ia}+n_{if}\} \tag{3-91}$$

$$M(1-x_{iwk}) \geqslant \Lambda_{ik} - \lambda_{iw} \geqslant -M(1-x_{iwk}),\\ \forall i \in \mathcal{A};\ w \in \{2,\ 3,\ 4\};\ k \in \{1,\ \cdots,\ n_{ia}+n_{if}\} \tag{3-92}$$

$$P_{iw,\ i'w'} + P_{i'w',\ iw} = 1,\ \forall (i,\ w),\ (i',\ w') \in \Psi_s \tag{3-93}$$

$$g_{i'w'} + P_{iw,\ i'w'} \geqslant g_{iw} + \lambda_{iw} + I_{iw,\ i'w'}\xi,\ \forall (i,\ w),\ (i',\ w') \in \Psi_s \tag{3-94}$$

(5) 掉头节点信号控制约束

由于协调控制的要求，掉头节点信号周期应与交叉口信号周期一致。且其绿灯开始时刻和绿信比应满足与交叉口类似的约束，如约束条件式(3-95)—式(3-96)所示。由于掉头节点只有掉头车流和直行车流两股车流，因此信号相位可划分为两个相位，如约束条件式(3-97)和式(3-98)所示。为了保障主路直行交通能顺畅地通过交叉口，掉头节点信号与交叉口信号的相位差如约束条件式(3－99)和式(3－100)所示，按如下原则设置：当主路左转交通被禁止时，掉头车流绿灯开始时刻取为交叉口对向直行车流绿灯结束时刻减去直行车辆从掉头节点到交叉口的行程时间；当主路左转交通未被禁止时，掉头车流绿灯开始时刻取为交叉口对向直行车流绿灯结束时刻加上绕行车辆从交叉口到掉头节点的行程时间。

$$1 \geqslant g_{iw} \geqslant 0,\ \forall i \in \{1,\ 3\};\ w \in \{1,\ 5\} \tag{3-95}$$

$$1 \geqslant \lambda_{iw} \geqslant 0,\ \forall i \in \{1,\ 3\};\ w \in \{1,\ 5\} \tag{3-96}$$

$$g_{i1} = g_{i5} + \lambda_{i5} + I_{i5,\ i1}\xi,\ \forall i \in \{1,\ 3\} \tag{3-97}$$

$$g_{i5} = g_{i1} + \lambda_{i1} + I_{i1,\ i5}\xi,\ \forall i \in \{1,\ 3\} \tag{3-98}$$

$$g_{11} = g_{33} + \lambda_{33} + \frac{L_1}{v}\delta_{32} - \frac{L_1}{v}(1-\delta_{32}) \tag{3-99}$$

$$g_{31} = g_{13} + \lambda_{13} + \frac{L_3}{v}\delta_{12} - \frac{L_3}{v}(1-\delta_{12}) \tag{3-100}$$

(6) 掉头节点与交叉口间距约束

掉头节点与交叉口间距应当同时满足进口道和掉头车道车辆排队长度的要求，考虑运行中最不利情况，应当满足一个周期各车道通过的车辆数，如约束条件式(3－101)和式(3－102)所示：

$$\frac{L_i}{\overline{d}} \geqslant \frac{\sum_{w=2}^{4} q_{0iwk}}{3\,600\xi},\ \forall i \in \{1,\ 3\};\ k \in \{n_{iu}+1,\ \cdots,\ n_{ia}+n_{if}\} \tag{3-101}$$

$$\frac{L_i}{\overline{d}} \geqslant \frac{q_{0i1k}}{3\,600\xi},\ \forall i \in \{1,\ 3\};\ k \in \{1,\ \cdots,\ n_{iu}\} \tag{3-102}$$

(7) 饱和度约束

约束条件式(3－103)定义了车道流量比的计算。约束条件式(3－104)表示任意相邻进口车道若同时允许某流向，则它们的流量比应相等。交叉口处的各进口车道以及掉头节点处的掉头车流和直行车流的饱和度均不能超过限定值，以此保障交叉口的服务水平，分别由约束条件式(3－105)—式(3－107)表示：

$$y_{ik} = \frac{\sum_{w=2}^{4} q_{2iwk}}{s_{ik}},\ \forall i \in \mathcal{A};\ k \in \{n_{iu}+1,\ \cdots,\ n_{ia}+n_{if}\} \tag{3-103}$$

$$M(2-x_{iwk}-x_{iw(k+1)}) \geqslant y_{i(k+1)}-y_{ik} \geqslant -M(2-x_{iwk}-x_{iw(k+1)}),$$
$$\forall i \in \mathcal{A};\ w \in \mathcal{T}_i;\ w \in \{2,3,4\};\ k \in \{n_{iu}+1, \cdots, n_{ia}+n_{if}-1\} \tag{3-104}$$

$$ds_{\max}\Lambda_{ik} \geqslant y_{ik},\ \forall i \in \mathcal{A};\ k \in \{n_{iu}+1, \cdots, n_{ia}+n_{if}\} \tag{3-105}$$

$$ds_{\max}\lambda_{i1}s_{ik} \geqslant q_{zi1k},\ \forall i \in \{1,3\};\ k \in \{1, \cdots, n_{iu}\};\ z=i \tag{3-106}$$

$$ds_{\max}\lambda_{i5}s_i^p \geqslant \sum\nolimits_{w=2}^{4}\mu_z Q_{iw},\ \forall i \in \{1,3\};\ z=i \tag{3-107}$$

4. 模型求解

上述 MUTI 交叉口优化模型为多目标混合整数非线性规划问题，目标函数式(3-69)，约束条件式(3-70)—式(3-107)。

首先，该模型虽然是个多目标规划，但目标函数被划分为 3 个层级，因此可转化为一般的单目标规划问题。

其次，该模型是个非线性规划问题，造成模型非线性的控制变量为掉头节点与交叉口的间距 L_i，它使得约束条件式(3-99)—式(3-102)为非线性函数。如果假定 L_i 已知，则模型就变为混合整数线性规划问题，可通过分支定界法求解。这一假设可通过以下过程实现：设定 L_i 的取值范围，并以一定步长取值，将各 L_i 值代入原模型中求解，比较各求解结果即可得到最优解。

第三，由于模型要求优化方案能满足交通需求，当交通量较大时，由于约束条件式(3-70)的存在，可能出现无解的情况。但在实际运行管理中，总需要一个合理的方案，一般希望尽可能发挥交叉口的通行能力，缓解拥挤状况。因此，当上述模型出现无解情况时，对模型做如下处理：将交叉口通行能力最大作为目标函数，如式(3-108)所示，并去除约束条件式(3-70)。

$$\max \quad P_1\mu_0 + P_2\sum\nolimits_{z=1}^{3}\mu_z,\quad P_1 \gg P_2 \tag{3-108}$$

模型算法流程如下所示：

步骤 1：初始化输入参数。

步骤 2：设定掉头节点与交叉口的间距 L_i 的取值范围及步长。

步骤 3：将每一个 L_i 值代入由目标函数式(3-69)和约束条件式(3-70)—式(3-107)构成的混合整数线性规划模型中，并通过分支定界法求解。

步骤 4：若步骤 3 无解，转入步骤 5，否则转入步骤 6。

步骤 5：将每一个 L_i 值代入由目标函数式(3-108)和约束条件式(3-71)—式(3-107)构成的混合整数线性规划模型中，并通过分支定界法求解。

步骤 6：比较步骤 3 或步骤 5 各求解结果，得到全局最优解。

3.4.3 算例分析

通过算例对 MUTI 运行效益进行评价，主要包括两部分内容：首先对 MUTI 优化模型的运行效益进行评价，并与常规交叉口及 MUTI 其余各类型进行对比；然后通过敏感性分析，对各类型 MUTI 交叉口的适用范围进行分析。

1. 运行效益分析

本节选用的案例为一个十字交叉口，主路各岔口的进出口车道数均为 4 车道，次路各岔口的进出口车道数均为 2 车道，此外，主路各岔口还有 1 条可供选择作为掉头或进口的车道。最小及最大信号周期时长分别为 60 s 和 120 s。清空时间为 4 s。饱和流率约为 1 800 veh/h/ln。设计车速为 12.5 m/s。饱和度限定值为 0.85。交通需求如表 3-16 所列。

表 3-16 交 通 需 求

岔 口	1			2			3			4			Σ
流 向	LT	TH	RT	LT	TH	RT	LT	TH	RT	LT	TH	RT	
交通量(veh/h)	360	1 560	480	120	520	160	360	1 560	480	120	520	160	6 400

模型优化结果为采用 MUTI 类型 4(禁止主路和次路左转)，优化的交叉口布局及信号配时分别如图 3-22 和表 3-17 所示。

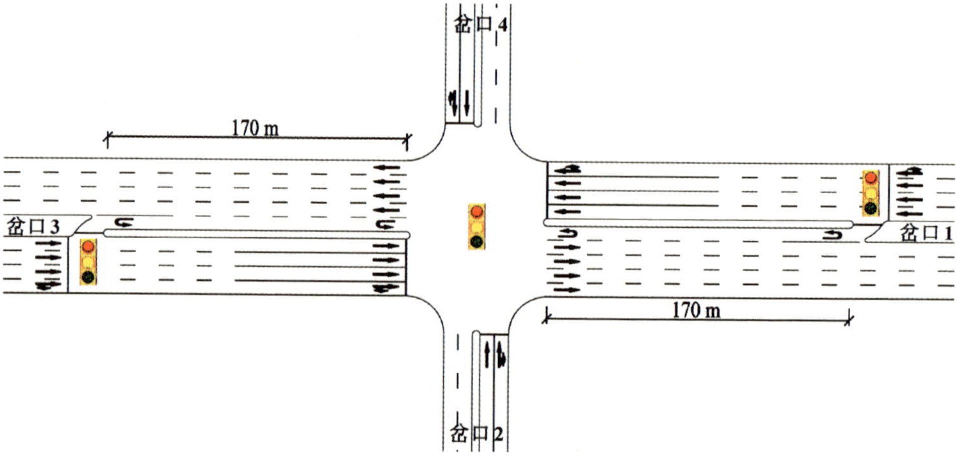

图 3-22 交叉口布局优化结果

表 3-17 信号配时优化结果

交叉口	岔 口	1			2			3			4		
	流 向	LT	TH	RT	LT	TH	RT	LT	TH	RT	LT	TH	RT
	周期流长(s)	120											
	绿灯开始(s)	/	0	0	/	76	76	/	0	0	/	76	76
	绿灯时长(s)	/	72	72	/	40	40	/	72	72	/	40	40
	绿灯结束(s)	/	72	72	/	116	116	/	72	72	/	116	116
岔口 1 上游的掉头节点	岔 口	1											
	流 向	U-turn	TH										
	周期流长(s)	120											
	绿灯开始(s)	59	113										
	绿灯时长(s)	50	62										
	绿灯结束(s)	109	55										
岔口 3 上游的掉头节点	岔 口	3											
	流 向	U-turn	TH										
	周期流长(s)	120											
	绿灯开始(s)	59	113										
	绿灯时长(s)	50	62										
	绿灯结束(s)	109	55										

为评价优化结果的效益，现将其与其他类型交叉口进行对比，包括常规交叉口和除类型 4 之外的其余 5 种 MUTI 交叉口。对比结果如表 3-18 所列，其中将优化模型作为比较的基准。表 3-18 给出了除了 MUTI 类型 4（禁止主路和次路左转）和类型 5（禁止次路左转和直行），其余交叉口的流量系数 μ_0 都小于 1，说明只有 MUTI 类型 4 和类型 5 能够在一定饱和度要求下满足交通需求。进一步对比这两种交叉口，它们禁止的流向数量相同，但类型 4 的流量系数比类型 5 的大，说明类型 4 比类型 5 有着更大的储备通行能力。因此，就如模型优化的结果一样，MUTI 类型 4 应为最优的设计方案。

进一步利用 VISSIM 仿真软件，在一定交通量随机波动作用下，评价优化结果的运行水平，并与常规交叉口进行对比。仿真中采用 VISSIM 默认的城市道

表 3 - 18　不同类型交叉口流量系数对比

交叉口类型		饱和度	流量系数				与基准值偏离百分比
			μ_1	μ_2	μ_3	μ_0	
MUTI	类型 4	0.85	1.322	1.275	1.322	1.275	0.00
	类型 1	0.85	1.488	0.956	1.488	0.956	−25.00
	类型 2	0.85	1.983	0.930	1.983	0.930	−27.03
	类型 3	0.85	1.275	0.850	1.275	0.850	−33.33
	类型 5	0.85	1.152	1.152	1.152	1.152	−9.68
	类型 6	0.85	0.965	0.956	0.965	0.956	−25.00
常规交叉口		0.85	/	0.799	/	0.799	−37.35

注：MUTI 类型 4 为模型的优化结果。

路驾驶员行为，车型全部为小汽车，期望车速为 40～45 km/h，饱和流率约为 1 800 veh/h/ln。仿真评价结果如图 3 - 23 所示，优化结果能显著降低交叉口车均延误(降低 65.3%)。此外，虽然被禁止流向需要绕行，其延误值明显大于交叉口的其他流向，但仍然明显小于优化前(常规交叉口)相应的延误值。这说明绕行车流的牺牲是值得的，不仅使交叉口整体运行水平显著提升，而且对其自身通行的服务水平也有一定提高。

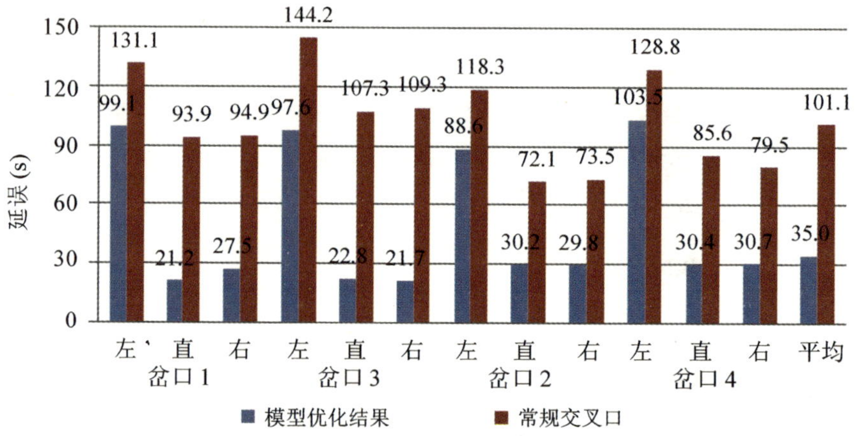

图 3 - 23　仿真分析结果

2. 敏感性分析

本节将通过一系列算例，分析各种 MUTI 类型以及常规交叉口在不同交通流量和交叉口几何条件下的适用范围。输入参数如表 3-19 所列。

表 3-19　敏感性分析输入参数

参　　数	值
进出口车道数	考虑以下 3 种情况：
	情况 1：主路进出口车道数均为 3 次路进出口车道数均为 2
	情况 2：主路进出口车道数均为 4 次路进出口车道数均为 2
	情况 3：主路进出口车道数均为 5 次路进出口车道数均为 3
可供选择的车道数	1
交通流量(veh/h)	考虑以下 3 种情况：
	情况 1：主路各进口 2 100，次路各进口 700
	情况 2：主路各进口 2 400，次路各进口 800
	情况 3：主路各进口 2 700，次路各进口 900
转向比例	右转 25%；左转+直行 75%
饱和度限定值	0.85
饱和流率(veh/h)	各车道均为 1 800
最大和最小周期时长(s)	120 和 60
最小清空时间(s)	4.0
掉头节点与交叉口间距取值范围及步长	[100, 5, 300]
设计车速(m/s)	12.5
排队车辆平均车头空距(m)	7.0

分析结果如图 3-24 所示。它由 3×3=9 张小图构成，排列顺序为，从下往上交通量逐步递增，从左往右车道数逐步递增。对于每一张小图，横轴表示主路的左转比例，纵轴表示次路的左转比例，阴影的深浅表示在 7 种交叉口类型中选择的优化方案，等高线表示优化方案与常规交叉口通行能力的比值。由图可得：

1）总体而言，MUTI 有助于提升交叉口的通行能力，并且优化模型能够根据交通流量和交叉口几何条件自动选择合适的设计类型。算例中，与常规交叉

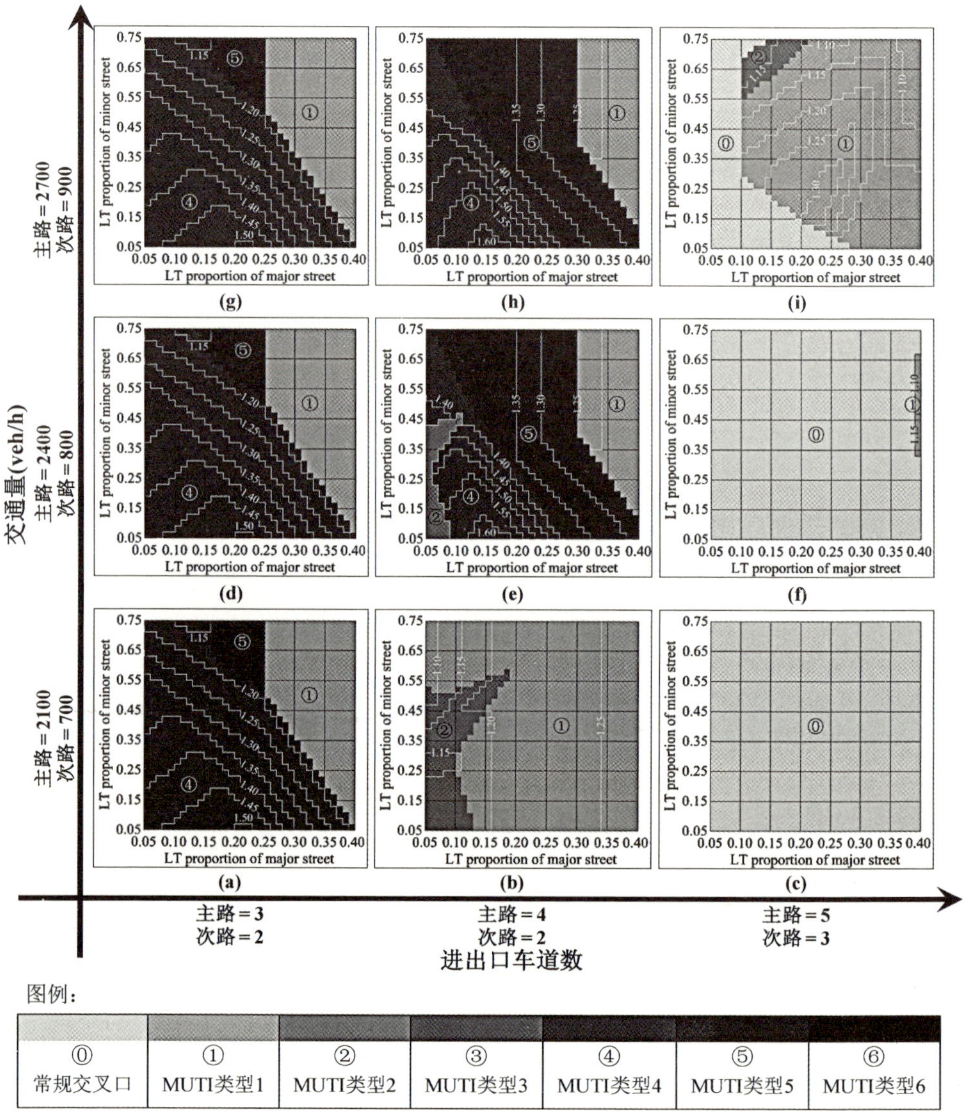

图 3-24 敏感性分析结果

口相比,优化方案对通行能力提升量平均 21.0%,最高达 62.6%。

2) 一般而言,由于禁止流向数越多,交叉口能够减少的相位数也越多,能节省更多的损失时间,从而通行能力的提升量也越大。因此,在很多情况下,MUTI 类型 4、5、6 较 MUTI 类型 1、2、3 具有更大的通行能力。然而,对于 MUTI 交叉口,禁止流向需要绕行通过交叉口,随着绕行流量的增加,掉头节点的饱和度也相应增加。当掉头节点交通压力较大时,整个交叉口的关键节点可能转移至掉头节点。在这种情况下，禁止流向数较多的 MUTI 类型未必具有更大的通行能力，如图 3－24(a)、(d)、(e)、(g)、(h)右侧所示。

3) 在 3 种只禁止一种流向的 MUTI 交叉口(类型 1、2、3)中，类型 1 具有更大的适用范围。这主要是由于该类型交叉口能最大限度地降低绕行车流带来的负面影响。对于需要绕行的车流而言，需要经过交叉口两次，若进口的某一流向被禁止了，意味着有更多的车道可以被其他流向使用。与禁止次路左转或直行相比，禁止主路左转后，绕行车流在两次经过交叉口时都享受到了增加车道的流向，而禁止次路左转或直行的绕行车流只能享受一次。因此，交叉口类型 1 能最大限度地降低绕行车流带来的负面影响，从而具有更大的通行能力。

4) 但当主路车道数较多且主路左转比例较小时，MUTI 类型 2 可能具有更高的通行能力，如图 3－24(b)、(e)、(i)所示。这里要满足两个条件，一是主路左转比例较小，所以将其禁行所带来的通行能力的提升效益十分有限，二是主路应有较多车道数，减少绕行车流的负面影响。

5) 在 3 种只禁止两种流向的 MUTI 交叉口(类型 4、5、6)中，类型 4 具有更大的适用范围。与类型 1 的情况类似，这主要是由于禁止主路左转能带来更多的通行能力提升效益。

6) 当主路左转比例较大时，MUTI 类型 5 可能具有更高的通行能力，如图 3－24(a)、(d)、(e)、(g)、(h)所示。这是由于 MUTI 整体的饱和度不仅受交叉口饱和度的影响，还受两个掉头节点饱和度的制约。由于算例中主路的流量较大，所以当主路左转比例较大时，将其禁行会使掉头节点成为整个交叉口的关键节点，从而降低了优化效益。这种情况下，类型 5 由于禁止流向的流量尚能控制在保障掉头节点不成为整个交叉口的关键节点的范围内，因此具有更高的通行能力。

7) MUTI 类型 3 和类型 6 在所有的算例中都未被选中，其共同点是都禁止了次路直行而同时未禁止次路左转。这样的处理可能是不合理的，因为它增加了绕行车流的负面影响。对于类型 6(禁止主路左转和次路直行)，由于禁止次路直行的绕行路径为先右转再掉头，使得次路右转与主路直行和次路左转都成了冲突车流，因此必须单独安排相位，这样就失去了禁止流向减少相位的作用。对于类型 3，虽然次路右转可以在主路左转时通行，但由于无法使用左、右混合车道，从而降低了车道利用的效率，导致其通行能力提升量低于其他类型。

3.4.4 小结

本节提出了一种基于中央分隔带掉头概念的交叉口流向控制优化模型，该模型同时对交叉口流向禁止、车道功能、中央分隔带开口与交叉口间距以及信号配时进行优化。模型可由多目标混合整数非线性规划描述，并将其转换为一系列混合整数线性规划，由分支定界法求解。通过算例分析，可得到以下结论：

(1) 总体而言，MUTI 有助于提升交叉口的通行能力，尤其当交叉口饱和度较大时，能显著提升交叉口运行水平。算例中，与常规交叉口相比，优化方案对通行能力提升量平均 21.0%，最高达 62.6%。

(2) MUTI 类型 1 和类型 4 具有更大的适用范围。

(3) MUTI 类型 2 主要适用于主路车道数较多且主路左转比例较小的情况。

(4) MUTI 类型 5 主要适用于主路左转比例较大，禁行后关键节点会发生转移，同时次路流量不大，禁行后能保证关键节点不发生转移的情况。

(5) MUTI 类型 3 和类型 6 在所有的算例中都未被选中，这两种类型可能不是合理的设计方案。

3.5 本章小结

本章从节点层面研究了信号控制和道路空间协同优化的控制方法。在介绍了传统信号控制交叉口优化步骤的基础上，将信号控制与上位各道路空间设计相结合，建立了三种针对信号控制交叉口的时空协同优化控制方法。

首先，将信号控制与进口车道功能相结合，提出一种两步骤动态车道功能优化方法：第一步通过非线性规划模型得到最优车道功能划分方案，第二步通过二进制阈值判断，得到合适的实施方案。算例分析显示，该优化模型能满足动态控制的优化精度及计算速度的要求，且能使得车道功能只在交通需求发生显著变化时才做出相应改变，而忽略小的交通波动，因此具有可操作性。

其次，将信号控制与进出口车道分配相结合，提出一种新型的交叉口设计方法。该方法将出口车道动态控制，在信号周期的不同阶段作为出口车道或进口左转车道使用，为左转交通提供额外的路权，从而提高交叉口的通行能力。算例分析显示 EFL 交叉口能在不增加延误和排队长度的情况下，显著提升交叉口通行能力。且该控制方法可应用于交叉口的单个或多个岔口，并可根据实际交通需求选择关闭与开启，具有较高的灵活性。此外，书中还基于驾驶模拟器，对从驾驶员行为角度，对这种新型交叉口进行了评价，给出了实施过程中标志标线的设计建议。

最后，将信号控制与交叉口流向禁止策略相结合，并利用中央分隔带掉头提供禁限流向绕行，提出了一种将禁止流向选择、车道功能、中央分隔带开口与交叉口间距以及信号配时建立在同一框架中的组合优化方法。并通过算例对 MUTI 运行效益和敏感性进行了研究，分析了类型 MUTI 交叉口的适用范围。

第4章 连线和通道时空协同优化控制

在连线和通道层面，由于增加了路段要素，因此，除了考虑沿线交叉口的流向管理、车道方向、车道功能和信号配时之外，本章还重点对路段车道的优化布置进行了研究。从可逆车道的动态使用和可逆车道与其他交通管理措施的组合使用两个角度，分别针对交叉口连线和通道，形成基于可逆车道动态控制的连线交通优化和基于可逆车道的干道交通优化控制两项时空协同优化控制方法。并分别建立了(非)线性混合整数规划模型。通过算例及仿真分析，对其交通运行效益及适用条件进行了评价。

4.1 概　　述

对于由两个交叉口构成的连线及多个交叉口顺连构成的通道，除交叉口要素外，增加了路段要素，因此对其进行时空协同优化控制中，重点考虑了路段车道的优化布置。对路段车道的控制管理措施主要包括可逆车道和单行线。由于设置单行线后对向车流需要通过路网绕行，因此，将在网络层面对其进行讨论，这里主要考虑可逆车道的控制与管理。

关于路段可逆车道的概念，目前已得到了广泛的应用。其基本原理为，通过重新分配往返两个流向的车道数，使得通行能力与交通需求相匹配。可逆车道最早在1928年在美国洛杉矶使用，通过设置可逆车道来应对潮汐交通问题(Dorsey，1948)。经过几十年的发展，可逆车道已通过各种形式在全球范围内使用，来处理多种不同的交通问题(Wolshon and Lambert，2004)，包括高峰时段交通需求不均衡问题(Upchurch，1975；Agent and Clark，1980；Nava et al.，2012)、大型活动交通管理(Gillis，1990；Lambert and Wolshon，2002；Wojtowicz and

Wallace, 2010; Hua et al., 2013)，以及紧急疏散和救援中(Wolshon, 2001; Theodoulou and Wolshon, 2004; Ren et al., 2012)。

但以往对于可逆车道的研究还存在一定局限性。其一，针对可逆车道的控制还停留在分时段控制的层面，虽然可逆车道允许通行的方向是可逆的，但在一定时间段内是固定不变的。随着可变信号标志等交通管理硬件条件的不断完善，可逆车道的动态控制应成为可能。其二，研究呈现向网络层面发展的趋势，基于网络设计，对其路网布局进行研究。网络层面的研究固然十分重要，有利于获得最优的车道布局，本书将在第 5 章对其进行讨论。但在实际应用中也存在区域 OD 数据更新频率小，模型复杂等弊端。由于可逆车道一般也只在车道数较多的干道上使用，并且从通道的角度进行分析便于基础数据的获取以及与交通信号控制相结合，因此，具有较高的模型可操作性。

后文将针对上述两点，将信号灯控制与可逆车道控制相结合，分别针对交叉口连线和通道，提出两项时空协同优化控制方法。

针对连线交通，将主要以菱形立交地面交叉口连线为主要研究对象，提出一种新型的基于可逆车道动态控制概念的优化控制方法。在该控制方法中，可逆车道将根据左转交通流量及信号相位布置，在每个周期的不同时段供不同方向的左转车辆使用。通过动态、高效地使用路段空间资源和绿灯信号时间，提升连线交通的通行能力。

针对城市干道，本研究将从可逆车道与其他交通管理措施的组合使用角度建立一个组合优化模型，同时对路段各流向车道数、交叉口流向控制、车道功能以及信号配时进行优化。

4.2　基于可逆车道动态控制的连线交通优化

4.2.1　基本概念

连线一般由两个交叉口及连接这两个交叉口的路段构成。本节主要针对菱形立交地面交叉口连线这一特殊控制对象，提出一种基于动态可逆车道的优化控制方法。菱形立交由于占地较少，是城市中应用最为广泛的一种立交形式，它通过两个地面交叉口实现快速路与相交道路的转向联系。由于该交叉口连线间距较小，且转向交通复杂，突显出连线交通存在的问题，因此对其进行研究有助于寻求缓解复杂交通问题的方法，提高连线交通的运行效率。该控制方法在一定条件下可移植到一般城市道路。

菱形立交地面交叉口连线的长度可从小于 120 m 到 240 m 或更大。由于两交叉口间距较小，所引发的各交通流向的交互作用增加了其运行的复杂性(Xu et al. ,2010)。一方面，由于内部间距较小，排队空间不足，可能导致排队溢出，影响交叉口其他流向的正常运行；另一方面，排队空间不足也会影响车流从上游交叉口驶向下游交叉口的效率，降低交叉口绿灯时间的利用率。当交通量较大时，甚至可能造成死锁，引发大面积拥堵。为了应对这些问题，需要建立高效的车道利用和信号控制策略，使菱形立交地面交叉口连线能更好地运行。

以往对于菱形立交地面交叉口连线这一特殊控制对象，主要通过优化信号控制，提高其运行效率，如图 4－1 所示，主要包括两种控制相位方案：3 相位的控制方法(Munjal，1971；Messer et al.，1977)和 4 相位的控制方法(Engelbrecht，2001；Engelbrecht and Barnes，2003；Gordon and Tighe，2005；Pham et al. ,2011)。

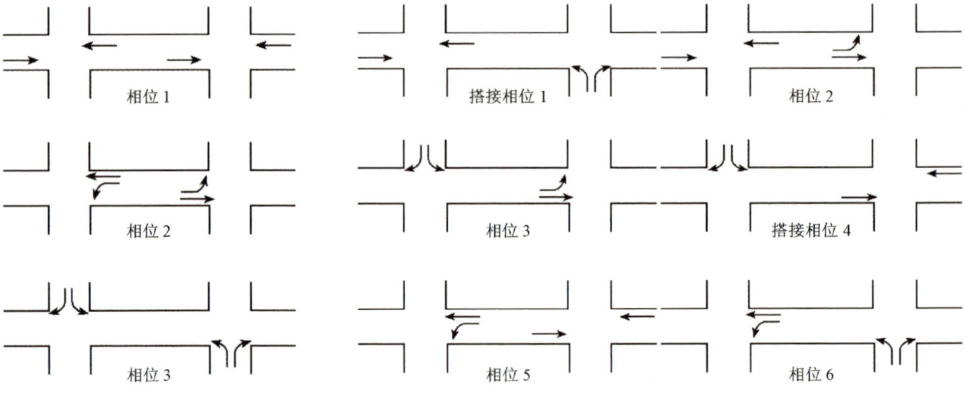

(a) 3 相位方案（CTP）　　(b) 德克萨斯 4 相位方案（TTI）

图 4－1　菱形立交常用的信号相位方案(TRB,2000)

上述优化方法均假设菱形立交的平面布置是固定的，包括内部路段的车道数、流向、交叉口车道功能，都作为信号控制的输入条件，在运行过程中不会变化。对于菱形立交，运行中最大的问题在于左转交通量较大与内部路段长度及左转车道数有限之间的矛盾。并且，由于菱形立交用地的特点，其改扩建工程的实施难度往往有较大困难。针对这一问题，本书提出一种新型的基于动态可逆车道(dynamic reversible lanes，DRL)的菱形立交设计控制方法。与以往可逆车道的研究和应用不同的是，本书将可逆车道应用于菱形立交地面交叉口连线的内部路段，并对其动态动态。

动态可逆车道(dynamic reversible lanes，DRL)菱形立交的基本概念如图 4-2所示。地面交叉口连线内部路段的所有左转车道都被设置为可逆车道，并通过车道控制灯对其流向进行动态控制。这些车道将根据左转交通流量及信号相位布置，在每个周期的不同时段供不同方向的左转车辆使用。该设计控制方法可以动态、高效地使用内部路段的空间资源和绿灯信号时间，从而在不需要对交叉口进行大量改造的前提下，提高内部路段的通行能力。

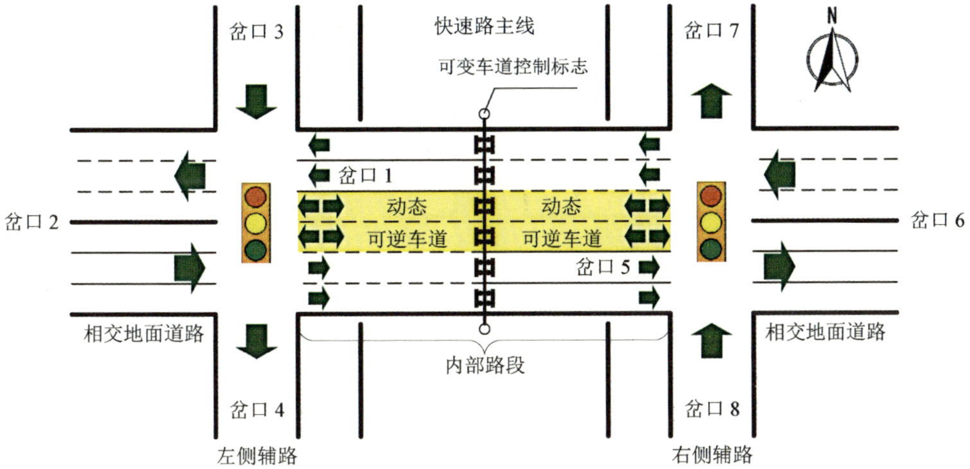

图 4-2　动态可逆车道菱形立交示意

图 4-3 进一步说明了 DRL 菱形立交一个信号周期的运行过程，该运行过程以 TTI 信号相位为基础。在岔口 2 直行绿灯和岔口 5 左转绿灯时段内，动态可逆车道用作为东向左转车道；在岔口 6 直行绿灯和岔口 1 左转绿灯时段内，动态可逆车道用作为西向左转车道。之所以选择 TTI 信号相位为研究基础，是由于可逆车道在某一时刻只能供一个方向的车流使用，因此无法使用传统 3 相位控制。同时，对于 4 相位控制，由于 TTI 信号相位设置了搭接相位，有利于可逆车道的排队及清空，较传统无搭接相位的 4 相位控制具有更高的运行效率和安全性。

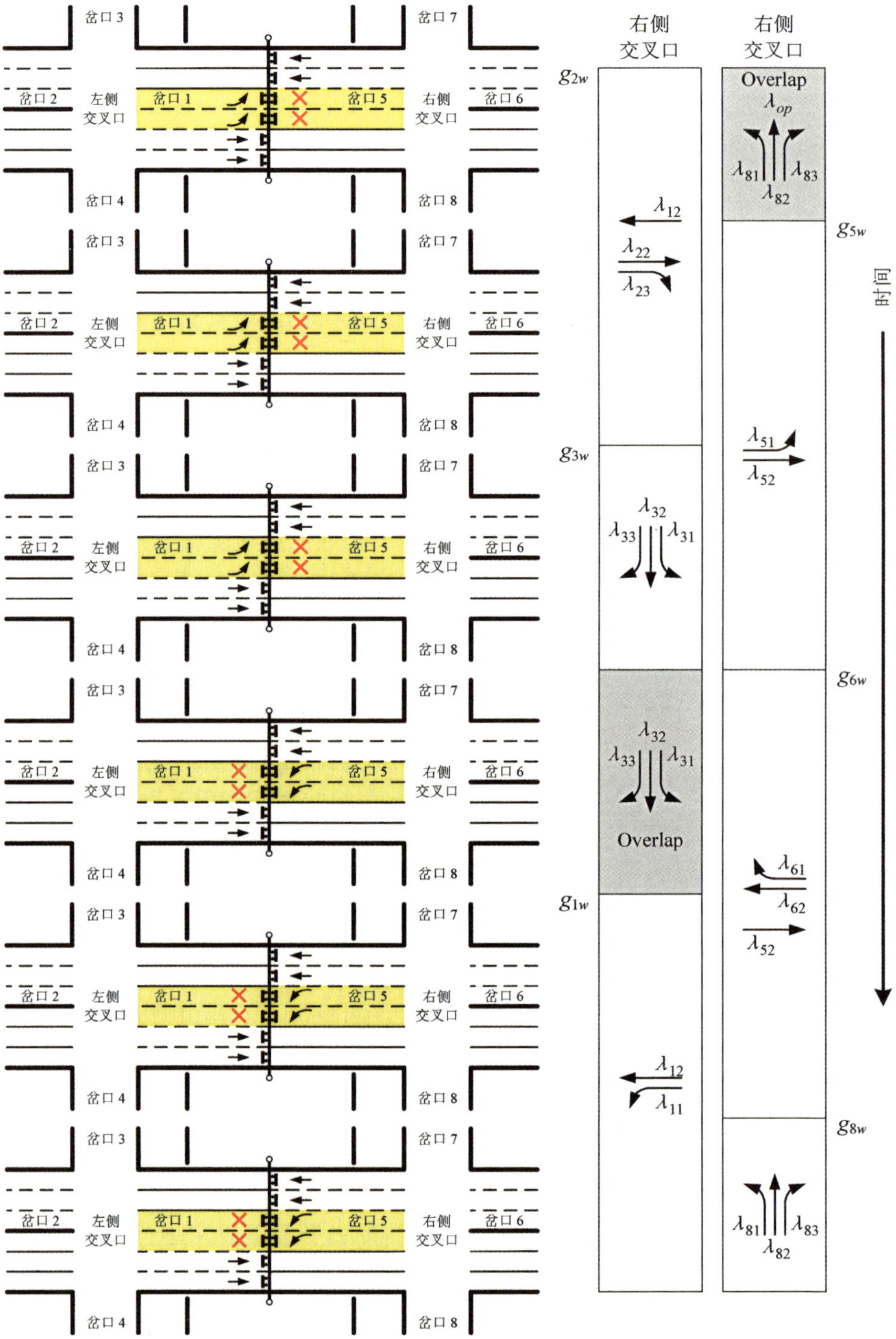

图 4-3　动态可逆车道菱形立交运行过程

4.2.2　优化模型

1. 模型参数

模型中涉及的符号及参数如表 4－1 所列。

表 4－1　模型符号及参数

参　数	
$\mathcal{A}$	交叉口岔口集合
$i \in \mathcal{A}$	交叉口岔口编号，如图 4－3 所示
$\mathcal{T}_i$	i 岔口的交通流向集合
$w \in \mathcal{T}_i$	交通流向编号，$w=1$ 表示左转，$w=2$ 表示直行，$w=3$ 表示右转
k	进口车道编号，从最左侧车道开始编号
μ	交叉口的流量系数
n	内部路段车道数
n_{ir}	i 岔口可逆车道数
n_{if}	i 岔口固定进口车道数
n_{iw}^{e}	i 岔口 w 流向对应的出口车道数
L	内部路段长度(m)
$\mathcal{N}$	菱形立交交通需求起讫点集合
(o, d)	交通需求 OD 对，$\forall o, d \in \mathcal{N}$
δ_{iw}^{od}	二进制变量，表示 OD 对 (o, d) 是否经过 i 岔口 w 流向(1—是，0—否)
q_{od}	OD 对 (o, d) 的交通需求(veh/h)
q_{iw}	i 岔口 w 流向的交通量(veh/h)
q_{iwk}	i 岔口 w 流向分配在 k 车道上的交通量(veh/h)
s_{ik}	i 岔口 k 车道的饱和流率(veh/h)
v	设计车速(m/s)
$v_{\min}$	最小车速(m/s)
$\bar{d}$	排队车辆平均车头空距(m)
$C_{\min}$，$C_{\max}$	最小和最大信号周期时长(s)
$g_{iw}^{\min}$	i 岔口 w 流向的最小绿灯时长(s)
$I_{iw,i'w'}$	一组冲突流向的清空时长(s)，$w \in T_i$，$w' \in T_{i'}$
$ds_{\max}$	最大饱和度允许值

续　表

参　数	
y_{ik}	i 岔口 k 车道的流量比
M	充分大的正数
u	安全系数
决策变量	
n_r	内部路段的动态可逆车道数
x_{iwk}	二进制变量，表示 w 流向是否在 i 岔口 k 车道上具有通行权(1—允许，0—禁止)
ξ	信号周期时长的倒数(1/s)
g_{iw}	i 岔口 w 流向的绿灯开始时刻
λ_{iw}	i 岔口 w 流向的绿信比
G_{ik}	i 岔口 k 车道的绿灯开始时刻
Λ_{ik}	i 岔口 k 车道的绿信比
λ_{op}	右侧交叉口搭接相位绿信比

2. 目标函数

设置动态可逆车道的主要目的是缓解交叉口的拥挤状况，因此，将储备通行能力最大化作为优化目标，模型中将其转化为流量系数最大的优化问题：

$$\max \quad \mu \tag{4-1}$$

3. 约束条件

(1) 流量分配约束

菱形立交各流向流量 q_{iw} 可由 OD 需求分配后得到，如约束条件式(4－2)所示。为了获得最大的通行能力，在优化时引入流量系数 μ，分配在各车道上某流向的流量之和应等于流量系数调整后的该流向交通需求，如约束条件式(4－3)所示。约束条件式(4－4)表示若 w 流向在 k 车道被禁止，则该流向在该车道上分配的流量应等于 0。

$$q_{iw} = \sum_{(o,\,d)} \delta_{iw}^{od} q_{od}\,,\quad \forall i \in \mathcal{A};\ w \in \mathcal{T}_i \tag{4-2}$$

$$\mu q_{iw} = \sum_{k=1}^{n_{if}+n_{ir}} q_{iwk}\,,\quad \forall i \in \mathcal{A};\ w \in \mathcal{T}_i \tag{4-3}$$

$$M x_{iwk} \geqslant q_{iwk} \geqslant 0,\ \forall i \in \mathcal{A};\ w \in \mathcal{T}_i;\ k \in \{1,\ \cdots,\ n_{if} + n_{ir}\} \tag{4-4}$$

(2) 车道功能分配约束

为了使各进口车道能够被充分利用，每条进口车道至少应允许一个流向通行，如约束条件式(4－5)所示。约束条件式(4－6)设定了内部路段的车道总数，它应等于岔口 1 和岔口 5 固定的进口车道数与内部路段可逆车道数之和。约束条件式(4－7)和式(4－8)设定了各岔口可使用的可逆车道数，其中，只有岔口 1 和 5 可将可逆车道作为左转车道使用，其余岔口均无可逆车道。约束条件式(4－9)—式(4－11)要求内部路段的可逆车道只能用作为左转专用车道。为保障通行的顺畅，某流向对应出口车道数应大于等于该流向允许通行的进口车道数，如约束条件式(4－12)所示。约束条件式(4－13)避免了进口道内部各车道允许流向的相互冲突，若 w 流向在 $k+1$ 车道允许通行，则 $w' \in \{w+1, \cdots, 3\}$ 这些流向在 k 车道都应当禁止。

$$\sum_{w\in \mathcal{T}_i} x_{iwk} \geqslant 1,\ \forall i \in \mathcal{A};\ k \in \{1, \cdots, n_{if}+n_{ir}\} \tag{4-5}$$

$$n = n_{1f} + n_{5f} + n_r \tag{4-6}$$

$$n_{1r} = n_{5r} = n_r \tag{4-7}$$

$$n_{ir} = 0,\ \forall i \in A\backslash\{1, 5\} \tag{4-8}$$

$$x_{i1k} = 1,\ \forall i \in \{1, 5\},\ k \in \{1, \cdots, n_{ir}\} \tag{4-9}$$

$$x_{i2k} = 0,\ \forall i \in \{1, 5\},\ k = \{1, \cdots, n_{ir}\} \tag{4-10}$$

$$x_{i3k} = 0,\ \forall i \in \{1, 5\},\ k = \{1, \cdots, n_{ir}\} \tag{4-11}$$

$$n^e_{iw} \geqslant \sum_{k=1}^{n_{if}+n_{ir}} x_{iwk},\ \forall i \in \mathcal{A};\ w \in \mathcal{T}_i \tag{4-12}$$

$$1 - x_{iw(k+1)} \geqslant x_{iw'k},$$
$$\forall i \in \mathcal{A};\ w \in \{1, 2\};\ w' \in \{w+1, \cdots, 3\};\ k \in \{1, \cdots, n_{if}+n_{ir}-1\} \tag{4-13}$$

(3) 信号控制约束

约束条件式(4－14)限定了信号周期的取值范围，为了保障约束条件能由线性函数描述，这里采用信号周期的倒数作为控制变量。约束条件式(4－15)限定了各流向绿灯开始时刻应在 0－1 个周期时间范围内。约束条件式(4－16)表示各流向绿信比应在最小绿灯时长和周期时长之间取值。约束条件式(4－17)和式(4－18)定义了车道信号控制参数，包括车道绿灯开始时刻和绿信比。根据 TTI4 相位菱形立交信号相位方案，左侧交叉口和右侧交叉口各流向绿灯开始时刻和绿信比的相互关系应分别满足约束条件式(4－19)—式(4－25)和约束条件式(4－26)—式(4－32)。约束条件式(4－33)和式(4－34)设定了搭接相位，为了提高运行效率,内部路段各进口的绿灯开始时刻应至少在上游交叉口车流到达之后。

$$\frac{1}{C_{\min}} \geqslant \xi \geqslant \frac{1}{C_{\max}} \tag{4-14}$$

$$1 \geqslant g_{iw} \geqslant 0, \ \forall i \in \mathcal{A}; \ w \in \mathcal{T}_i \tag{4-15}$$

$$1 \geqslant \lambda_{iw} \geqslant g_{iw}^{\min}\xi, \ \forall i \in \mathcal{A}; \ w \in \mathcal{T}_i \tag{4-16}$$

$$M(1-x_{iwk}) \geqslant G_{ik} - g_{iw} \geqslant -M(1-x_{iwk}), \ \forall i \in \mathcal{A}; w \in \mathcal{T}_i; \ k \in \{1, \cdots, n_{if}+n_{ir}\} \tag{4-17}$$

$$M(1-x_{iwk}) \geqslant \Lambda_{ik} - \lambda_{iw} \geqslant -M(1-x_{iwk}), \ \forall i \in \mathcal{A}; w \in \mathcal{T}_i; \ k \in \{1, \cdots, n_{if}+n_{ir}\} \tag{4-18}$$

$$g_{2w} = 0, \ \forall w \in \{2, 3\} \tag{4-19}$$

$$g_{3w} = \lambda_{22} + I_{22,31}, \ \forall w \in \{1, 2, 3\} \tag{4-20}$$

$$g_{1w} = g_{32} + \lambda_{32} + I_{31,11}, \ \forall w \in \{1, 2\} \tag{4-21}$$

$$g_{11} + \lambda_{11} + I_{11,22} = 1 \tag{4-22}$$

$$\lambda_{12} = \lambda_{11} + \lambda_{22} + I_{11,22} \tag{4-23}$$

$$\lambda_{22} = \lambda_{23} \tag{4-24}$$

$$\lambda_{31} = \lambda_{32} = \lambda_{33} \tag{4-25}$$

$$g_{5w} = \lambda_{op}, \ \forall w \in \{1, 2\} \tag{4-26}$$

$$g_{6w} = \lambda_{op} + \lambda_{51} + I_{51,62}, \ \forall w \in \{2, 3\} \tag{4-27}$$

$$g_{8w} = g_{62} + \lambda_{62} + I_{62,81}, \ \forall w \in \{1, 2, 3\} \tag{4-28}$$

$$g_{81} + \lambda_{81} + I_{81,51} - z_{op} = 1 \tag{4-29}$$

$$\lambda_{52} = \lambda_{51} + \lambda_{62} + I_{51,62} \tag{4-30}$$

$$\lambda_{62} = \lambda_{63} \tag{4-31}$$

$$\lambda_{81} = \lambda_{82} = \lambda_{83} \tag{4-32}$$

$$g_{11} \geqslant g_{62} + \frac{L}{v}\xi \tag{4-33}$$

$$g_{51} \geqslant g_{22} + \frac{L}{v}\xi \tag{4-34}$$

(4) 内部路段可逆车道控制约束

由于可逆车道在某一时刻只能服务于一个流向,为保障通行安全,所有进入可逆车道的车辆必须在下游交叉口左转相位内通过，这需要满足以下条件：① 下游交叉口左转通行能力应大于进入可逆车道的流量，如约束条件式(4 - 35)所示；② 约束条件式(4 - 36)和式(4 - 37)保障了进入可逆车道的尾车在最小车速下行驶可通过下游交叉口。

$$s_{ik}\Lambda_{ik} \geqslant u \cdot ds_{\max} \cdot q_{iwk}, \quad \forall i \in \{1, 5\}, w \in \{1\} \tag{4-35}$$

$$g_{11} + \lambda_{11} \geqslant g_{62} + \lambda_{62} + \frac{L}{v_{\min}}\xi \tag{4-36}$$

$$g_{51} + \lambda_{51} \geqslant g_{22} + \lambda_{22} + \frac{L}{v_{\min}}\xi \tag{4-37}$$

(5) 内部路段排队溢流约束

运行中应保证内部路段的车辆排队不溢出，因此，流向(1, 1)、(1, 2)、(5, 1)和(5, 2)的排队长度应小于内部路段长度，分别如约束条件式(4 - 38)—式(4 - 41)所示。式中排队长度根据 HCM2000(TRB,2000)相关公式计算。

$$\frac{L}{d} \geqslant \frac{\dfrac{q_{11}}{\sum_{w=2}^{3} q_{6w}} \sum_{k=1}^{n_{6f}} s_{6k}\left(g_{11} - g_{62} - \dfrac{L}{v_{\min}}\xi\right) s_{1k}}{3\ 600\left(\sum_{k=1}^{n_{1r}} s_{1k} - \dfrac{q_{11}}{\sum_{w=2}^{3} q_{6w}} \sum_{k=1}^{n_{6f}} s_{6k}\right)},$$

$$\forall k \in \{1, \cdots, n_{1r}\} \tag{4-38}$$

$$\frac{L}{d} \geqslant \frac{\dfrac{q_{62} - q_{11}}{\sum_{w=2}^{3} q_{6w}} \sum_{k=1}^{n_{6f}} s_{6k}\left(g_{11} - g_{62} - \dfrac{L}{v_{\min}}\xi\right) s_{1k}}{3\ 600\left(\sum_{k=n_{1r}+1}^{n_{1f}+n_{1r}} s_{1k} - \dfrac{q_{62} - q_{11}}{\sum_{w=2}^{3} q_{6w}} \sum_{k=1}^{n_{6f}} s_{6k}\right)},$$

$$\forall k \in \{n_{1r} + 1, \cdots, n_{1f} + n_{1r}\} \tag{4-39}$$

$$\frac{L}{d} \geqslant \frac{\dfrac{q_{51}}{\sum_{w=2}^{3} q_{2w}} \sum_{k=1}^{n_{2f}} s_{2k}\left(\lambda_{op} - \dfrac{L}{v_{\min}}\xi\right) s_{5k}}{3\ 600\left(\sum_{k=1}^{n_{5r}} s_{5k} - \dfrac{q_{51}}{\sum_{w=2}^{3} q_{2w}} \sum_{k=1}^{n_{2f}} s_{2k}\right)},$$

$$\forall k \in \{1, \cdots, n_{5r}\} \tag{4-40}$$

$$\frac{L}{d} \geqslant \frac{\frac{q_{22}-q_{51}}{\sum_{w=2}^{3} q_{2w}} \sum_{k=1}^{n_{2f}} s_{2k}\left(\lambda_{op}-\frac{L}{v_{\min}}\xi\right) s_{5k}}{3\,600\left(\sum_{k=n_{5r}+1}^{n_{5f}+n_{5r}} s_{5k}-\frac{q_{22}-q_{51}}{\sum_{w=2}^{3} q_{2w}} \sum_{k=1}^{n_{2f}} s_{2k}\right)},$$

$$\forall k \in \{n_{5r}+1, \cdots, n_{5f}+n_{5r}\} \tag{4-41}$$

(6) 饱和度约束

约束条件式(4-42)定义了车道流量比的计算。约束条件式(4-43)表示任意相邻进口车道若同时允许某流向,则它们的流量比应相等。约束条件式(4-44)表示任意车道的饱和度不能超过限定值,以此保障交叉口的服务水平。

$$y_{ik}=\frac{\sum_{w\in T_i} q_{iwk}}{s_{ik}},\ \forall i \in \mathcal{A};\ k \in \{1, \cdots, n_i+n_{il}\} \tag{4-42}$$

$$M(2-x_{iwk}-x_{iw(k+1)}) \geqslant y_{i(k+1)}-y_{ik} \geqslant -M(2-x_{iwk}-x_{iw(k+1)}),$$
$$\forall i \in \mathcal{A};\ w \in \mathcal{T}_i;\ k \in \{n_{il}+1, \cdots, n_{if}+n_{ir}\} \tag{4-43}$$

$$ds_{\max}\Lambda_{ik} \geqslant y_{ik},\ \forall i \in \mathcal{A};\ k \in \{1, \cdots, n_{if}+n_{ir}\} \tag{4-44}$$

4. 模型求解

上述 DRL 菱形立交优化模型为混合整数线性规划问题,目标函数式(4-1),约束条件式(4-2)—式(4-44),可通过分支定界法求解。

4.2.3 算例分析

下文将通过算例对 DRL 菱形立交的运行效益进行评价。首先通过 DRL 菱形立交与 CTP 和 TTI 菱形立交设计控制方法在不同交通需求水平下的对比分析,得出模型的优化效果。然后通过敏感性分析,对其适用范围进行分析。

1. 运行效益分析

针对一个菱形立交地面部分,各岔口有 3 条进口车道和 3 条出口车道,内部路段车道数为双向 6 车道,长度为 100 m。优化模型中,最小及最大信号周期时长分别为 60 s 和 120 s;最小绿灯时长为 5 s;清空时间为 4 s;饱和流率为 1 800 veh/h/ln;设计车速为 12.5 m/s;最小车速为 10 m/s;排队车辆平均车头空距为 7 m;饱和度限定值为 0.90。交通需求考虑低、中、高 3 种流量水平,如表 4-2 所列。

表 4-2　运行效益分析的交通需求

(o, d)		(2, 4)	(2, 6)	(2, 7)	(3, 2)	(3, 4)	(3, 6)	(6, 2)	(6, 4)	(6, 7)	(8, 2)	(8, 6)	(8, 7)
流量(vph)	低	250	400	350	350	300	350	400	350	250	350	350	300
	中	375	600	525	525	450	525	600	525	375	525	525	450
	高	450	720	630	630	540	630	720	630	450	630	630	540

DRL、CTP 和 TTI 菱形立交的平面布置(包括车道功能、可逆车道布置)和信号配时优化结果分别如图 4-4 和表 4-3 所示。由于 3 种交通需求情况的转向比例一致,且模型优化目标为交叉口通行能力最大,因此,3 种交通需求情况的优化方案是相同的。

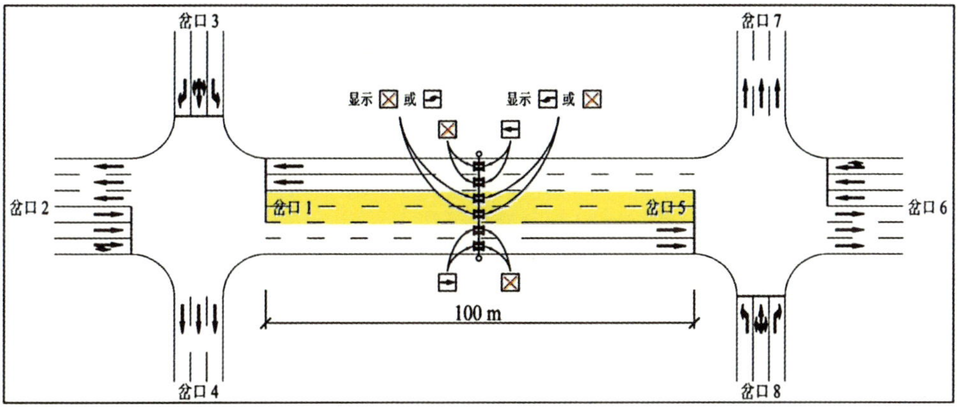

(a) DRL 控制

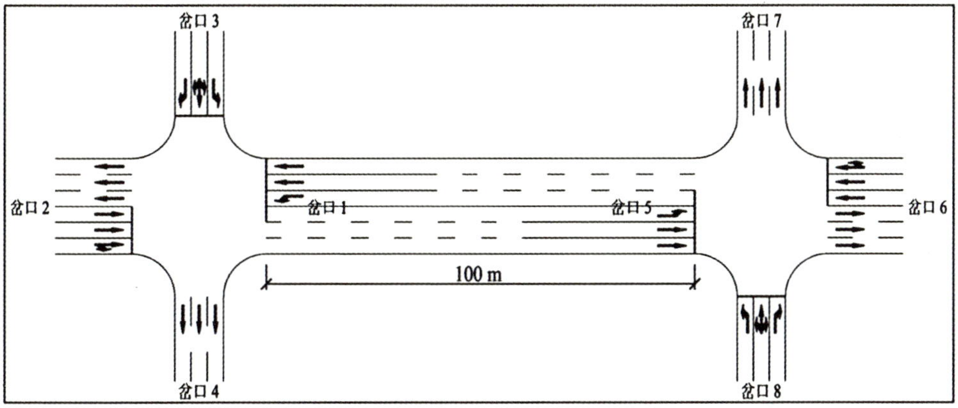

(b) TTI 控制

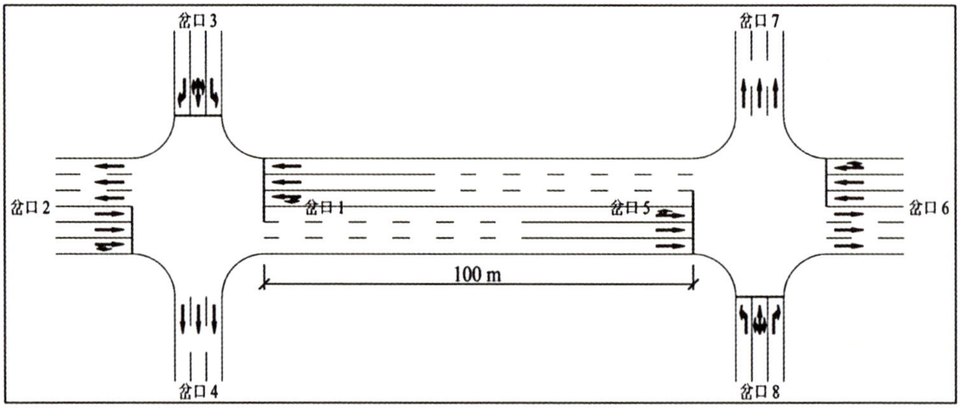

(c) CTP 控制

图 4－4　菱形立交平面布置优化结果

表 4－3　交叉口信号配时优化结果

岔　口		1		2		3			5		6		8		
流　向		LT	TH	TH	RT	LT	TH	RT	LT	TH	TH	RT	LT	TH	RT
DRL	周期时长(s)	120													
	绿灯开始(s)	92	92	0	0	46	46	46	32	32	60	60	106	106	106
	绿灯时长(s)	24	70	42	42	42	42	42	24	70	42	42	42	42	42
	绿灯结束(s)	116	42	42	42	88	88	88	56	102	102	102	28	28	28
TTI	周期时长(s)	120													
	绿灯开始(s)	78	78	0	0	39	39	39	18	18	60	60	99	99	99
	绿灯时长(s)	38	77	35	35	35	35	35	38	77	35	35	35	35	35
	绿灯结束(s)	116	35	35	35	74	74	74	56	95	95	95	14	14	14
CTP	周期时长(s)	92													
	绿灯开始(s)	58	58	0	0	29	29	29	58	58	0	0	29	29	29
	绿灯时长(s)	30	30	25	25	25	25	25	30	30	25	25	25	25	25
	绿灯结束(s)	88	88	25	25	54	54	54	88	88	25	25	54	54	54

采用 VISSIM 仿真软件对设计控制方案的效果进行评价。仿真中，采用 VISSIM 默认的城市道路驾驶员行为，车型全部为小汽车，期望车速为 40～45 km/h，饱和流率约为 1 800 veh/h/ln。对于每种情况进行 20 次仿真实验，取其平均值作为实验结果。考虑了 3 种评价指标：通过车辆数、车均延误和内部

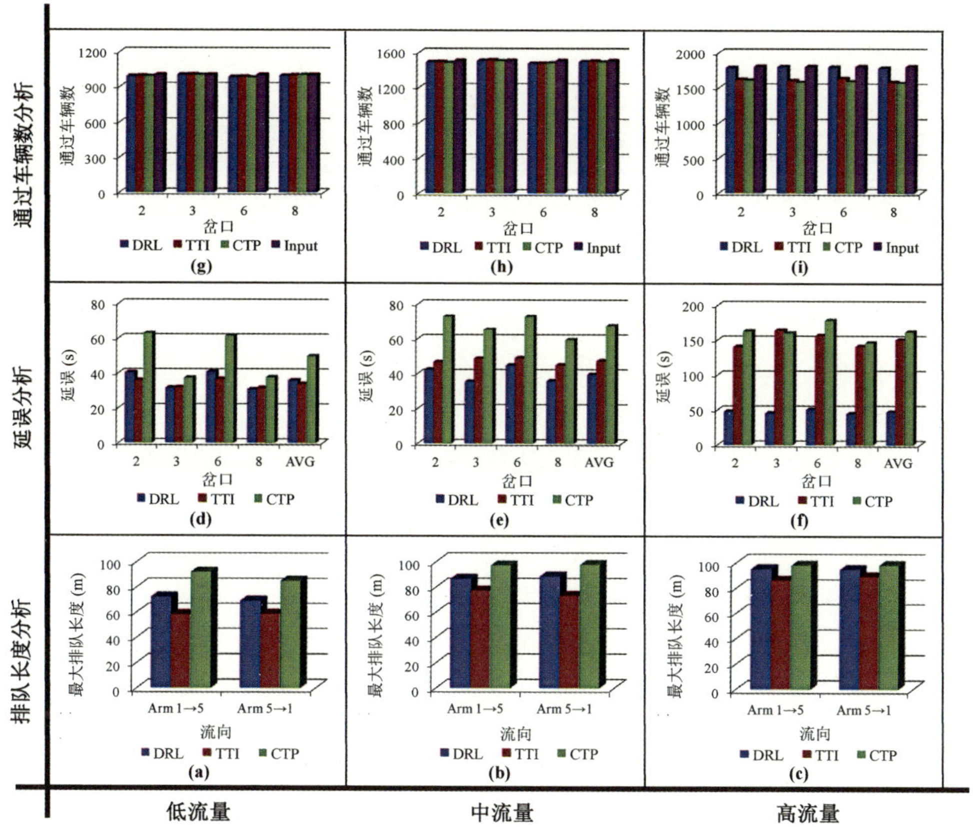

图 4－5　仿真分析结果

路段最大排队长度。仿真分析结果如图 4－5 所示。

由仿真分析可得，当输入流量采用低流量和中等流量时，3 种设计控制方法通过车辆数基本相同，DRL 控制和 TTI 控制的车均延误和最大排队长度较为接近，但较 CTP 控制优。当采用高流量时，DRL 控制的交通运行水平显著优于 TTI 和 CTP 控制，总通过车辆数较 TTI 和 CTP 控制分别提高 11.4％ 和 13.1％，延误分别降低 68.7％和 70.9％。虽然其最大排队长度比 TTI 控制的大，但仍控制在内部路段的容量之内。

2. 敏感性分析

本节将通过一系列算例，比较在不同交叉口几何条件和交通流量条件下 DRL 控制、TTI 控制和 CTP 控制菱形立交的通行能力，分析 DRL 这种新型设计控制方法的适用范围。表 4－4 列出了算例中 9 种菱形立交几何条件。假设各进口交通量相等，辅路(匝道)交通各流向比例为：左转 35％，直行 30％，右转

35%;相交地面道路交通各流向比例为:左转+直行75%,右转25%。其余参数同上节。

表4-4　算例几何条件

方案	进口车道数	出口车道数	内部路段车道数	内部路段长度(m)
1	3	3	6	100
2	3	3	7	100
3	4	4	8	100
4	3	3	6	150
5	3	3	7	150
6	4	4	8	150
7	3	3	6	200
8	3	3	7	200
9	4	4	8	200

敏感性分析结果如图4-6所示。它由3×3=9张小图构成,排列顺序为,从下往上内部路段长度逐步递增,从左往右车道数逐步递增。对于每一张小图,横轴表示相交地面道路左转比例,纵轴表示通行能力。

由图4-6可得,在所有的测试算例中,DRL控制和TTI控制都较CTP控制有着更高的通行能力。对于TTI控制而言,随着相交地面道路左转流量比例的增加,通行能力有下降趋势,下降过程中的峰值是由车道功能的突变造成的。而DRL控制在不同相交地面道路左转流量比例情况下,通行能力值相对稳定。这主要是由于设置动态可逆车道提高了菱形立交对转向交通的适应性。因此,在高左转比例情况下,DRL控制能提供更大的通行能力。

我们发现,内部路段长度是DRL控制能否起到优化效果的关键因素。当内部路段长度较小时,DRL控制较TTI控制有着显著优势。随着内部路段长度增加,DRL控制的通行能力有所降低,而TTI控制保持不变。当内部路段长度较长(大于150 m)时,TTI控制反而能取得更有的运行效果。这主要是由于内部路段长度增加将导致可逆车道清空时间增加,从而降低了优化效益。

从上述敏感性分析中,我们还发现当内部路段车道数为奇数时,DRL控制能将其更高效地利用。这一优势在用地条件受限情况下的菱形立交改造中十分有用。下面我们将进一步分析DRL控制的这一特性。仍然采用运行效益分析

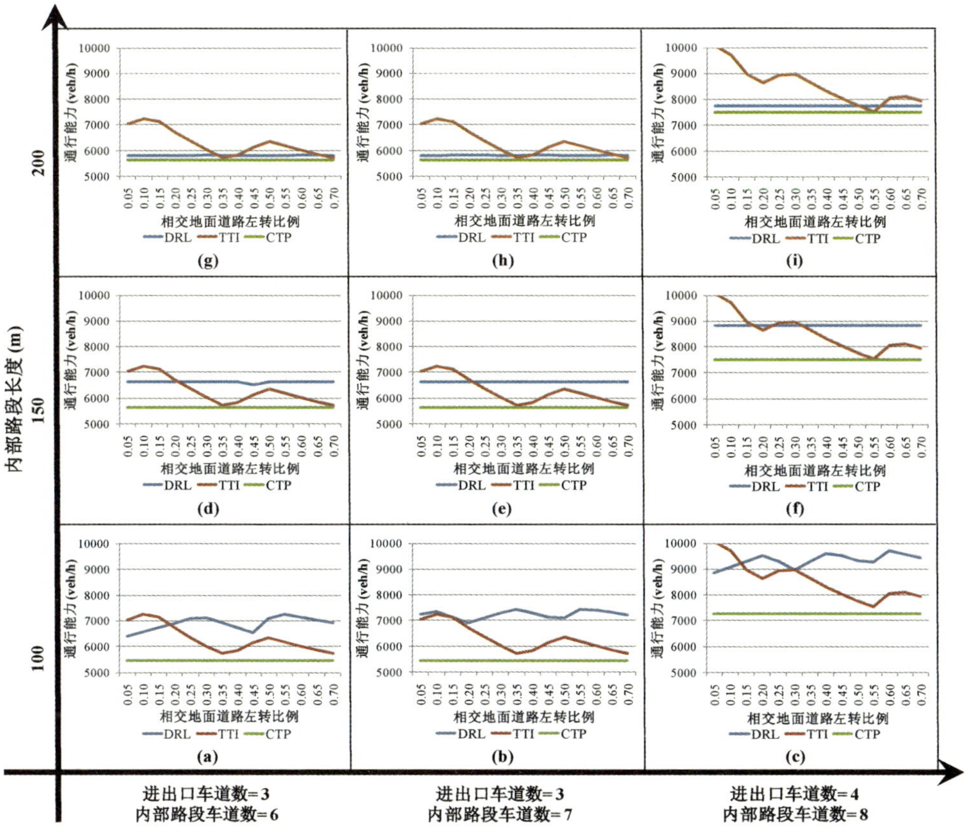

图 4－6　敏感性分析结果

中所用到的案例，只是现在将交通需求量设置得足够高，使得菱形立交处于饱和状态，如表 4－5 所列。采用 VISSIM 仿真软件对下述 8 个方案的通过车辆数进行对比：方案 1、2、3 分别为不对菱形立交进行任何改造措施条件下采用 CTP、TTI 和 DRL 控制；方案 4、5、6 分别为增加 1 条菱形立交内部路段车道条件下采用 CTP、TTI 和 DRL 控制；方案 7 和 8 分别为增加 2 条菱形立交内部路段车道条件下采用 CTP 和 TTI 控制。对于每个方案，仿真运行 10 次，取其均值作为仿真实验结果，如表 4－6 所列。

表 4－5　奇数车道分析的交通需求输入

(o, d)	(2, 4)	(2, 6)	(2, 7)	(3, 2)	(3, 4)	(3, 6)	(6, 2)	(6, 4)	(6, 7)	(8, 2)	(8, 6)	(8, 7)
流量(vph)	550	880	770	770	660	770	880	770	550	770	770	660

表 4-6　通过车辆数分析(单位：vph)

	岔　　口	2	3	6	8	合计	减少百分比(以方案 6 为基准)
方案 1	不增加车道 CTP 控制	1 604	1 574	1 588	1 564	6 330	−21.95
方案 2	不增加车道 TTI 控制	1 616	1 597	1 632	1 576	6 421	−20.83
方案 3	不增加车道 DRL 控制	1 839	1 854	1 848	1 835	7 376	−9.05
方案 4	增加 1 条车道 CTP 控制	1 615	1 604	1 618	1 580	6 417	−20.88
方案 5	增加 1 条车道 TTI 控制	1 629	1 624	1 640	1 611	6 504	−19.80
方案 6	增加 1 条车道 DRL 控制	2 017	2 048	2 030	2 015	8 110	0.00
方案 7	增加 2 条车道 CTP 控制	1 701	1 699	1 692	1 669	6 761	−16.63
方案 8	增加 2 条车道 TTI 控制	1 881	1 857	1 894	1 888	7 520	−7.27

可见，对于 DRL 控制，当增加 1 条内部路段车道后(方案 6)，其通过车辆数增加了 9%，甚至大于 CTP 和 TTI 控制在增加 2 条内部路段车道后(方案 7 和 8)通过车辆数。这主要是因为对于 DRL 控制而言，所增加的那条车道可作为动态可逆车道使用，在信号周期的不同阶段分别供往返两个流向左转交通使用，从而增加了其利用效率。因此，即使用地受限，仅可增加 1 条内部路段车道，DRL 控制也能显著提高菱形立交通行能力，而传统的 CTP 和 TTI 控制改善效果较小。

4.2.4　小结

上文针对菱形立交地面交叉口连线，基于动态可逆车道的概念，以提高通行能力为目标，提出了一种新型设计控制方法。并建立了混合整数规划模型来同时优化车道功能、动态可逆车道的方向和信号配时。通过一系列算例分析，对该优化控制方法进行了评价，并与传统的 CTP 控制和 TTI 控制在不同几何条件和流量水平下进行了对比，可得到以下结论：

(1) 新型优化控制方法与 CTP 控制相比，在所有算例中，均能提高菱形立交的通行能力，提升量最高可达 37%。与 TTI 控制相比，当相交地面道路左转比例大于 20%且内部路段长度小于 150 m 时，新型 DRL 控制方法的通行能力更高，最高可提升 30%。因此，DRL 控制方法特别适用于交叉口间距较小的菱形立交。

(2) 仿真分析显示，新型优化控制方法在高流量条件下，能显著降低车均延误，与 CTP 控制和 TTI 控制相比，分别减少了 70.9%和 68.7%。

(3) 在内部路段车道数为奇数情况下，DRL 控制能有更好的表现。这一优势在用地条件受限情况下的菱形立交改造中十分有用。即使仅增加一条车道，DRL 控制也能显著提高菱形立交通行能力，而传统的 CTP 和 TTI 控制改善效果较小。

(4) DRL 还具有很强的应用灵活性，可根据需要随时开启和关闭。

此外，动态可逆车道(DRL)这一思想和优化控制方法不仅仅适用于菱形立交，对于城市地面道路，在某些特殊情况下也同样适用，例如两条平行的单行道与干道相交的情况。与菱形立交相似，控制中需要特别注意可逆车道在变换方向前必须将车道内的车辆清空，同时还应注意内部路段的排队长度，防止溢流造成交叉口连线死锁。

4.3　基于可逆车道的干道交通优化控制

4.3.1　基本概念

可逆车道控制方法在干道层面的应用是其较为常用的应用领域，通过调整往返两个流向的车道数以适应交通需求的不均衡性，提高道路空间资源的利用效率。为了取得更好的控制效果，以往研究提出了一些优化模型。主要都是从路网角度，寻找合适的可逆车道设置位置，以及优化各流向车道数。一般都采用双层规划进行描述。但路网层面的分析需要交通 OD 数据作为保障，导致其方案更新速度较慢。此外，可逆车道的使用往往还与其他交通管理和控制措施相关联，如干道左转禁行、沿线交叉口车道功能划分和信号配时。下文试图从干道角度，提出组合优化方法，其优势在于：① 干道范围内的 OD 数据相对易获取；② 便于与交叉口可变车道、交叉口流向禁限，以及交叉口信号配时优化相结合，根据交通需求，提出合理方案。

本节研究针对一条城市干道，它由若干含可逆车道的路段及沿线交叉口构成，如图 4-7 所示。各内部路段设置有可逆车道，同时，各进口车道的车道功能也是可变的。本研究旨在建立一个组合优化模型，同时对路段各流向车道数、交叉口各流向是否允许、各岔口车道功能以及交叉口信号配时进行优化。

为了保障优化模型的可操作性，作如下 3 点假设：

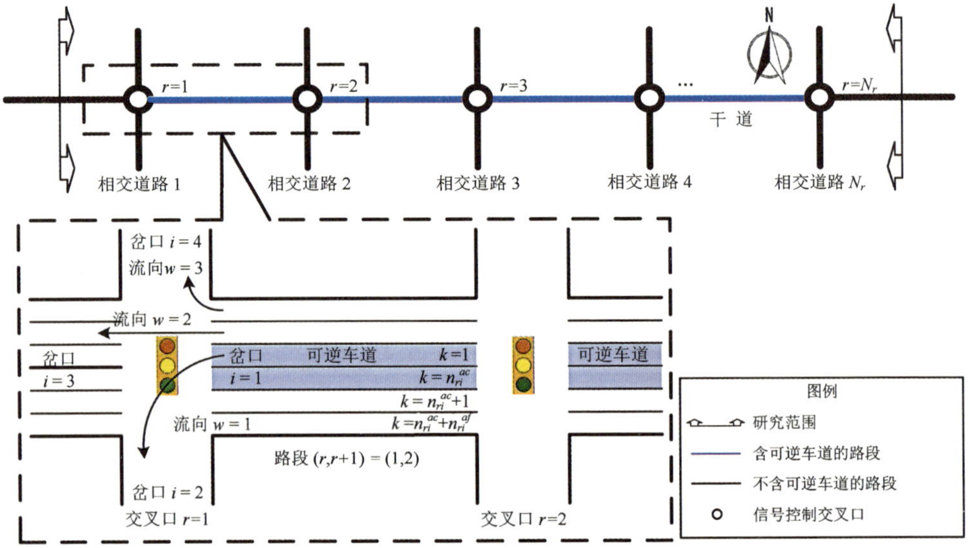

图 4－7　研究范围

(1) 所研究干道的交通需求已知；

(2) 若某干道进口左转禁行，该流向将通过直行并在下一个允许掉头的节点掉头返回并右转的路径绕行；

(3) 可逆车道必须连续，具体包括可逆车道的流向在路段和与路段相连的进口必须连续，同时在各路段间可逆车道设置也必须连续，不可间隔设置。

4.3.2　优化模型

1. 模型参数

模型中涉及的符号及参数如表 4－7 所列。

表 4－7　模型符号及参数

参　数	
$\mathcal{N}$	交叉口集合
$r \in \mathcal{N}$	交叉口编号，从最左侧交叉口开始编号
$\mathcal{S}$	路段集合
$(r, r+1) \in \mathcal{S}$	路段编号，表示交叉口 r 和交叉口 $r+1$ 间的路段
$\mathcal{A}_r$	交叉口 r 的岔口集合

续　表

参　数	
$i \in \mathcal{A}_r$	交叉口 r 的岔口编号，$r=1$ 表示东岔口，$r=2$ 表示南岔口，$r=3$ 表示西岔口，$r=4$ 表示北岔口，且所研究干道为东西向，相交道路为南北向
$\mathcal{T}_i$	i 岔口的交通流向集合
$w \in \mathcal{T}_i$	交通流向编号，$w=1$ 表示掉头和左转，$w=2$ 表示直行，$w=3$ 表示右转
k	进口车道编号，从最左侧车道开始编号
μ	所研究干道的流量系数
μ_r	r 交叉口的流量系数
N_r	所研究干道沿线的交叉口数
n_{ri}^{af}	r 交叉口 i 岔口固定进口车道数
n_{ri}^{ef}	r 交叉口 i 岔口固定出口车道数
n_{ri}^{ac}	r 交叉口 i 岔口进口道分配到的可逆车道数
n_{ri}^{ec}	r 交叉口 i 岔口出口道分配到的可逆车道数
$n_{r(r+1),\ (r+1)r}$	路段$(r,\ r+1)$上的可逆车道数
n_{riw}^{e}	r 交叉口 i 岔口 w 流向对应的出口车道数
δ_{riw}	二进制变量，表示 r 交叉口 i 岔口 w 流向是否允许通行(1—允许，0—禁止)
$\gamma_{r(r+1)}$	二进制变量，表示$(r,\ r+1)$路段各流向车道数是否被调整(1—是，0—否)
δ_{iw}^{od}	二进制变量，表示 OD 对$(o,\ d)$是否经过 i 岔口 w 流向(1—是，0—否)
Q_{od}	OD 对$(o,\ d)$的交通需求(veh/h)
Q_{riw}	r 交叉口 i 岔口 w 流向的交通量(veh/h)
Q'_{riw}	考虑交叉口转向禁止车流绕行后 r 交叉口 i 岔口 w 流向的交通量(veh/h)
q_{riwk}	r 交叉口 i 岔口 w 流向分配在 k 车道上的交通量(veh/h)
α_{riw}^{od}	二进制变量，表示在不考虑交叉口转向禁止的情况下，r 交叉口 i 岔口 w 流向是否在 OD 对$(o,\ d)$的通行路径上(1—是，0—否)
s_{rik}	r 交叉口 i 岔口 k 车道的饱和流率(veh/h)
$C_{\min}$，$C_{\max}$	最小和最大信号周期时长(s)
$I_{r(iw,\ i'w')}$	一组冲突流向的清空时长(s)，$w \in \mathcal{T}_i$，$w' \in \mathcal{T}_{i'}$
$ds_{\max}$	最大饱和度允许值
y_{rik}	r 交叉口 i 岔口 k 车道的流量比
M	充分大的正数

续 表

决策变量	
$n_{r(r+1)}$	路段(r, $r+1$)上可逆车道分配给 r 交叉口至 $r+1$ 交叉口流向车道数
$n_{(r+1)r}$	路段(r, $r+1$)上可逆车道分配给 $r+1$ 交叉口至 r 交叉口流向车道数
x_{riwk}	二进制变量,表示 w 流向是否在 r 交叉口 i 岔口 k 车道上具有通行权(1—允许,0—禁止)
ξ	信号周期时长的倒数(1/s)
g_{riw}	r 交叉口 i 岔口 w 流向的绿灯开始时刻
λ_{riw}	r 交叉口 i 岔口 w 流向的绿信比
G_{rik}	r 交叉口 i 岔口 k 车道的绿灯开始时刻
Λ_{rik}	r 交叉口 i 岔口 k 车道的绿信比

2. 目标函数

设置可逆车道、动态车道功能和交叉口流向禁限等交通管理措施可提高干道的通行能力(Wolshon and Lambert,2006;Yu and Prevedouros,2013),但也可能造成驾驶员的困惑,产生一定的安全隐患(Wolshon and Lambert,2004)。因此,在交通运行状况良好的情况下,一般不考虑这些特殊的交通管理控制措施。本研究在设定模型的优化目标时也充分考虑了这一点,综合考虑交通管理者和参与者的需求,制定了如下四层目标函数:① 在保障运行水平的条件下,最小化禁止流向数;② 最小化路段车道流向调整数量;③ 最大化干道储备通行能力;④ 最大化沿线各交叉口通行能力。其中,前两项反映了对于常规交通设计和控制方法能够处理的问题,尽可能少用特殊的交通管理措施,尤其是交叉口流向禁限,会造成路网总通行车公里数增加,并且对于禁行车流也有失公平。后两项反映了交通管理部门希望尽可能提升道路的运行水平,由于主要目的是缓解干道的拥挤状况,因此,选用通行能力最大化作为目标。因此,模型目标函数可由下式表述:

$$\max \quad P_1 \sum_{r=1}^{N_r} \sum_{i=1}^{4} \sum_{w=1}^{3} \delta_{riw} - P_2 \sum_{r=1}^{N_r-1} \gamma_{r(r+1)} + P_3 \mu + P_4 \sum_{r=1}^{N_r} \mu_r \tag{4-45}$$

式中,P_1、P_2、P_3、P_4表示四个优化目标的优先级,$P_1 \gg P_2 \gg P_3 \gg P_4$。

3. 约束条件

(1) 流量分配约束

对于所研究干道中的任意交叉口 r,分配在各车道上某流向的流量之和,应等于考虑了系统中其他流向禁止及绕行后,并经流量系数调整后的该流向交通需求,如约束条件式(4-46)所示。其中,μ_r 为交叉口 r 的流量系数,对于所研究干道,其储备通行能力应等于各交叉口中关键交叉口的通行能力,即干道的流量系数应等于各交叉口流量系数的最小值,且为了使优化方案能保障交叉口的正常运行,各交叉口流量系数不应小于 1,这可由约束条件式(4-47)表示。约束条件式(4-48)表示若 w 流向在 k 车道被禁止,则该流向在该车道上分配的流量应等于 0。对于交叉口各流向流量的确定,在不考虑流向禁止及绕行的情况下,可由 OD 需求直接得到,如约束条件式(4-49)所示。当干道某左转流向被禁止后,该流向流量应转移至它的绕行路径上,根据假设,采用直行加掉头的绕行路径,具体为先直行通过交叉口,在下游第一个允许掉头处掉头,返回原交叉口后右转。约束条件式(4-50)—式(4-56)表示考虑了流向禁止及绕行后交叉口各流向流量的计算,其中,干道左转交通量由约束条件式(4-50)和式(4-51)确定,干道直行交通量由约束条件式(4-52)和式(4-53)确定,干道右转交通量由约束条件式(4-54)和式(4-55)确定,相交道路各流向流量由约束条件式(4-56)确定。

$$\mu_r Q'_{riw} = \sum_{k=1}^{n_{ri}^{af}+n_{ri}^{ac}} q_{riwk}, \ \forall r \in \mathcal{N};\ i \in \mathcal{A}_r;\ w \in \mathcal{T}_i \tag{4-46}$$

$$\mu_r \geqslant \mu \geqslant 1, \ \forall r \in \mathcal{N} \tag{4-47}$$

$$Mx_{riwk} \geqslant q_{riwk} \geqslant 0, \ \forall i \in \mathcal{N};\ i \in \mathcal{A}_r;\ w \in \mathcal{T}_i;\ k \in \{1, \cdots, n_{ri}^{af}+n_{ri}^{ac}\} \tag{4-48}$$

$$Q_{riw} = \sum_{(o,\,d)} \alpha_{riw}^{od} Q_{od}, \ \forall r \in \mathcal{N};\ i \in \mathcal{A}_r;\ w \in \mathcal{T}_i \tag{4-49}$$

$$Q'_{r11} = \delta_{r11}\left(Q_{r11} + \sum_{t=r+1}^{N_r} \prod_{s=r+1}^{t} (1-\delta_{s11}) Q_{t11}\right), \ \forall r \in \mathcal{N} \tag{4-50}$$

$$Q'_{r31} = \delta_{r31}\left(Q_{r31} + \sum_{t=1}^{r-1} \prod_{s=t}^{r-1} (1-\delta_{s31}) Q_{t31}\right), \ \forall r \in \mathcal{N} \tag{4-51}$$

$$Q'_{r12} = Q_{r12} + \sum_{t=r}^{N_r} \prod_{s=r}^{t} (1-\delta_{s11}) Q_{t11} + \sum_{t=1}^{r-1} \prod_{s=t}^{r} (1-\delta_{s31}) Q_{t31}, \ \forall r \in \mathcal{N} \tag{4-52}$$

$$Q'_{r32} = Q_{r32} + \sum_{t=r+1}^{N_r} \prod_{s=r}^{t} (1-\delta_{s11}) Q_{t11} + \sum_{t=1}^{r} \prod_{s=t}^{r} (1-\delta_{s31}) Q_{t31},$$

$$\forall r \in \mathcal{N} \tag{4-53}$$

$$Q'_{r13} = Q_{r13} + (1-\delta_{r31})Q_{r31},\ \forall r \in \mathcal{N} \tag{4-54}$$

$$Q'_{r33} = Q_{r33} + (1-\delta_{r11})Q_{r11},\ \forall r \in \mathcal{N} \tag{4-55}$$

$$Q'_{riw} = Q_{riw},\ \forall r \in \mathcal{N};\ i = 2,\ 4;\ w \in \mathcal{T}_i \tag{4-56}$$

(2) 车道功能分配约束

在路段上,可逆车道数作为模型的输入条件,应等于分配给往返两个方向的可逆车道数之和,如约束条件式(4-57)所示。根据假设,可逆车道应连续设置,这包括两层含义,一是可逆车道的流向在路段和与路段相连的进口必须连续,可由约束条件式(4-58)和式(4-59)表述;二是在各路段间,若两个路段的可逆车道流向被调整了,则这两个路段间其他路段的可逆车道流向也应被调整,可由约束条件式(4-60)—式(4-62)表述。

在交叉口,为了使各进口车道能够被充分利用,每条进口车道至少应允许一个流向通行,如约束条件式(4-63)所示。为保障通行的顺畅,某流向对应出口车道数应大于等于该流向允许通行的进口车道数,如约束条件式(4-64)所示。约束条件式(4-65)避免了进口道内部各车道允许流向的相互冲突,若 w 流向在 $k+1$ 车道允许通行,则 $w' \in \{w+1, \cdots, 3\}$ 这些流向在 k 车道都应当禁止。对于禁止流向,各车道均应禁止该流向通行,如约束条件式(4-66)所示。

$$n_{r(r+1),(r+1)r} = n_{r(r+1)} + n_{(r+1)r},\ \forall r \in \mathcal{N} \tag{4-57}$$

$$n^{ac}_{r1} = n^{ec}_{(r+1)3} = n_{(r+1)r},\ \forall r \in \{1, \cdots, N_r - 1\} \tag{4-58}$$

$$n^{ac}_{(r+1)3} = n^{ec}_{r1} = n_{r(r+1)},\ \forall r \in \{1, \cdots, N_r - 1\} \tag{4-59}$$

$$\begin{gathered} -M(2-\gamma_{r(r+1)}-\gamma_{s(s+1)}) \leqslant (n_{r(r+1)} - n_{(r+1)r}) - (n_{t(t+1)} - n_{(t+1)t}) \\ \leqslant M(2-\gamma_{r(r+1)}-\gamma_{s(s+1)}),\ \forall r, s, t \in \{1, \cdots, N_r - 1\};\ r \leqslant t \leqslant s \end{gathered} \tag{4-60}$$

$$M\gamma_{r(r+1)} \geqslant n_{r(r+1)} - n_{(r+1)r},\ \forall r \in \{1, \cdots, N_r - 1\} \tag{4-61}$$

$$M\gamma_{r(r+1)} \geqslant n_{(r+1)r} - n_{r(r+1)},\ \forall r \in \{1, \cdots, N_r - 1\} \tag{4-62}$$

$$\sum\nolimits_{w \in \mathcal{T}_i} x_{riwk} \geqslant 1,\ \forall ir \in \mathcal{N};\ i \in \mathcal{A}_r;\ k \in \{1, \cdots, n^{af}_{ri} + n^{ac}_{ri}\} \tag{4-63}$$

$$n^{e}_{riw} \geqslant \sum\nolimits_{k=1}^{n^{af}_{ri}+n^{ac}_{ri}} x_{riwk},\ \forall r \in \mathcal{N};\ i \in \mathcal{A}_r;\ w \in \mathcal{T}_i \tag{4-64}$$

$$1 - x_{riw(k+1)} \geqslant x_{riw'k},$$
$$\forall r \in \mathcal{N};\ i \in \mathcal{A}_r;\ w \in \{1,\ 2\};\ w' \in \{w+1,\ 3\};\ k \in \{1,\ \cdots,\ n_{ri}^{af} + n_{ri}^{ac} - 1\} \tag{4-65}$$

$$\delta_{riw} \geqslant x_{riwk},\ \forall r \in \mathcal{N};\ i \in \mathcal{A}_r;\ w \in \mathcal{T}_i;\ k \in \{1,\ \cdots,\ n_{ri}^{af} + n_{ri}^{ac}\} \tag{4-66}$$

(3) 信号控制约束

约束条件式(4-67)限定了信号周期的取值范围，为了保障约束条件能由线性函数描述，这里采用信号周期的倒数作为控制变量。约束条件式(4-68)限定了各流向绿灯开始时刻应在 0 至 1 个周期时间范围内。约束条件式(4-69)表示各流向绿信比应在最小绿灯时长和周期时长之间取值，对于禁止流向，其绿信比应等于 0，如约束条件式(4-70)所示。约束条件式(4-71)和式(4-72)定义了车道信号控制参数，包括车道绿灯开始时刻和绿信比。对于一个区域，应采用较为统一的信号相位方案(TRB，2000)，一般认为，双环控制是一种较为高效的信号相位布置方案，且较适用于城市道路，本研究中采用该信号相位方案，交叉口各流向绿灯开始时刻和绿信比的相互关系应满足约束条件式(4-73)—式(4-81)。

$$\frac{1}{C_{\min}} \geqslant \xi \geqslant \frac{1}{C_{\max}} \tag{4-67}$$

$$1 \geqslant g_{riw} \geqslant 0,\ \forall r \in \mathcal{N};\ i \in \mathcal{A}_r;\ w \in \mathcal{T}_i \tag{4-68}$$

$$1 \geqslant \lambda_{riw} \geqslant 0,\ \forall r \in \mathcal{N};\ i \in \mathcal{A}_r;\ w \in \mathcal{T}_i \tag{4-69}$$

$$M\delta_{riw} \geqslant \lambda_{riw} \geqslant -M\delta_{riw},\ \forall r \in \mathcal{N};\ i \in \mathcal{A}_r;\ w \in \mathcal{T}_i \tag{4-70}$$

$$M(1 - x_{riwk}) \geqslant G_{rik} - g_{riw} \geqslant -M(1 - x_{riwk}),$$
$$\forall r \in \mathcal{N};\ i \in \mathcal{A}_r;\ w \in \mathcal{T}_i;\ k \in \{1,\ \cdots,\ n_{ri}^{af} + n_{ri}^{ac}\} \tag{4-71}$$

$$M(1 - x_{riwk}) \geqslant \Lambda_{rik} - \lambda_{riw} \geqslant -M(1 - x_{riwk}),$$
$$\forall r \in \mathcal{N};\ i \in \mathcal{A}_r;\ w \in \mathcal{T}_i;\ k \in \{1,\ \cdots,\ n_{ri}^{af} + n_{ri}^{ac}\} \tag{4-72}$$

$$g_{r11} = g_{r31} = 0,\ \forall r \in \mathcal{N} \tag{4-73}$$

$$g_{r32} = g_{r11} + \lambda_{r11} + I_{r(11,\ 32)}\delta_{r11},\ \forall r \in \mathcal{N} \tag{4-74}$$

$$g_{r12} = g_{r31} + \lambda_{r31} + I_{r(31,\ 12)}\delta_{r31},\ \forall r \in \mathcal{N} \tag{4-75}$$

$$g_{r32} + \lambda_{r32} = g_{r12} + \lambda_{r12},\ \forall r \in \mathcal{N} \tag{4-76}$$

$$g_{r21}=g_{r32}+\lambda_{r32}+I_{r(32,\,21)},\ \forall r\in\mathcal{N} \tag{4-77}$$

$$g_{r41}=g_{r12}+\lambda_{r12}+I_{r(12,\,41)},\ \forall r\in\mathcal{N} \tag{4-78}$$

$$g_{r42}=g_{r21}+\lambda_{r21}+I_{r(21,\,42)},\ \forall r\in\mathcal{N} \tag{4-79}$$

$$g_{r22}=g_{r41}+\lambda_{r41}+I_{r(41,\,22)},\ \forall r\in\mathcal{N} \tag{4-80}$$

$$g_{r42}+\lambda_{r42}+I_{r(42,\,11)}=g_{r22}+\lambda_{r22}+I_{r(22,\,31)}=1,\ \forall r\in\mathcal{N} \tag{4-81}$$

(4) 饱和度约束

约束条件式(4－82)定义了车道流量比的计算。约束条件式(4－83)表示任意相邻进口车道若同时允许某流向，则它们的流量比应相等。约束条件式(4－84)表示任意车道的饱和度不能超过限定值，以此保障交叉口的服务水平。

$$y_{rik}=\frac{\sum_{w=1}^{3}q_{riwk}}{s_{rik}},\ \forall r\in\mathcal{N};\ i\in\mathcal{A}_r;\ w\in\mathcal{T}_r;\ k\in\{1,\cdots,n_{ri}^{af}+n_{ri}^{ac}\} \tag{4-82}$$

$$M(2-x_{riwk}-x_{riw(k+1)})\geqslant y_{ri(k+1)}-y_{rik}\geqslant -M(2-x_{riwk}-x_{riw(k+1)}),$$
$$\forall r\in\mathcal{N};\ i\in\mathcal{A}_r;\ w\in\mathcal{T}_i;\ k\in\{1,\cdots,n_{ri}^{af}+n_{ri}^{ac}-1\} \tag{4-83}$$

$$ds_{\max}\Lambda_{rik}\geqslant y_{rik},\ \forall r\in\mathcal{N};\ i\in\mathcal{A}_r;\ k\in\{1,\cdots,n_{ri}^{af}+n_{ri}^{ac}\} \tag{4-84}$$

4. 模型求解

上述干道交通控制优化模型为多目标混合整数非线性规划问题，目标函数式(4－45)，约束条件式(4－46)—式(4－84)。由于目标函数被划分为 4 个层级，因此可转化为一般的线性规划问题。

由于在约束条件式(4－50)—式(4－53)中存在多个 0－1 变量 δ_{riw} 的连乘，导致优化模型成为非线性规划问题。对于这一类非线性函数，可以通过引入一系列新的非负变量，将其线性化处理(傅家良，2007；Abraham et al.，2009)，从而使模型就变为混合整数线性规划问题，通过分支定界法求解。具体线性化过程如下：

对于约束条件(4－50)，连乘式 $\delta_{r11}\prod_{s=r+1}^{t}(1-\delta_{s11})$ 可由非负变量 u_{1t} 代替，并将约束条件式(4－50)改写为约束条件式(4－85)—式(4－89)：

$$Q'_{r11}=\delta_{r11}Q_{r11}+\sum_{t=r+1}^{N_r}u_{1t}Q_{t11},\ \forall r\in\mathcal{N} \tag{4-85}$$

$$\delta_{r11}+\sum_{s=r+1}^{t}(1-\delta_{s11})-u_{1t}\leqslant t-r,\ \forall r\in\mathcal{N};\ t\in\{r+1,\cdots,N_r\} \tag{4-86}$$

$$u_{1t} \leqslant \delta_{r11}, \ \forall r \in \mathcal{N}; \ t \in \{r+1, \cdots, N_r\} \tag{4-87}$$

$$u_{1t} \leqslant 1-\delta_{s11}, \ \forall r \in \mathcal{N}; \ t \in \{r+1, \cdots, N_r\}; \ s \in \{r+1, \cdots, t\} \tag{4-88}$$

$$u_{1t} \geqslant 0, \ \forall r \in \mathcal{N}; \ t \in \{r+1, \cdots, N_r\} \tag{4-89}$$

对于约束条件式(4-51)，连乘式 $\delta_{r31} \prod_{s=t}^{r-1}(1-\delta_{s31})$ 可由非负变量 u_{2t}代替，并将约束条件式(4-51)改写为约束条件式(4-90)—式(4-94)：

$$Q'_{r31} = \delta_{r31} Q_{r31} + \sum_{t=1}^{r-1} u_{2t} Q_{t31}, \ \forall r \in \mathcal{N} \tag{4-90}$$

$$\delta_{r31} + \sum_{s=t}^{r-1}(1-\delta_{s31}) - u_{2t} \leqslant r-t, \ \forall r \in \mathcal{N}; \ t \in \{1, \cdots, r-1\} \tag{4-91}$$

$$u_{2t} \leqslant \delta_{r31}, \ \forall r \in \mathcal{N}; \ t \in \{1, \cdots, r-1\} \tag{4-92}$$

$$u_{2t} \leqslant 1-\delta_{s31}, \ \forall r \in \mathcal{N}; \ t \in \{1, \cdots, r-1\}; \ s \in \{t, \cdots, r-1\} \tag{4-93}$$

$$u_{2t} \geqslant 0, \ \forall r \in \mathcal{N}; \ t \in \{1, \cdots, r-1\} \tag{4-94}$$

对于约束条件式(4-52)，连乘式 $\prod_{s=r}^{t}(1-\delta_{s11})$ 和 $\prod_{s=t}^{r}(1-\delta_{s31})$ 可分别由非负变量 u_{3t}和 u_{4t}代替，并将约束条件式(4-52)改写为约束条件式(4-95)—式(4-101)：

$$Q'_{r12} = Q_{r12} + \sum_{t=r}^{N_r} u_{3t} Q_{t11} + \sum_{t=1}^{r-1} u_{4t} Q_{t31}, \ \forall r \in \mathcal{N} \tag{4-95}$$

$$\sum_{s=r}^{t}(1-\delta_{s11}) - u_{3t} \leqslant t-r, \ \forall r \in \mathcal{N}; \ t \in \{r, \cdots, N_r\} \tag{4-96}$$

$$u_{3t} \leqslant 1-\delta_{s11}, \ \forall r \in \mathcal{N}; \ t \in \{r, \cdots, N_r\}; \ s \in \{r, \cdots, t\} \tag{4-97}$$

$$u_{3t} \geqslant 0, \ \forall r \in \mathcal{N}; \ t \in \{r, \cdots, N_r\} \tag{4-98}$$

$$\sum_{s=t}^{r}(1-\delta_{s31}) - u_{4t} \leqslant r-t, \ \forall r \in \mathcal{N}; \ t \in \{1, \cdots, r-1\} \tag{4-99}$$

$$u_{4t} \leqslant 1-\delta_{s31}, \ \forall r \in \mathcal{N}; \ t \in \{1, \cdots, r-1\}; \ s \in \{t, \cdots, r\} \tag{4-100}$$

$$u_{4t} \geqslant 0, \ \forall r \in \mathcal{N}; \ t \in \{1, \cdots, r-1\} \tag{4-101}$$

对于约束条件式(4-53)，连乘式 $\prod_{s=r}^{t}(1-\delta_{s11})$ 和 $\prod_{s=t}^{r}(1-\delta_{s31})$ 可分别由

非负变量 u_{5t} 和 u_{6t} 代替,并将约束条件式(4 - 53)改写为约束条件式(4 - 102)—式(4 - 108):

$$Q'_{r32}=Q_{r32}+\sum_{t=r+1}^{N_r}u_{5t}Q_{t11}+\sum_{t=1}^{r}u_{6t}Q_{t31}\,,\ \forall r\in\mathcal{N} \tag{4 - 102}$$

$$\sum_{s=r}^{t}(1-\delta_{s11})-u_{5t}\leqslant t-r,\ \forall r\in\mathcal{N};\ t\in\{r+1,\ \cdots,\ N_r\} \tag{4 - 103}$$

$$u_{5t}\leqslant 1-\delta_{s11}\,,\ \forall r\in\mathcal{N};\ t\in\{r+1,\ \cdots,\ N_r\};\ s\in\{r,\ \cdots,\ t\} \tag{4 - 104}$$

$$u_{5t}\geqslant 0,\ \forall r\in\mathcal{N};\ t\in\{r+1,\ \cdots,\ N_r\} \tag{4 - 105}$$

$$\sum_{s=t}^{r}(1-\delta_{s31})-u_{6t}\leqslant r-t,\ \forall r\in\mathcal{N};\ t\in\{1,\ \cdots,\ r\} \tag{4 - 106}$$

$$u_{6t}\leqslant 1-\delta_{s31}\,,\ \forall r\in\mathcal{N};\ t\in\{1,\ \cdots,\ r\};\ s\in\{t,\ \cdots,\ r\} \tag{4 - 107}$$

$$u_{6t}\geqslant 0,\ \forall r\in\mathcal{N};\ t\in\{1,\ \cdots,\ r\} \tag{4 - 108}$$

4.3.3 算例分析

本节将通过一系列算例对干道交通控制优化模型进行评价。选用的案例为一个包含三个十字交叉口和两条路段的干道区段,其几何条件及初始车道功能如图 4 - 8 所示。干道规模为双向 8 车道,内部两个路段的中央两条车道设置为可逆车道。各阶段交通需求如表 4 - 8 所列,共分为 6 个阶段。分析中,最小及最大信号周期时长分别为 60 s 和 120 s,清空时间为 5(s),饱和流率约为 1 900 veh/h/ln,饱和度限定值为 0.85,P_1、P_2、P_3、P_4 分别取 10 000、100、1 和 0.01。

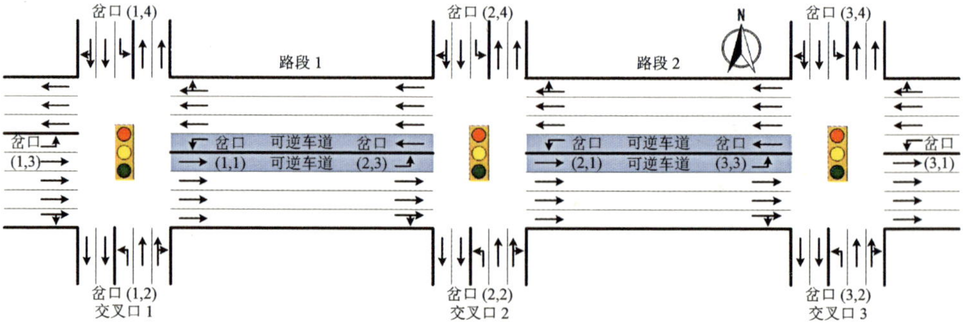

图 4 - 8 算例平面布置

表 4－8　各阶段交通需求

起点	终点	交通需求(pcu/h)					
		阶段 1	阶段 2	阶段 3	阶段 4	阶段 5	阶段 6
(1，2)	(1，3)	150	200	200	240	240	320
(1，2)	(1，4)	300	150	150	30	30	30
(1，2)	(2，2)	15	20	20	24	24	32
(1，2)	(2，4)	15	20	20	24	72	32
(1，2)	(3，1)	96	128	128	153	115	204
(1，2)	(3，2)	12	16	16	19	14	26
(1，2)	(3，4)	12	16	16	20	15	26
(1，3)	(1，2)	150	100	50	60	60	80
(1，3)	(1，4)	150	100	50	60	60	80
(1，3)	(2，2)	120	160	160	192	192	256
(1，3)	(2，4)	120	160	160	192	572	256
(1，3)	(3，1)	768	1 024	1 024	1 230	922	1 640
(1，3)	(3，2)	96	128	128	153	115	204
(1，3)	(3，4)	96	128	128	153	115	204
(1，4)	(1，2)	300	150	150	30	30	30
(1，4)	(1，3)	150	200	200	240	240	320
(1，4)	(2，2)	15	20	20	24	24	32
(1，4)	(2，4)	15	20	20	24	72	32
(1，4)	(3，1)	96	128	128	153	115	204
(1，4)	(3，2)	12	16	16	20	15	26
(1，4)	(3，4)	12	16	16	19	14	26
(2，2)	(1，2)	15	10	5	6	6	8
(2，2)	(1，3)	120	80	40	48	48	64
(2，2)	(1，4)	15	10	5	6	6	8
(2，2)	(2，4)	750	600	600	480	20	240
(2，2)	(3，1)	120	160	160	192	576	256
(2，2)	(3，2)	15	20	20	24	72	32
(2，2)	(3，4)	15	20	20	24	72	32
(2，4)	(1，2)	15	10	5	6	6	8

续 表

起点	终点	交通需求(pcu/h)					
		阶段 1	阶段 2	阶段 3	阶段 4	阶段 5	阶段 6
(2, 4)	(1, 3)	120	80	40	48	48	64
(2, 4)	(1, 4)	15	10	5	6	6	8
(2, 4)	(2, 2)	750	900	600	1 020	1 020	960
(2, 4)	(3, 1)	120	160	160	192	192	256
(2, 4)	(3, 2)	15	20	20	24	24	32
(2, 4)	(3, 4)	15	20	20	24	24	32
(3, 1)	(1, 2)	96	64	32	38	38	51
(3, 1)	(1, 3)	768	512	256	308	308	410
(3, 1)	(1, 4)	96	64	32	38	38	51
(3, 1)	(2, 2)	120	80	40	48	48	64
(3, 1)	(2, 4)	120	80	40	48	48	64
(3, 1)	(3, 2)	150	200	200	240	240	320
(3, 1)	(3, 4)	150	200	200	240	240	320
(3, 2)	(1, 2)	12	8	4	5	5	6
(3, 2)	(1, 3)	96	64	32	38	38	51
(3, 2)	(1, 4)	12	8	4	5	5	7
(3, 2)	(2, 2)	15	10	5	6	6	8
(3, 2)	(2, 4)	15	10	5	6	6	8
(3, 2)	(3, 1)	150	100	50	60	60	80
(3, 2)	(3, 4)	30	180	330	300	300	240
(3, 4)	(1, 2)	12	8	4	5	5	7
(3, 4)	(1, 3)	96	64	32	38	38	51
(3, 4)	(1, 4)	12	8	4	5	5	6
(3, 4)	(2, 2)	15	10	5	6	6	8
(3, 4)	(2, 4)	15	10	5	6	6	8
(3, 4)	(3, 1)	150	100	50	60	60	80
(3, 4)	(3, 2)	30	180	330	300	300	240

为了反响优化模型的效益，后文分析中将以模型优化方案为基准(方案 1)，并与 3 种实际应用中经常采用的方案(方案 2、3、4)作对比。其中：

方案 1：模型优化方案，同时优化可逆车道流向、交叉口车道功能、干道左转禁行和信号配时；

方案 2：信号配时优化方案，只对交叉口信号配时进行优化，不考虑其他交通管理措施；

方案 3：可逆车道＋车道功能优化方案，不考虑干道左转禁行措施；

方案 4：可逆车道＋干道左转禁行方案，若不考虑交叉口车道功能动态划分技术，可逆车道的设置会造成驾驶员对左转车道数判断的偏差，引发安全隐患，以往一般都将可逆车道与干道左转禁行组合使用（Wolshon and Lambert，2004）。

所有的算例都由 LINGO(11. 0)软件在 Intel(R) Core(TM) i5 2. 30 GHz 处理器(4. 0 GB RAM)的电脑中求解，并均可在 1 min 内求得全局最优解。

图 4－9 显示了各阶段车道布置优化结果，包括可逆车道流向和交叉口车道功能。这一优化结果在实际应用中十分需要，因为仅仅通过经验判断一般难以制定最优的车道布置方案，这也是以往实践中需要不断反复试算的原因。表 4－9—表 4－14 列出了各阶段信号配时优化方案。

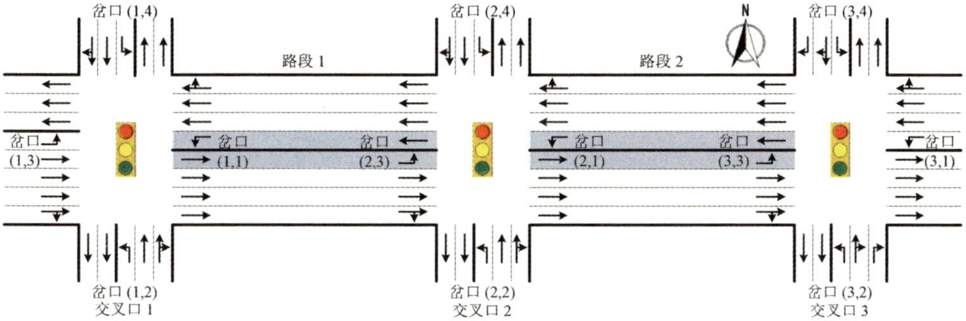

(a) 阶段 1、2、3 的优化结果

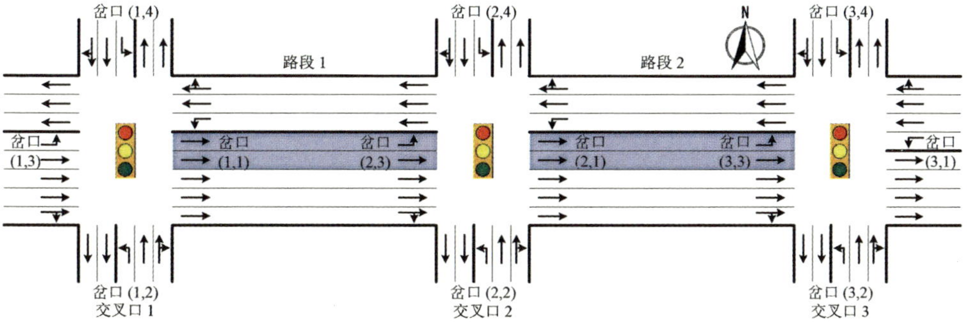

(b) 阶段 4 的优化结果

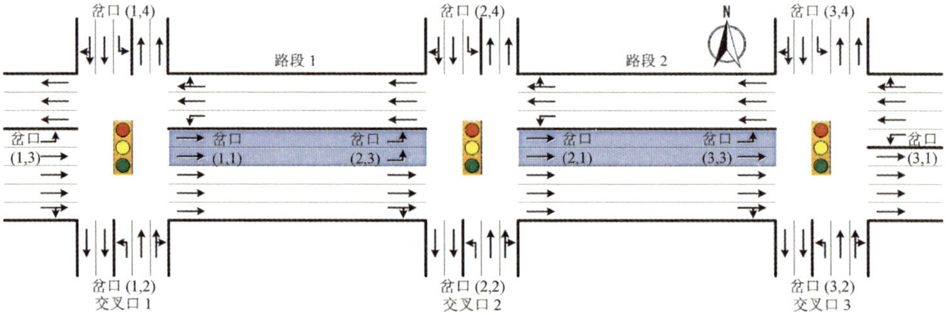

(c) 阶段 5 的优化结果

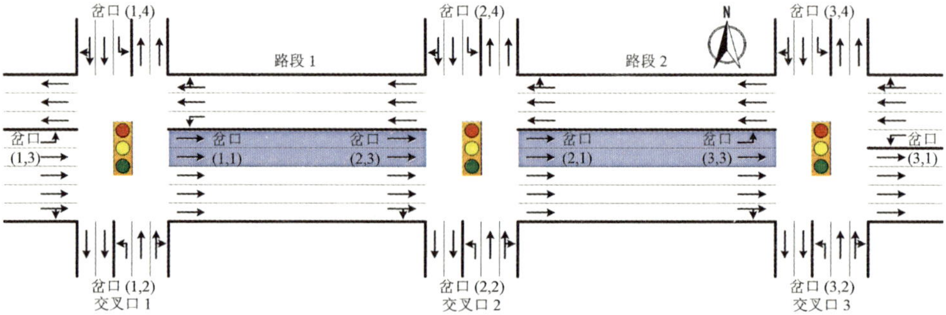

(d) 阶段 6 的优化结果

图 4-9 平面布置优化结果

表 4-9 阶段 1 信号配时优化结果

进口	东			西			北			南		
流向	左	直	右	左	直	右	左	直	右	左	直	右
交叉口 1												
绿灯开始(s)	0.0	23.9	23.9	0.0	20.4	20.4	71.5	91.9	91.9	71.5	91.9	91.9
绿灯时长(s)	15.4	42.6	42.6	18.9	46.2	46.2	15.4	23.1	23.1	15.4	23.1	23.1
绿灯结束(s)	15.4	66.5	66.5	18.9	66.5	66.5	86.9	115.0	115.0	86.9	115.0	115.0
交叉口 2												
绿灯开始(s)	0.0	17.5	17.5	0.0	17.5	17.5	60.0	77.5	77.5	60.0	77.5	77.5
绿灯时长(s)	12.5	37.5	37.5	12.5	37.5	37.5	12.5	37.5	37.5	12.5	37.5	37.5
绿灯结束(s)	12.5	55.0	55.0	12.5	55.0	55.0	72.5	115.0	115.0	72.5	115.0	115.0
交叉口 3												
绿灯开始(s)	0.0	22.9	22.9	0.0	22.9	22.9	81.4	104.3	104.3	81.4	104.3	104.3
绿灯时长(s)	17.9	53.6	53.6	17.9	53.6	53.6	17.9	10.7	10.7	17.9	10.7	10.7
绿灯结束(s)	17.9	76.4	76.4	17.9	76.4	76.4	99.3	115.0	115.0	99.3	115.0	115.0

表 4 - 10　阶段 2 信号配时优化结果

进　口	东			西			北			南		
流　向	左	直	右	左	左	直	右	左	左	直	右	左
交叉口 1												
绿灯开始(s)	0.0	23.9	23.9	0.0	20.4	20.4	71.5	91.9	91.9	71.5	91.9	91.9
绿灯时长(s)	15.4	42.6	42.6	18.9	46.2	46.2	15.4	23.1	23.1	15.4	23.1	23.1
绿灯结束(s)	15.4	66.5	66.5	18.9	66.5	66.5	86.9	115.0	115.0	86.9	115.0	115.0
交叉口 2												
绿灯开始(s)	0.0	17.5	17.5	0.0	17.5	17.5	60.0	77.5	77.5	60.0	77.5	77.5
绿灯时长(s)	12.5	37.5	37.5	12.5	37.5	37.5	12.5	37.5	37.5	12.5	37.5	37.5
绿灯结束(s)	12.5	55.0	55.0	12.5	55.0	55.0	72.5	115.0	115.0	72.5	115.0	115.0
交叉口 3												
绿灯开始(s)	0.0	22.9	22.9	0.0	22.9	22.9	81.4	104.3	104.3	81.4	104.3	104.3
绿灯时长(s)	17.9	53.6	53.6	17.9	53.6	53.6	17.9	10.7	10.7	17.9	10.7	10.7
绿灯结束(s)	17.9	76.4	76.4	17.9	76.4	76.4	99.3	115.0	115.0	99.3	115.0	115.0

表 4 - 11　阶段 3 信号配时优化结果

进　口	东			西			北			南		
流　向	左	直	右	左	左	直	右	左	左	直	右	左
交叉口 1												
绿灯开始(s)	0.0	11.0	11.0	0.0	18.8	18.8	65.2	94.1	94.1	65.2	94.1	94.1
绿灯时长(s)	13.8	49.3	49.3	6.0	41.4	41.4	23.9	20.9	20.9	23.9	20.9	20.9
绿灯结束(s)	13.8	60.2	60.2	6.0	60.2	60.2	89.1	115.0	115.0	89.1	115.0	115.0
交叉口 2												
绿灯开始(s)	0.0	9.0	9.0	0.0	34.7	34.7	62.0	83.0	83.0	62.0	73.4	73.4
绿灯时长(s)	29.7	48.0	48.0	4.0	22.3	22.3	6.4	32.0	32.0	16.0	41.6	41.6
绿灯结束(s)	29.7	57.0	57.0	4.0	57.0	57.0	68.4	115.0	115.0	78.0	115.0	115.0
交叉口 3												
绿灯开始(s)	0.0	24.2	24.2	0.0	43.5	43.5	86.9	96.7	96.7	86.9	96.7	96.7
绿灯时长(s)	38.5	57.7	57.7	19.2	38.5	38.5	4.8	18.3	18.3	4.8	18.3	18.3
绿灯结束(s)	38.5	81.9	81.9	19.2	81.9	81.9	91.7	115.0	115.0	91.7	115.0	115.0

表 4－12　阶段 4 信号配时优化结果

进　口	东			西			北			南		
流　向	左	直	右	左	左	直	右	左	左	直	右	左
交叉口 1												
绿灯开始(s)	0.0	11.5	11.5	0.0	15.9	15.9	69.7	100.5	100.5	69.7	100.5	100.5
绿灯时长(s)	10.9	53.2	53.2	6.5	48.8	48.8	25.8	14.5	14.5	25.8	14.5	14.5
绿灯结束(s)	10.9	64.7	64.7	6.5	64.7	64.7	95.5	115.0	115.0	95.5	115.0	115.0
交叉口 2												
绿灯开始(s)	0.0	10.0	10.0	0.0	28.5	28.5	60.0	85.0	85.0	60.0	70.0	70.0
绿灯时长(s)	23.5	45.0	45.0	5.0	26.5	26.5	5.0	30.0	30.0	20.0	45.0	45.0
绿灯结束(s)	23.5	55.0	55.0	5.0	55.0	55.0	65.0	115.0	115.0	80.0	115.0	115.0
交叉口 3												
绿灯开始(s)	0.0	28.5	28.5	0.0	43.2	43.2	86.5	97.4	97.4	86.5	97.4	97.4
绿灯时长(s)	38.2	52.9	52.9	23.5	38.2	38.2	5.9	17.6	17.6	5.9	17.6	17.6
绿灯结束(s)	38.2	81.5	81.5	23.5	81.5	81.5	92.4	115.0	115.0	92.4	115.0	115.0

表 4－13　阶段 5 信号配时优化结果

进　口	东			西			北			南		
流　向	左	直	右	左	左	直	右	左	左	直	右	左
交叉口 1												
绿灯开始(s)	0.0	11.5	11.5	0.0	15.8	15.8	69.6	100.5	100.5	69.6	100.5	100.5
绿灯时长(s)	10.8	53.2	53.2	6.5	48.8	48.8	25.8	14.5	14.5	25.8	14.5	14.5
绿灯结束(s)	10.8	64.6	64.6	6.5	64.6	64.6	95.5	115.0	115.0	95.5	115.0	115.0
交叉口 2												
绿灯开始(s)	0.0	9.9	9.9	0.0	33.9	33.9	60.7	85.1	85.1	60.7	70.7	70.7
绿灯时长(s)	28.9	45.8	45.8	4.9	21.8	21.8	4.9	29.9	29.9	19.4	44.3	44.3
绿灯结束(s)	28.9	55.7	55.7	4.9	55.7	55.7	65.7	115.0	115.0	80.1	115.0	115.0
交叉口 3												
绿灯开始(s)	0.0	28.5	28.5	0.0	43.2	43.2	86.5	97.4	97.4	86.5	97.4	97.4
绿灯时长(s)	38.2	52.9	52.9	23.5	38.2	38.2	5.9	17.6	17.6	5.9	17.6	17.6
绿灯结束(s)	38.2	81.5	81.5	23.5	81.5	81.5	92.4	115.0	115.0	92.4	115.0	115.0

表 4 - 14　阶段 6 信号配时优化结果

进　口	东			西			北			南		
流　向	左	直	右	左	左	直	右	左	左	直	右	左
交叉口 1												
绿灯开始(s)	0.0	17.2	17.2	0.0	16.3	16.3	72.4	101.7	101.7	72.4	101.7	101.7
绿灯时长(s)	11.3	50.2	50.2	12.2	51.0	51.0	24.3	13.3	13.3	24.3	13.3	13.3
绿灯结束(s)	11.3	67.4	67.4	12.2	67.4	67.4	96.7	115.0	115.0	96.7	115.0	115.0
交叉口 2												
绿灯开始(s)	—	0.0	0.0	—	0.0	0.0	59.8	91.6	91.6	59.8	71.5	71.5
绿灯时长(s)	—	54.8	54.8	—	54.8	54.8	6.7	23.4	23.4	26.8	43.5	43.5
绿灯结束(s)	—	54.8	54.8	—	54.8	54.8	66.5	115.0	115.0	86.6	115.0	115.0
交叉口 3												
绿灯开始(s)	0.0	30.0	30.0	0.0	59.2	59.2	91.3	102.5	102.5	91.3	102.5	102.5
绿灯时长(s)	54.2	56.3	56.3	25.0	27.1	27.1	6.3	12.5	12.5	6.3	12.5	12.5
绿灯结束(s)	54.2	86.3	86.3	25.0	86.3	86.3	97.5	115.0	115.0	97.5	115.0	115.0

表 4 - 15 给出了优化结果的相关参数，包括各阶段中干道交通量、方向不均匀系数、转向比例等交通需求的基本情况，优化方案中具体采取的措施，以及最终通道的流量系数。表 4 - 16 进一步将模型优化方案与其他 3 种方案作了对比分析。由表 4 - 15 和表 4 - 16 可得

表 4 - 15　干道流量系数优化结果

阶　段	1	2	3	4	5	6
干道内部路段双向交通量(veh/h)	3 000	3 000	2 500	3 000	3 000	4 000
干道内部路段主流向与次流向流量比例	1 : 1	2 : 1	4 : 1	4 : 1	4 : 1	4 : 1
岔口(1, 1)的左转比例	0.1	0.1	0.1	0.1	0.1	0.1
岔口(2, 3)的左转比例	0.1	0.1	0.1	0.1	0.3	0.1
岔口(2, 2)的左转比例	0.1	0.1	0.1	0.1	0.1	0.1
岔口(3, 3)的左转比例	0.1	0.1	0.1	0.1	0.1	0.1
是否优化了信号配时	是	是	是	是	是	是
是否调整了可逆车道流向	否	否	否	是	是	是

续 表

阶　　段	1	2	3	4	5	6
是否调整了交叉口车道功能	否	否	否	是	是	是
是否对干道左转实施禁行	否	否	否	否	否	是
饱和度	0.85	0.85	0.85	0.85	0.85	0.85
干道流量系数 μ	1.122	1.035	1.077	1.122	1.087	1.023

表 4-16　不同控制方案对比

阶　　段		1	2	3	4	5	6
方案 1	1# 交叉口饱和度	0.691	0.588	0.570	0.659	0.638	0.850
	2# 交叉口饱和度	0.850	0.850	0.850	0.850	0.850	0.773
	3# 交叉口饱和度	0.595	0.680	0.707	0.723	0.700	0.827
	禁行流向数	0	0	0	0	0	2
	可逆车道流向有调整的路段数	0	0	0	2	2	2
	干道流量系数 μ	1.122	1.035	1.077	1.122	1.087	1.023
方案 2	1# 交叉口饱和度	0.691	0.58	0.570	0.573	0.524	0.640
	2# 交叉口饱和度	0.850	0.850	0.850	0.850	0.850	0.850
	3# 交叉口饱和度	0.595	0.680	0.707	0.739	0.677	0.788
	禁行流向数	0	0	0	0	0	0
	可逆车道流向有调整的路段数	0	0	0	0	0	0
	干道流量系数 μ	1.122	1.035	1.077	0.975	0.894	0.821
方案 3	1# 交叉口饱和度	0.691	0.588	0.570	0.659	0.638	0.750
	2# 交叉口饱和度	0.850	0.850	0.850	0.850	0.850	0.850
	3# 交叉口饱和度	0.595	0.680	0.707	0.723	0.700	0.777
	禁行流向数	0	0	0	0	0	0
	可逆车道流向有调整的路段数	0	0	0	2	2	2
	干道流量系数 μ	1.122	1.035	1.077	1.122	1.087	0.961
方案 4	1# 交叉口饱和度	0.850	0.793	0.712	0.809	0.585	0.850
	2# 交叉口饱和度	0.810	0.850	0.850	0.850	0.621	0.773
	3# 交叉口饱和度	0.831	0.825	0.834	0.834	0.850	0.827

续　表

阶　　段		1	2	3	4	5	6
方案 4	禁行流向数	2	2	2	2	2	2
	可逆车道流向有调整的路段数	0	0	0	2	2	2
	干道流量系数 μ	1.329	1.256	1.270	1.294	0.937	1.023

（1）优化模型将可逆车道流向、交叉口车道功能、干道左转禁行和信号配时的优化构建在一个统一的框架内，可在交通需求发生较大变化时对干道的几何布置进行调整，或当需求波动不大时仅对信号配时进行优化。因此，模型具有较强的灵活性。与其余 3 种方案相比，模型优化方案始终能选择花费最少的方案保持干道通行能力满足交通需求。

（2）在阶段 1 中，所有方案的流量系数都大于 1，这说明所有方案都能在允许饱和度范围内满足交通需求。如模型优化方案所示，此时仅需对信号配时进行优化，而无须采取任何交通管理措施。

（3）在阶段 2 中，路段双向流量存在一定不均衡性（主流向与次流向交通量比例为 2∶1），但方向不均衡程度不高，可由信号配时来调节，因此无须采取任何交通管理措施。

（4）在阶段 3 中，路段双向流量存在显著不均衡性（主流向与次流向交通量比例为 3∶1），但由于路段总流量较小，通过调整信号配时能够满足运行的需求，因此无须采取任何交通管理措施。

（5）在阶段 4 中，交通需求量较阶段 3 提高了 20%。方案 2（信号配时优化方案）流量系数小于 1，表示该方案已无法满足交通需求。此时，模型优化方案与方案 3（可逆车道＋车道功能优化方案）相同，通过调整可逆车道方向，均衡各流向饱和度，达到提高干道通行能力的目标。由于调整可逆车道方向后，对应交叉口进出口道的车道数也发生了变化，需要对车道功能进行重新划分，信号配时也应作相应调整。

（6）在阶段 5 中，交通需求在阶段 4 的基础上，2# 交叉口西进口左转流量比例从 10%提高到了 30%。优化模型通过调整该交叉口的车道功能，很好地处理了交通需求的这一变化。我们发现模型优化的大部分结果都与路段可逆车道与交叉口动态车道功能相组合的管理控制策略相同。此外，在本阶段，该控制方案的通行能力甚至高于方案 4（可逆车道＋干道左转禁行方案）。从中可见，路段可逆车道与交叉口动态车道功能相组合的管理控制策略具有很高的灵活性，能同时应对双向交通的不均衡性和转向交通的变化。

（7）在阶段 6 中，交通流量进一步增加，超出了方案 3 所能应对的范围，模型优化方案与方案 4 相同，采取禁左的管理措施，提高干道通行能力。但需要注意禁左管理的应用存在很多限制条件，由于禁止流向需要绕行，增加了道路总车公里数，并增加了相邻交叉口的交通压力，因此一般要求绕行路径上的交叉口饱和度较小，以应对增加的交通需求。

除上述通行能力分析外，本研究还应用 VISSIM 仿真软件，在输入流量具有一定随机性的情况下，对干道服务水平进行评价。仿真中采用 VISSIM 默认的城市道路驾驶员行为，车型全部为小汽车，期望车速为 40～45 km/h，饱和流率约为 1 800 veh/h/ln。考虑了通过车辆数和车均延误两种评价指标。仿真分析结果如图 4－10 所示。

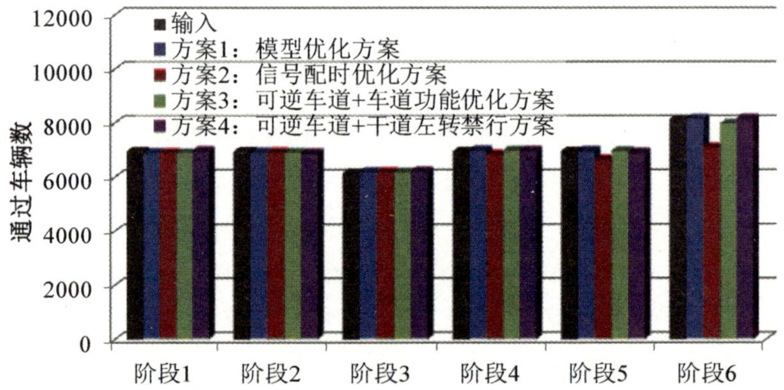

(a) 通过车辆数分析

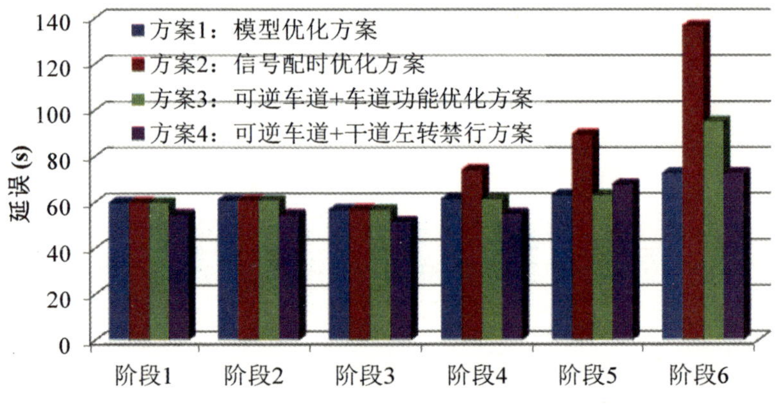

(b) 车均延误分析

图 4－10　仿真分析结果

在阶段 1、2、3，所有控制方案的通过车辆数都与输入量基本相同。车均延误方面，虽然方案 4 的车均延误略小，但与其他方案差距不大，这主要是因为在饱和度小于 0.85 时，通行能力的提高对延误降低的作用较小，同时，方案 4 又存在部分绕行车辆。在阶段 4 和 5，仅仅依靠信号配时的调整已无法满足交通需求，模型优化方案与方案 3 相同，其交通运行水平明显优于方案 2，延误在阶段 4 和阶段 5 分别降低了 20.8%和 41.7%。在阶段 6，方案 2 和 3 均无法满足交通需求，模型优化方案与方案 4 相同，其交通运行水平明显优于方案 2 和方案 3，延误分别降低了 46.8%和 23.6%。

仿真分析显示了在常规措施有能力应对交通需求时，特殊交通管理措施的使用对于交通运行效益的改善是十分有限的。这也说明了优化模型目标函数设定的合理性，即在常规措施能够应对交通需求时，不考虑使用流向禁止和可逆车道这类交通管理措施。

4.3.4　小结

上文针对干道，提出了组合优化模型，同时对路段各流向车道数、交叉口各流向是否允许、各岔口车道功能以及交叉口信号配时进行优化。模型由多目标混合整数非线性规划描述，通过引入一系列 0-1 变量，将其转换为混合整数线性规划模型，由分支定界法求解。通过算例分析，可得到以下结论：

(1) 优化模型可根据交通需求，自动生成合理的控制方案，当在交通需求发生较大变化时对干道的几何布置进行调整，或当需求波动不大时仅对信号配时进行优化。

(2) 当交通量较小或方向不均衡性不显著时，无须采取可逆车道、流向禁限等交通管理措施，信号配时能很好地适应交通需求的波动。

(3) 路段可逆车道与交叉口动态车道功能相组合的管理控制策略在分析中被较为频繁地选用，反映出它具有很高的灵活性，能同时应对双向交通的不均衡性和转向交通的变化。

(4) 路段可逆车道与干道禁左相组合的管理控制策略的应用存在很多限制条件，应注意避免由禁行车流绕行引发新的交通问题。

上文分析中，假设路段足够长，实际应用中还需要注意交叉口间距较小引发的排队溢流等问题。此外，由于可逆车道设置可能存在安全隐患，不建议在常规车道布置能够满足交通需求的情况下使用。当设置可逆车道后，相应的引导车辆进入和驶离可逆车道的关键指示信息必须配套实施，具体包括可逆车道的当前行驶方向、可逆车道沿道路方向的开始和结束位置以及可逆车道在道路横断面中的位置等(Wolshon and Lambert,2004)。并且在转变可逆车道方向的过程中,必须设置足够的清空时间。

4.4 本章小结

本章从连线和通道层面,基于路段可逆车道,研究了信号控制和道路空间协同优化的控制方法。在介绍了以往可逆车道相关研究局限性的基础上,将信号灯控制与可逆车道控制相结合,分别针对交叉口连线和通道,提出两项时空协同优化控制方法。

针对连线交通,以菱形立交地面交叉口连线为主要研究对象,提出一种新型的基于可逆车道动态控制概念的优化控制方法。在该控制方法中,可逆车道将根据左转交通流量及信号相位布置,在每个周期的不同时段供不同方向的左转车辆使用。算例分析显示,当相交地面道路左转比例大于20%且内部路段长度小于150 m时,新型DRL控制方法在通行能力方面有显著优势。此外,在内部路段车道数为奇数情况下,DRL控制能有更好的表现。DRL还具有很强的应用灵活性,可根据需要随时开启和关闭。动态可逆车道(DRL)这一思想和优化控制方法在一定条件下还可移植到一般城市道路中。

针对城市干道,研究从可逆车道与其他交通管理措施的组合使用两个角度建立一个组合优化模型,同时对路段各流向车道数、交叉口流向控制、车道功能以及信号配时进行优化。算例分析显示,优化模型可根据交通需求,自动生成合理的控制方案,当在交通需求发生较大变化时对干道的几何布置进行调整,或当需求波动不大时仅对信号配时进行优化。此外,路段可逆车道与交叉口动态车道功能相组合的管理控制策略在分析中被较为频繁地选用,反映出这种管理控制策略具有很高的灵活性,能同时应对双向交通的不均衡性和转向交通的变化。

第5章 网络时空协同优化控制

在网络层面，由于研究范围的扩展，诸如转向禁止、冲突点消除、可逆车道和单向交通等交通组织策略的组合更为多样，相互关系也更为复杂，此外，还需要考虑驾驶人路径选择行为的影响。本章将从多种交通组织策略的组合优化和针对转向交通的动态控制两个角度，形成两项时空协同优化控制方法，并分别建立了双层规划模型和线性混合整数规划模型。通过算例分析，对其交通运行效益及适用条件进行了评价。

5.1 概　　述

在网络层面，结合交通需求分布情况，通过对交通设施的合理组织提高道路运行效率，已成为缓解城市拥堵的主要手段。常用的交通组织策略主要包括转向禁止、冲突点消除、可逆车道和单向交通等。

虽然这些交通管理控制措施已实施了几十年，其运行效益、可行性及安全性也已得到了广泛认识，但关于这些交通管理措施的优化主要集中于其各自设置地点的选择。对比这些交通管理措施，难以分辨孰优孰劣。各种措施均有其各自的适用条件和范围。甚至，这些交通管理措施之间会相互影响。例如，单行线设置中需与交叉口流向禁限措施相配套。并且，这些车道管理措施还可能影响其他常规交通管理及控制方法的应用，例如，当这些交通管理措施实施后，交叉口车道功能及信号配时都需要作相应调整。传统处理上述问题的方法主要基于分步优化的概念。首先根据经验确定使用交通管理措施的种类，然后基于网络设计确定其设置地点，随后确定车道功能划分，并进行信号配时，若设计方案的交通运行水平评价结果无法满足需求，则需要根据经验，对方案进行调整直到运行水平满足预期要求。但这种基于经验的设计方法无法得到最优的设计效果，因此，从优化设计角度，有必要将交通管理措施的选择与车道功能划分及信号配时相结合。

此外，目前的网络交通组织策略多为静态或分时段管理，无法适应交通供需关系突发变化的情况。为了使控制管理措施能更好地适应交通需求的变化，同时拓展其应用范围，本研究还将针对转向禁止，提出基于交叉口群的动态控制方法。

5.2　基于多种交通组织策略组合的网络交通优化

本节将针对交通均衡网络，建立一个组合优化模型，同时对路网中车道的流向、功能及信号配时进行优化，在不新建、扩建道路的条件下，充分利用现有资源，以获得最大的通行能力。

5.2.1　网络描述

如图 5-1 所示，路网 $\mathcal{G}=(\mathcal{N},\mathcal{S})$ 由交叉口节点集合 $\mathcal{N}$ ，$r\in\mathcal{N}$ 和连接两节点的连线集合 $\mathcal{S}$ ，$a=(r,r')\in\mathcal{S}$ 构成。任意交叉口 r 又由岔口集合 $\mathcal{A}_r$ ，$i\in\mathcal{A}_r$ 组成。各岔口 i 由转向交通集合 $\mathcal{T}_i$ ，$w\in\mathcal{T}_i$ 和车道集合 $\mathcal{L}_i$ ，$k\in\mathcal{L}_i$ 组成。在交叉口 r 和 r' 之间不同方向的一对连线 $a=(r,r')$ 和 $a'=(r',r)$ 构成了路

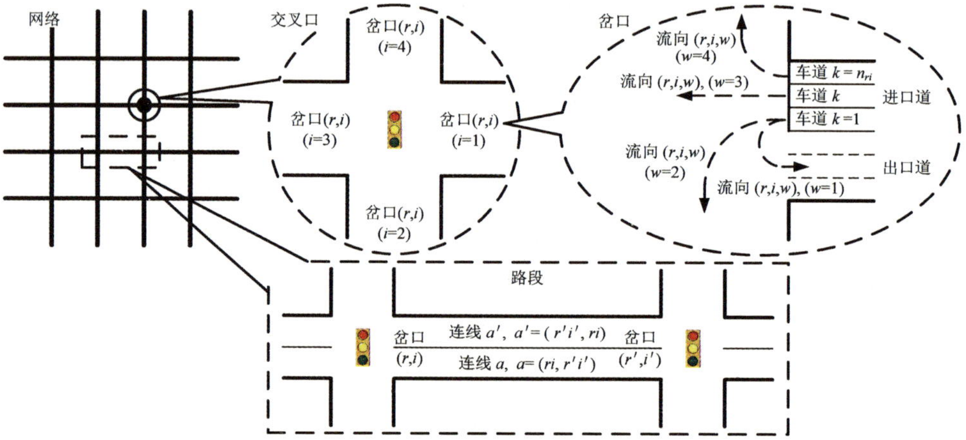

图 5-1　网络构成示意

段(a, a')。

对于任意车道$k \in \mathcal{L}_i$，将w流向是否在r交叉口i岔口k车道上，是否具有通行权定义为二进制控制变量x_{riwk}(1—允许，0—不允许)。在此基础上，采用二进制变量δ_{riw}表示w流向是否在r交叉口i岔口允许通行(1—允许，0—不允许)。由此，交叉口流向禁止的交通管理措施可通过将任意车道上需禁止流向的通行权均设置为0(不允许)来实现；连续流交叉口的交通管理措施可通过交叉口禁止流向的合理组合来实现。

对于任意连线$a \in \mathcal{S}$，将该连线上的车道数定义为n_a，对向连线上的车道数定义为$n_{a'}$，该路段总车道数为$n_{aa'}$。在此基础上，采用二进制变量δ_a表示车辆是否在连线a上允许通行(1—允许，0—不允许)。由此，可逆车道的交通管理措施可通过在路段不同方向的连线上设置非对称的车道数来实现$(n_a \neq n_{a'})$；单行线交通可通过将路段全部车道分配给某一方向连线来实现$(m = 0$或$n_{a'} = 0)$。

图 5 - 2 显示了一个示例路网，其中包含了有、无流向禁止的交叉口和有、无逆向车道的路段。

在路网$\mathcal{G} = (\mathcal{N}, \mathcal{S})$中，定义交通需求起点为$\mathcal{O} \subseteq \mathcal{N}$，讫点为$\mathcal{D} \subseteq \mathcal{N}$。$(o, d)$表示各交通OD对，其中$o \in \mathcal{O}$，$d \in \mathcal{D}$。OD对$(o, d)$的初始交通需求量为$Q_{o,d}$，经流量系数$\mu$调整后的交通需求量为$q_{o,d}$。$(o, d)$的路径集由$Z_{o,d}$表示，对于任意路径$z \in Z_{o,d}$，它包含有一系列的路段连线和交叉口转向。二进制变量$\delta_{o,d}^{az}$和$\delta_{o,d}^{wz}$分别表示(o, d)的路径z是否经过路段连线a和交叉口转向w(1—经过，0—不经过)。交通OD对(o, d)在路径z上经流量系数μ调整后的交通需求量为$q_{o,d}^{z}$。

5.2.2　优化模型

1. 控制变量

为了最大化路网的运行效益，下文将建立一个组合优化模型，同时对路段与交叉口各车道的方向、功能和信号配时进行优化。该优化问题可由双层规划模型描述，其中控制变量包括：

n_a——路段连线a的车道数；

x_{riwk}——w流向是否在r交叉口i岔口k车道上是否具有通行权(1—允许，0—禁止)；

ξ_r——r交叉口的信号周期时长的倒数(1/s)；

Y_{rik}——r交叉口i岔口k车道的绿灯开始时刻；

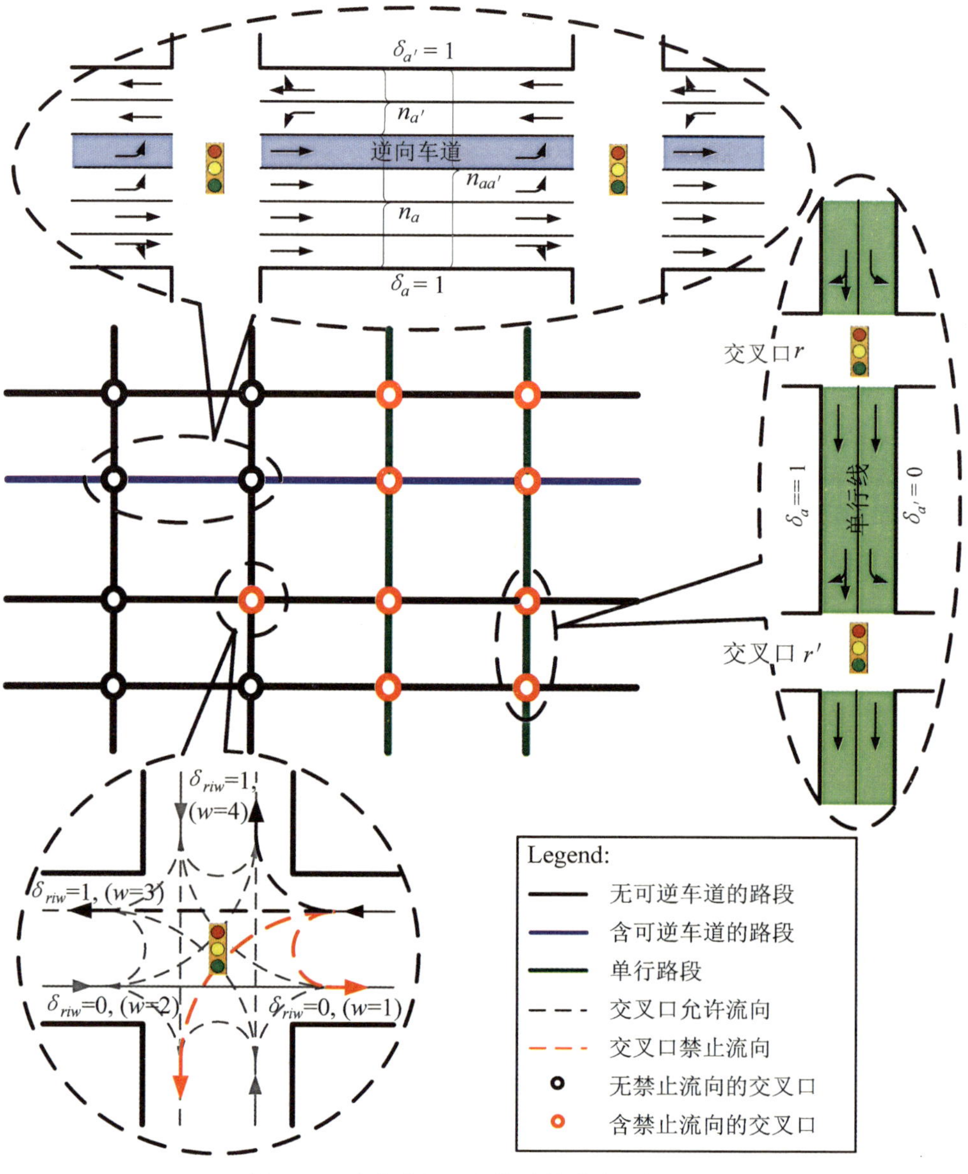

图 5-2　含有交通组织策略的道路网络示意

Λ_{rik}——r 交叉口 i 岔口 k 车道的绿灯绿信比；

$P_{r(iw,\ jw')}$——r 交叉口信号相位相序，0 表示流向 $(j,\ w')$ 的绿灯开始时刻在 $(i,\ w)$ 之后，否则，$P_{r(iw,\ jw')}=1$。

这些控制变量组合形成方案 $\boldsymbol{\eta}=(\mathbf{n},\ \mathbf{x},\ \boldsymbol{\xi},\ \mathbf{Y},\ \boldsymbol{\Lambda},\ \mathbf{P})$，其中，$\mathbf{n}=(n_a \mid a\in \mathcal{S})$，$\mathbf{x}=(x_{riwk} \mid k\in \mathcal{L}_i;\ w\in \mathcal{T}_i;\ i\in \mathcal{A}_r;\ r\in \mathcal{N})$，$\boldsymbol{\xi}=(\xi_r \mid r\in \mathcal{N})$，$\mathbf{Y}=$

$(Y_{rik} \mid k \in \mathcal{L}_i;\ i \in \mathcal{A}_r;\ r \in \mathcal{N})$，$\mathbf{\Lambda} = (\Lambda_{rik} \mid k \in \mathcal{L}_i;\ i \in \mathcal{A}_r;\ r \in \mathcal{N})$，$\mathbf{P} = (P_{r(iw,\ jw')} \mid w \in \mathcal{T}_i;\ w' \in \mathcal{T}_j;\ i,\ j \in \mathcal{A}_r;\ r \in \mathcal{N})$。

2. 上层问题

交叉口流向禁限和路段可逆车道等交通管理措施的主要目的是缓解交叉口的拥挤，因此，本模型的优化目标为最大化路网储备通行能力，将其转化为流量系数最大的优化问题，如下式所示：

$$\max \quad \mu \tag{5-1}$$

约束条件包括：

(1) 流量分配约束

路网中各 OD 对$(o,\ d)$的流量 $Q_{o,\ d}$为模型输入条件，为了获得最大的通行能力，在优化时引入流量系数 μ，将各 OD 需求等比例调整，得到优化计算中采用的交通需求量 $q_{o,\ d}$，如约束条件式(5－2)所示。分配在各车道上某流向的流量之和应等于该流向交通需求，如约束条件式(5－3)所示，其中，q_{riw}表示 r 交叉口 i 岔口 w 流向的交通量(veh/h)，q_{riwk}表示 r 交叉口 i 岔口 w 流向分配在 k 车道上的交通量(veh/h)。

$$\mu Q_{o,\ d} = q_{o,\ d},\ \forall o \in \mathcal{O};\ d \in \mathcal{D} \tag{5-2}$$

$$q_{riw} = \sum_{k=1}^{n_{ri}} q_{riwk},\ \forall w \in \mathcal{T}_i;\ i \in \mathcal{A}_r;\ r \in \mathcal{N} \tag{5-3}$$

(2) 车道功能分配约束

路段上往返两条连线的车道数之和应等于该路段总车道数，如约束条件式(5－4)所示。交叉口各岔口的总车道数应等于进出口道车道数之和，如约束条件式(5－5)所示，其中 n_{ri}^{s}表示 r 交叉口 i 岔口的总车道数，n_{ri}表示 r 交叉口 i 岔口进口车道数，模型中假设出口道车道数与路段车道数相同。在交叉口，为了使各进口车道能够被充分利用，每条进口车道至少应允许一个流向通行，如约束条件式(5－6)所示。约束条件式(5－7)反映了流向禁止交通管理措施：若某流向被禁止，则允许该流向通行的车道数应为 0，否则，至少应有 1 条车道允许该流向通行，式中 M 表示充分大的正数。约束条件式(5－8)—式(5－10)反映了单行线交通管理措施：若某路段连线被禁止，则该路段连线的车道数应为 0，如约束条件式(5－8)所示；同时该路段连线下游进口道的所有流向以及上游进入该路段连线的流向均应被禁止，分别如约束条件式(5－9)和式(5－10)所示。为保障通行的顺畅，某流向对应出口车道数应大于等于该流向允许通行的进口车道数，如约束条件式(5－11)所示。约束条件式(5－12)避免了进口道内部各车道允许流向的相互冲突。

$$n_{aa'} = n_a + n_{a'},\ \forall a = (ri,\ r'i') \in \mathcal{S} \tag{5-4}$$

$$n_{ri}^{s} = n_{ri} + n_a,\ \forall i \in \mathcal{A}_r;\ r \in \mathcal{N} \tag{5-5}$$

$$\sum_{w \in \mathcal{T}_i} x_{riwk} \geqslant 1,\ \forall k \in \mathcal{L}_i;\ i \in \mathcal{A}_r;\ r \in \mathcal{N} \tag{5-6}$$

$$M\delta_{riw} \geqslant \sum_{k=1}^{n_{ri}} x_{riwk} \geqslant \delta_{riw},\ \forall w \in \mathcal{T}_i;\ i \in \mathcal{A}_r;\ r \in \mathcal{N} \tag{5-7}$$

$$M\delta_a \geqslant n_{ri} \geqslant \delta_a,\ \forall a = (ri,\ r'i') \in \mathcal{S};\ i \in \mathcal{A}_r;\ r \in \mathcal{N} \tag{5-8}$$

$$M\delta_a \geqslant \sum_{w \in \mathcal{T}_{i'}} \delta_{r'i'w} \geqslant \delta_a,\ \forall a = (ri,\ r'i') \in \mathcal{S};\ i' \in \mathcal{A}_r;\ r' \in \mathcal{N} \tag{5-9}$$

$$\begin{gathered} M\delta_a \geqslant \sum_{(rjw,\ a) \in \mathcal{C}_r} \delta_{rjw} \geqslant \delta_a, \\ \forall a = (ri,\ r'i') \in \mathcal{S};\ w \in \mathcal{T}_j;\ j \in \mathcal{A}_r;\ r \in \mathcal{N} \end{gathered} \tag{5-10}$$

$$\begin{gathered} n_a \geqslant \sum_{k=1}^{n_{ri}} x_{rjwk}, \\ \forall (rjw,\ a) \in \mathcal{C}_r;\ a = (ri,\ r'i') \in \mathcal{S};\ w \in \mathcal{T}_j;\ j \in \mathcal{A}_r;\ r \in \mathcal{N} \end{gathered} \tag{5-11}$$

$$\begin{gathered} 1 - x_{riw(k+1)} \geqslant x_{riw'k}, \\ \forall k \in \{1,\ \cdots,\ n_{ri} - 1\},\ w \in \{1,\ 2,\ 3\}, \\ w' \in \{w+1,\ \cdots,\ 4\},\ i \in \mathcal{A}_r,\ r \in \mathcal{N} \end{gathered} \tag{5-12}$$

(3) 信号控制约束

约束条件式(5－13)限定了信号周期的取值范围，为了保障约束条件能由线性函数描述，这里采用信号周期的倒数作为控制变量。约束条件式(5－14)限定了各流向绿灯开始时刻应在 0 至 1 个周期时间范围内。约束条件式(5－15)表示各流向绿信比应在 0 和周期时长之间取值。但对于禁止流向，其绿信比应等于 0，如约束条件式(5－16)所示。约束条件式(5－17)和式(5－18)定义了车道信号控制参数，包括车道绿灯开始时刻和绿信比。对于任意一组冲突流向，其信号相位相序可由约束条件式(5－19)所示的后继函数表述(Heydecker，1992)。约束条件式(5－20)表示任意一组冲突流向绿灯开始和结束时刻的间隔至少应满足清空时间的要求，其中，$I_{r(iw,\ jw')}$ 表示一组冲突流向的清空时长(s)。

$$\frac{1}{C_{\min}} \geqslant \xi_r \geqslant \frac{1}{C_{\max}}, \ \forall r \in \mathcal{N} \tag{5-13}$$

$$1 \geqslant y_{riw} \geqslant 0, \ \forall w \in \mathcal{T}_i; \ i \in \mathcal{A}_r; \ r \in \mathcal{N} \tag{5-14}$$

$$1 \geqslant \lambda_{riw} \geqslant 0, \ \forall w \in \mathcal{T}_i; \ i \in \mathcal{A}_r; \ r \in \mathcal{N} \tag{5-15}$$

$$M\delta_{riw} \geqslant \lambda_{riw} \geqslant -M\delta_{riw}, \ \forall w \in \mathcal{T}_i; \ i \in \mathcal{A}_r; \ r \in \mathcal{N} \tag{5-16}$$

$$M(1-x_{riwk}) \geqslant Y_{rik} - y_{riw} \geqslant -M(1-x_{riwk}), \\ \forall k \in \mathcal{L}_i; \ w \in \mathcal{T}_i; \ i \in \mathcal{A}_r; \ r \in \mathcal{N} \tag{5-17}$$

$$M(1-x_{riwk}) \geqslant \Lambda_{rik} - \lambda_{riw} \geqslant -M(1-x_{riwk}), \\ \forall k \in \mathcal{L}_i; \ w \in \mathcal{T}_i; \ i \in \mathcal{A}_r; \ r \in \mathcal{N} \tag{5-18}$$

$$P_{r(iw,\, jw')} + P_{r(jw',\, iw)} = 1, \ \forall w \in T_i; \ w' \in \mathcal{T}_j; \ i, j \in \mathcal{A}_r; \ r \in \mathcal{N} \tag{5-19}$$

$$y_{rjw'} + P_{r(iw,\, jw')} \geqslant y_{riw} + \lambda_{riw} + \delta_{riw} I_{r(iw,\, jw')} \xi, \\ \forall w \in \mathcal{T}_i; \ w' \in \mathcal{T}_j; \ i, j \in \mathcal{A}_r; \ r \in \mathcal{N} \tag{5-20}$$

(4) 饱和度约束

约束条件式(5－21)定义了车道流量比的计算，其中，y_{rik} 表示 r 交叉口 i 岔口 k 车道的流量比，s_{rik} 表示 r 交叉口 i 岔口 k 车道的饱和流率(veh/h)。约束条件式(5－22)表示任意相邻进口车道若同时允许某流向，则它们的流量比应相等。约束条件式(5－23)和式(5－24)分别表示任意交叉口进口车道和路段连线的饱和度不能超过限定值，以此保障交叉口的服务水平，其中，$ds_{\max}$ 表示最大饱和度允许值。

$$r_{rik} = \frac{\sum_{w \in T_i} q_{riwk}}{s_{rik}}, \ \forall k \in \mathcal{L}_i; \ i \in \mathcal{A}_r; \ r \in \mathcal{N} \tag{5-21}$$

$$M(2-x_{riwk}-x_{riw(k+1)}) \geqslant \gamma_{ri(k+1)} - \gamma_{rik} \geqslant -M(2-x_{riwk}-x_{riw(k+1)}), \\ \forall k \in \mathcal{L}_i; \ w \in \mathcal{T}_i; \ i \in \mathcal{A}_r; \ r \in \mathcal{N} \tag{5-22}$$

$$ds_{\max}\Lambda_{rik} \geqslant y_{rik}, \ \forall k \in \mathcal{L}_i; \ i \in \mathcal{A}_r; \ r \in \mathcal{N} \tag{5-23}$$

$$ds_{\max} s_a n_a \geqslant q_a, \ \forall a \in \mathcal{S} \tag{5-24}$$

3. 下层问题

下层问题描述了路网中交通需求的分布及路径选择行为。对于一个路网方案 $\boldsymbol{\eta}=(\mathbf{n}, \mathbf{x}, \boldsymbol{\xi}, \mathbf{Y}, \boldsymbol{\Lambda}, \mathbf{P})$，驾驶员将在不违反流向禁止和信号控制的条件下选

择路径，随之形成了路网中交通需求分配结果。模型采用用户均衡（User Equilibrium，UE）原则来进行交通分配，若采用行程时间作为阻抗，当网络达到平衡状态时，每个 OD 对的各条被使用的径路具有相等而且最小的行驶时间，没有被使用的径路的行驶时间大于或等于最小行驶时间。

路径的行程时间可由沿线路段连线和交叉口转向的行程时间累加得到。如式(5-25)和式(5-26)所示，采用 BPR 方程计算路段连线和交叉口转向的行程时间。

$$u_a(q,\ \eta) = t_a^0[1 + k_a(ds_a)^{b_a}],\ \forall a \in \mathcal{S} \tag{5-25}$$

$$u_w(q,\ \eta) = t_{riw}^0[1 + k_w(ds_{riw})^{b_w}],\ \forall w \in \mathcal{T}_i;\ i \in \mathcal{A}_r;\ r \in \mathcal{N} \tag{5-26}$$

式中，t_a^0 和 t_{riw}^0 分别表示连线 a 和交叉口 r 岔口 i 转向 w 的自由流行程时间；ds_a 和 ds_{riw} 分别表示连线 a 和交叉口 r 岔口 i 转向 w 的饱和度；k_a、b_a、k_w、b_w 为模型参数。

由于交叉口转向的行程时间不仅与本流向的流量有关，还与交叉口其他流向的流量有关，且各流向间的影响是不对称的，这种非对称影响均衡分配问题可用变分不等式模型来描述（Smith，1979；Defermos，1980；Aashtiani and Magnanti，1981）。变分不等式(5-27)描述了路网方案与交通流量分配的关系

$$\sum_{a\in \mathcal{S}} u_a^T(q,\ \eta)(q_a^* - q_a) + \sum_{w\in \mathcal{T}} u_w^T(q,\ \eta)(q_w^* - q_w) \geqslant 0 \tag{5-27}$$

$$\begin{aligned}
\forall v^* \in \Omega(\eta) = \{\eta \mid q_a &= \sum_{o\in \mathcal{O}} \sum_{d\in \mathcal{D}} \sum_{z\in \mathcal{Z}_{o,d}} q_{o,d}^z \delta_{o,d}^{az},\ \forall a \in \mathcal{S} \\
q_w &= \sum_{o\in \mathcal{O}} \sum_{d\in \mathcal{D}} \sum_{z\in \mathcal{Z}_{o,d}} q_{o,d}^z \delta_{o,d}^{wz},\ \forall w \in \mathcal{T} \\
q_{o,d} &= \sum_{z\in \mathcal{Z}_{o,d}} q_{o,d}^z,\ \forall o \in \mathcal{O};\ d \in \mathcal{D} \\
q_a,\ q_w &\geqslant 0,\ \forall a \in \mathcal{S};\ w \in \mathcal{T}\}
\end{aligned} \tag{5-28}$$

式中，$\mathcal{T}$ 表示路网中所有交叉口转向的集合；$q = (q_a,\ q_w) = \{(q_a,\ \forall a \in \mathcal{S}) \cup qw\}$，$\forall w \in \mathcal{T}$ 表示在方案 η 条件下各连线流量(qa)和各交叉口转向流量(qw)。

4. 模型求解

上述优化模型为双层规划问题，其中，上层问题为混合整数非线性规划，下层问题为变分不等式模型。下文将采用一种基于遗传算法（genetic algorithm，GA）的启发式算法进行求解，算法流程如图 5-3 所示。

(1) 初始化

首先生成初始流量系数 $\mu^l(l = 0)$ 及由 α 个染色体构成的种群 $\mathcal{H}^n = \{\eta_m^n \mid i = 1,\ 2,\ \cdots,\ \alpha\}$，每个染色体代表一个满足约束条件式(5-2)—式(5-20)的网

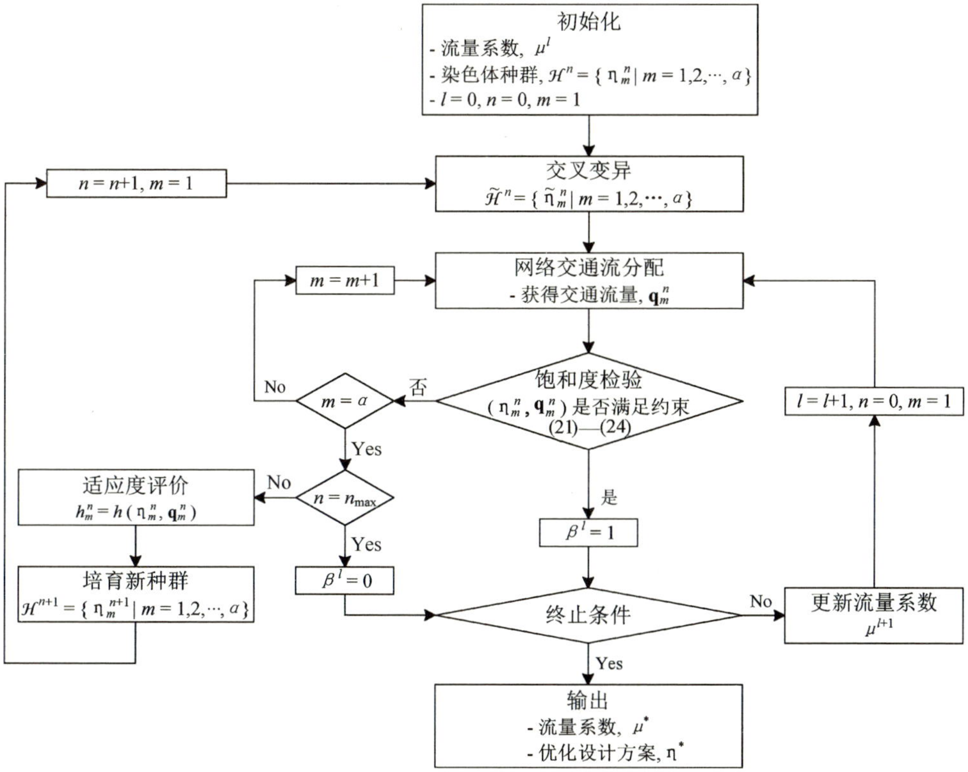

图 5 - 3　网络变结构控制优化算法流程

络设计方案。其中，l 表示算法的迭代次数；n 表示遗传代数；m 表示染色个体编号；η_m^n 表示遗传代数 n 中的染色体 m。

(2) 交叉变异

从染色体种群 $\mathcal{H}^n$ 中选择优良的个体，分别基于一点(one-cut-point)交叉法和变异概率进行交叉变异操作，生成满足约束条件式(5 - 2)—式(5 - 20)的下一代染色体种群 $\widetilde{\mathcal{H}}^n$。

(3) 网络交通流分配

采用对角线法求解变分不等式(5 - 27)，得到在路网设计方案 η_m^n 条件下，按用户均衡为原则进行交通分配的各路段连线及交叉口转向流量 q_m^n。在每一次对角化迭代过程中，通过构造对角函数，将其转变为可分解的用户均衡分配问题，并采用 Frank-Wolf 算法求解(Fisk and Nguyen，1982)。

(4) 饱和度检验

虽然通过合理编码，每个染色体所对应的设计方案都满足约束条件式(5－2)—式(5－20)，但由于在下层模型完成交通分配前，无法得到路段连线和交叉口转向的流量，因此需要对方案进行饱和度约束的检验。对于模型的每个解(η_m^n, q_m^n)，若满足饱和度约束式(5－21)—式(5－24)，则为可行解，进入终止条件判断，否则，继续搜寻可行解。

(5) 适应度评价

遗传代数 n 中的染色体 m($h_m^n = h(\eta_m^n, q_m^n)$)的运行水平可由式(5－29)计算确定。再由式(5－30)确定其适应度指标。其中，$h(v, \eta)$表示运行水平评价值，$h_{\max}^n$和 $h_{\min}^n$分别表示第 n 次迭代中染色体种群中运行水平评价的最大值和最小值。ε 取值范围是(0, 1)，它能保证公式(5－30)的分母不为 0，同时使染色体选择具有一定的随机性(Gen and Cheng, 2000)。

$$h(v, \eta) = \sum_{r\in \mathcal{N}} \sum_{i\in \mathcal{A}_r} \sum_{w\in \mathcal{T}_i} (\max(ds_{riw} - ds_{\max}, 0)) + \sum_{a\in \mathcal{S}} (\max(ds_a - ds_{\max}, 0)) \tag{5-29}$$

$$\tilde{h}_m^n(v, \eta) = \frac{h_{\max}^n - h(\eta_m^n, v_m^n) + \varepsilon}{h_{\max}^n - h_{\min}^n + \varepsilon} \tag{5-30}$$

(6) 培育新种群

基于式(5－30)的适应度评价结果，采用二进制竞争选择方法(Gen and Cheng, 2000)，生成包含 α 个染色体的新种群$\mathcal{H}^{n+1}$。

(7) 更新流量系数

根据下述 3 条原则对流量系数进行更新：① 若本次及之前每次迭代均能找到可行解，则按步长 ρ 提高流量系数；② 若本次迭代找到了可行解，但之前存在未找到可行解的迭代步骤，则按二分法(本次与上一次迭代中流量系数差值的一半)提高流量系数；③ 若本次迭代未找到可行解，则按二分法降低流量系数。流量系数可按式(5－31)进行更新，其中 β^l 表示二进制变量，在第 1 次迭代中，是否存在可行解(1—存在，0—不存在)。

$$\mu^{l+1} = \mu^l + \rho \prod_{l=0}^{l} \beta^l + \frac{\mu^l - \mu^{l-1}}{2}(2\beta^l - 1)(2\beta^{l-1} - 1)\left(1 - \prod_{l=0}^{l} \beta^l\right) \tag{5-31}$$

(8) 终止条件

算法终止条件为前后两次迭代流量系数的变化量小于阈值。

$$|\mu^l - \mu^{l-1}| \leqslant \rho_{\min} \tag{5-32}$$

5.2.3　算例分析

如图 5-4 所示，在本节中，一个包含有 40 条路段(80 条连线)32 个节点(其中外围的 16 个节点是交通需求的起讫点)被用来测试优化模型。每条连线的长度为 600(m)，车道数均为 3，各节点均为信号控制十字交叉口。

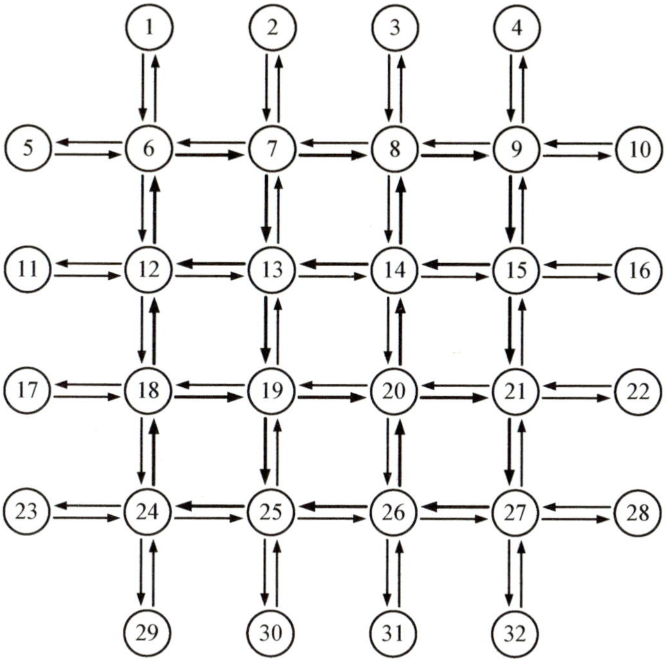

图 5-4　算例网络图示

分析中，所有起讫点的 OD 需求均为 100(vph)；最小及最大信号周期时长分别为 60 s 和 120 s；清空时间为 4 s；饱和流率为 1 800 veh/h/ln；饱和度限定值为 0.90。BPR 方程中，参数 k_a、b_a、k_w和 b_w分别设为 0.15、4.0、20 和 3.5。遗传算法中，交叉概率为 0.25，变异概率为 0.01，遗传代数最大值设为 100，种群数量为 50。

为了反映优化模型(策略 1)的效益，后文分析中将其与 3 种实际应用中经常采用的方案(方案 2、3、4)作对比。其中：

策略 2：常规的优化策略，只对交叉口信号配时及车道功能进行优化，不考虑其他交通组织措施；

策略 3：禁左交通组织策略；

策略 4：单行性交通组织策略。

图 5－5 显示了上述 4 种优化策略总体的方案布局情况。更为细致的车道布置如图 5－6—图 5－9 所示。表 5－1 给出了优化模型(策略 1)各交叉口的信号配时。

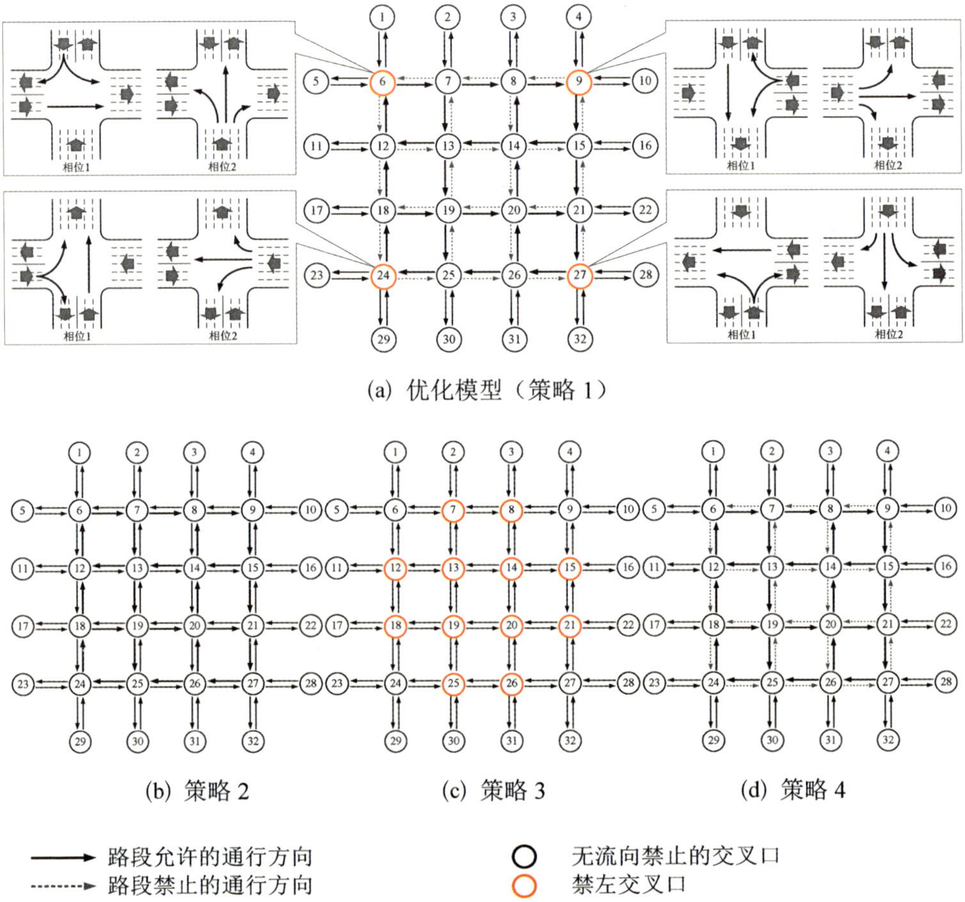

(a) 优化模型（策略 1）

(b) 策略 2　　(c) 策略 3　　(d) 策略 4

图 5－5　总体方案布局

表 5－1　优化模型(策略 1)各交叉口信号配时

交叉口	相位 1		相位 2		相位 3	
	通行流向	绿灯时长(s)	通行流向	绿灯时长(s)	通行流向	绿灯时长(s)
6	EB－T，SB－L+R	39.55	NB－L+T+R	72.45	—	—
7	EB－L+T+R	72.44	SB－L+T	39.56	—	—

续　表

交叉口	相位 1		相位 2		相位 3	
	通行流向	绿灯时长(s)	通行流向	绿灯时长(s)	通行流向	绿灯时长(s)
8	EB－L+T	22.81	NB－T+R	47.07	SB－L	38.12
9	EB－L+T+R	72.45	WB－L+R, SB－T	39.55	—	—
12	WB－T+R	47.07	EB－L	38.12	NB－L+T	22.81
13	WB－L+T	62.13	SB－T+R	49.87	—	—
14	WB－T+R	49.87	NB－L+T	62.13	—	—
15	WB－L+T	39.56	SB－L+T+R	72.44	—	—
18	EB－L+T	39.56	NB－L+T+R	72.44	—	—
19	EB－T+R	49.87	SB－L+T	62.13	—	—
20	EB－L+T	62.13	NB－T+R	49.87	—	—
21	WB－L	38.12	EB－T+R	47.07	SB－L+T	22.81
24	WB－L+T+R	72.45	EB－L+R, NB－T	39.55	—	—
25	WB－L+T	22.81	NB－L	38.12	SB－T+R	47.07
26	WB－L+T+R	72.44	NB－L+T	39.56	—	—
27	WB－T, NB－L+R	39.55	SB－L+T+R	72.45	—	—

注：L、T 和 R 分别表示左转、直行和右转。

运行效益对比结果如表 5－2 所列，包括流量系数、平均行驶距离、交叉口及路段饱和度的最大值、平均值以及标准差。由表 5－2 可得：

(1) 优化模型(策略 1)通过合理选择并组合多种交通组织策略，在提升网络通行能力方面较其他三种策略有显著优势。

(2) 对于常规的优化策略(策略 2)，交叉口饱和度与策略 1 基本相同，其路段饱和度明显低于交叉口饱和度，这说明对于策略 2，路段通行能力未得到充分利用，导致交叉口交通压力过大，成为严重的交通瓶颈节点。相比之下，优化模型通过减少交叉口信号相位数，并利用饱和度相对较低的路段作为绕行路径，减少了瓶颈节点的数量，同时提高了交叉口的通行能力。

(3) 对于禁左交通组织策略(策略 3)，它虽然降低了交叉口平均饱和度，但个别关键交叉口(节点 6、9、24、27)的交通压力由于大量的绕行车辆的存在反而增加了，导致网络整体通行能力的降低。

(4) 对于单行交通组织策略(策略 4)，它能有效降低交叉口饱和度提高路网通行能力，但其交叉口饱和度的标准差仍明显大于策略 1 和策略 2，表明路网交通需求不均衡，个别关键交叉口较其他交叉口承担更重的交通压力，导致网络整体通行能力低于策略 1。

表 5-2　不同策略交通运行效益对比

评 价 指 标	策略 1	策略 2	策略 3	策略 4
流量系数 μ	1.029	0.690	0.562	0.745
交叉口饱和度最大值	0.900	0.900	0.900	0.900
关键交叉口	8, 12, 21, 25	6, 7, 8, 9, 12, 13, 14, 15, 18, 19, 20, 21, 24, 25, 26, 27	6, 9, 24, 27	6, 9, 24, 27
交叉口饱和度平均值	0.879	0.899	0.606	0.724
交叉口饱和度标准差	0.027	0.000	0.175	0.105
路段饱和度最大值	0.505	0.215	0.258	0.366
路段饱和度平均值	0.320	0.194	0.195	0.239
路段饱和度标准差	0.093	0.009	0.039	0.069
平均行驶距离(m)	3 680	3 040	3 760	3 640

5.2.4　小结

上文从网络层面建立了一个组合优化模型，对路网车道布置(包括流向、功能)和信号配时进行协同优化，使路网时空资源得到充分利用，缓解道路拥挤。采用双层规划模型对该优化问题进行描述，其中，上层问题为混合整数非线性规划模型，用来描述交通管理者寻求路网储备通行能力最大化所采取的

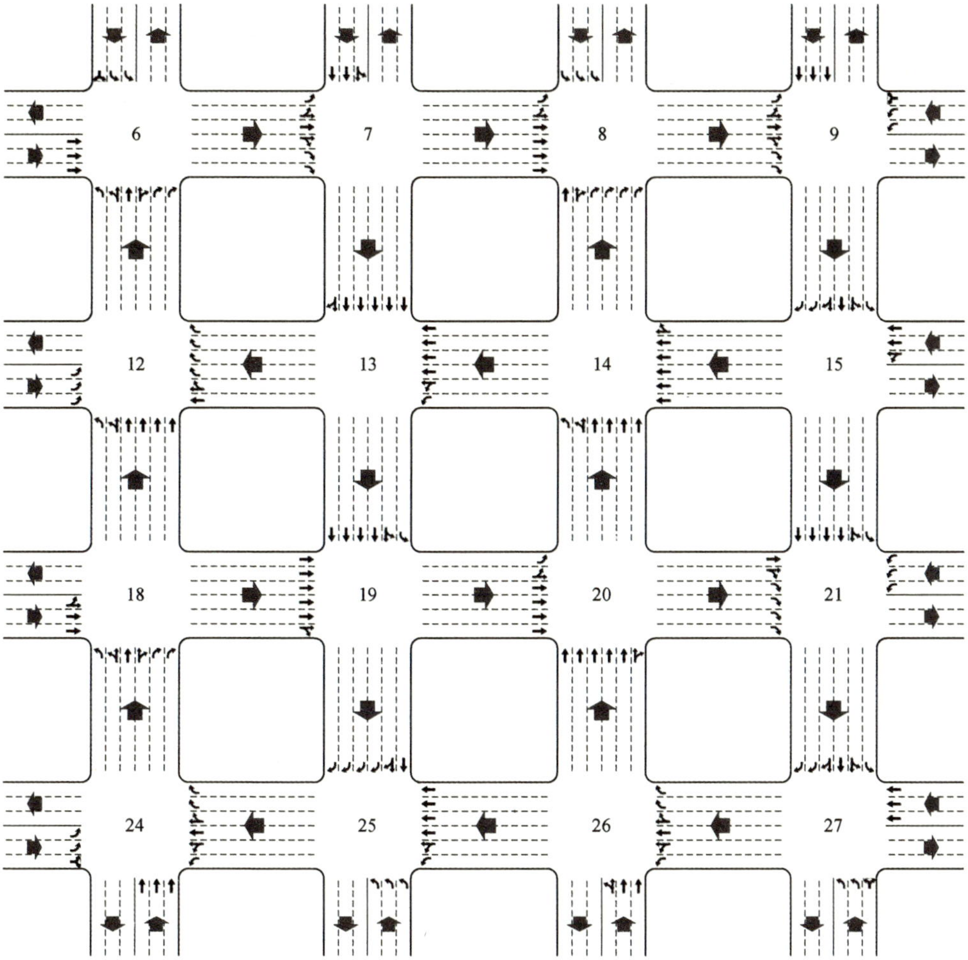

图 5－6　优化模型(策略 1)的车道布置

措施，下层问题为变分不等式模型，用来描述了路网中交通需求的分布及路径选择行为。并采用基于遗传算法的启发式算法对模型进行求解。通过算例分析，可得

(1) 优化模型将转向禁止、冲突点消除、可逆车道和单向交通等交通组织策略与信号控制整合在一个统一的优化框架中，与将这些交通组织策略或信号控制单独使用相比，可进一步提升路网通行能力和运行效率。

(2) 通过合理选择并组合多种交通组织策略，优化模型通过减少交叉口信号相位数，充分利用饱和度相对较低的路段作为绕行路径，减少了瓶颈节点的数量和程度。

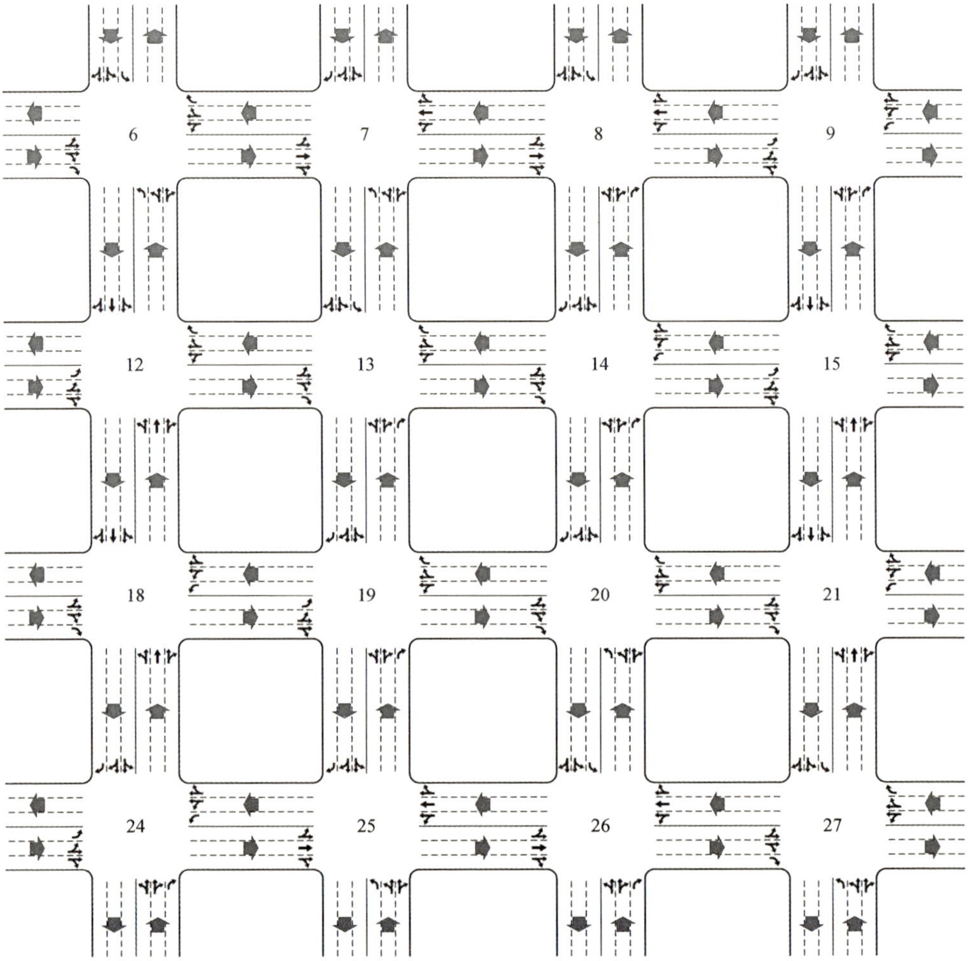

图 5-7　常规优化策略(策略 2)的车道布置

(3) 与单独使用禁左或单行交通组织策略相比，优化模型可以更有效地均衡路网交通负荷，避免由于禁行车流绕行而造成个别交叉口拥堵状况恶化。

5.3　基于转向禁止动态控制的网络交通优化

5.3.1　基本概念

转向禁止动态控制(dynamic turning restriction，DTR)的基本概念如图 5-10 所示，对于目标交叉口(一般为拥挤交叉口)，我们将采用禁向管理措施以提

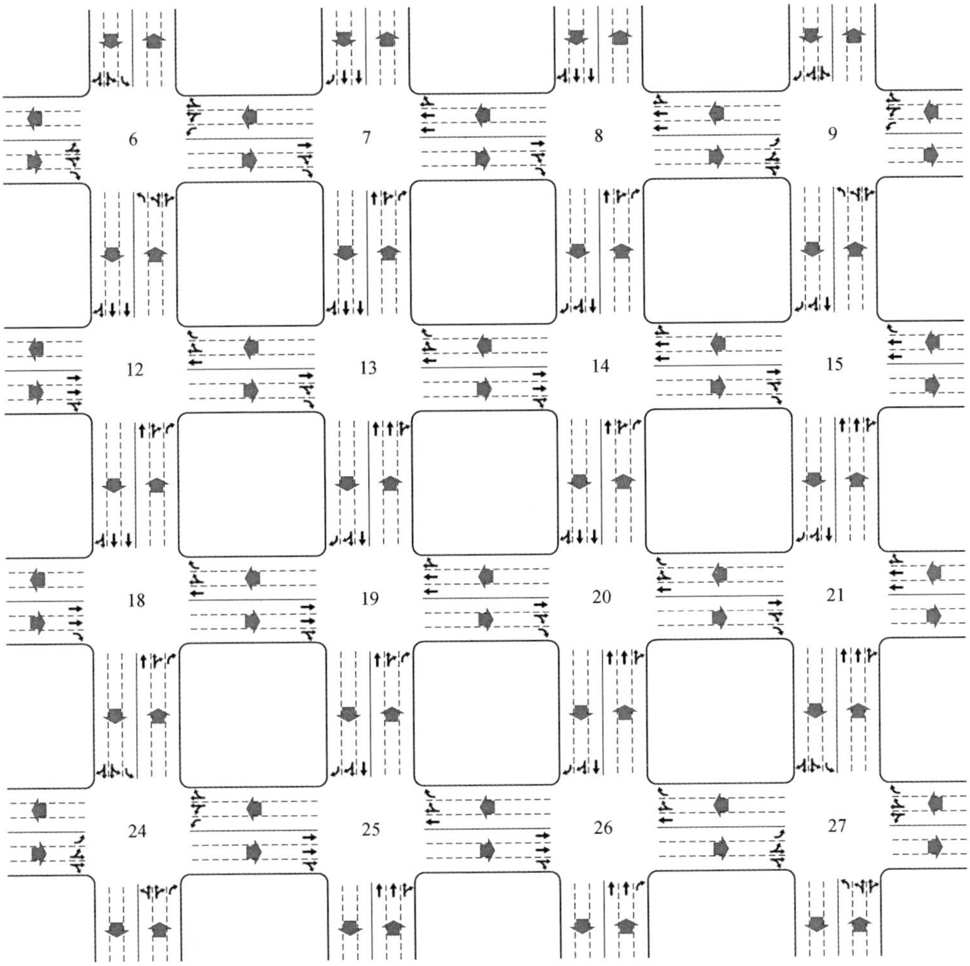

图 5-8　禁左交通组织策略(策略 3)的车道布置

高其通行能力,降低饱和度。然而,对于禁止流向和绕行路径的选择存在多种组合。此外,该策略会迫使被禁止流向车辆绕行,造成网络交通总车公里数的增加。因此,从控制方案的合理制定和控制方法的优化效果客观评价两个角度分析,应当将目标交叉口和潜在受影响的交叉口(即在潜在绕行路径上的交叉口)组成一个交叉口群,作为本节转向禁止动态控制的对象。

与目前较为常见的静态或分时段交通组织相比,转向禁止动态控制将面对以下几个特点: ① 对于交通需求,一般只能获取分流向的流量数据,而实时的OD需求难以检测;② 转向禁止动态控制是一种短期的控制策略,因此,无法采用(随机)用户均衡原则来分配路网中的交通流。而且,大多数驾驶员并不知晓

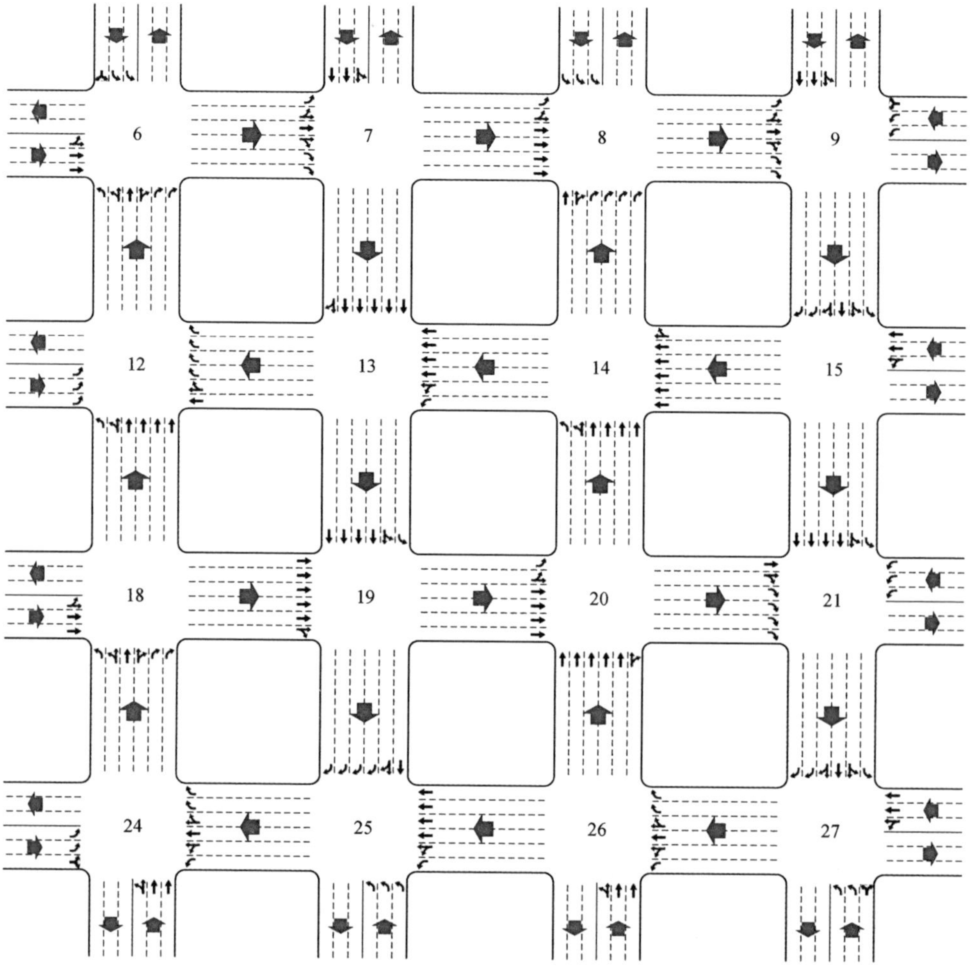

图 5-9　单行交通组织策略(策略 4)的车道布置

在他将要经过的某一交叉口的某一流向已被禁止,直到他到达了该交叉口。以上两点给网络层面的动态控制带来了基础数据和模型建立两方面的困扰。

为了对上述问题进行适当的化解,并使所提出的优化模型能从一定程度上反映客观实际且具有可操作性,作了如下 2 点假设: ① 除了被禁止流向外,网络中的交通需求分布不会改变;② 对于禁止流向,驾驶员在到达该交叉口前不改变原行驶路径,到达该交叉口后将按指示绕行。

基于上述假设,将针对一个由目标交叉口和潜在受影响交叉口构成的交叉口群,建立一个动态控制模型,同时优化各目标交叉口的禁止流向选择、各禁止流向的绕行路径、各进口的车道功能分配,以及各交叉口的信号配时。

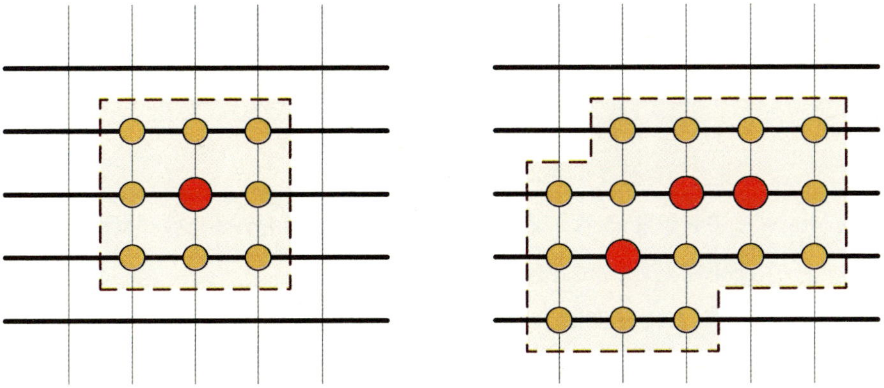

图 5－10　转向禁止动态控制的基本概念

5.3.2　优化模型

1. 模型参数

模型中涉及的符号及参数如表 5－3 所列。

表 5－3　模型符号及参数

网络描述	
$\mathcal{N}$	交叉口集合
$r \in \mathcal{N}$	交叉口编号
$\mathcal{A}_r$	交叉口 r 的岔口集合
$i \in \mathcal{A}_r$	交叉口 r 的岔口编号，$r=1$ 表示东岔口，$r=2$ 表示南岔口，$r=3$ 表示西岔口，$r=4$ 表示北岔口，如图 5－11 所示
$\mathcal{T}_i$	i 岔口的交通流向集合
$w \in \mathcal{T}_i$	交通流向编号，$w=1$ 表示掉头，$w=2$ 表示左转，$w=3$ 表示直行，$w=4$ 表示右转，如图 5－11 所示
k	进口车道编号，从最左侧车道开始编号，如图 5－11 所示
$\mathcal{C}_l$	可以前后衔接的交通流向对集合
参　数	
N_r	交叉口群中的交叉口数量
N_p	所研究交叉口群中禁止流向数

续 表

参 数	
n_{ri}	r 交叉口 i 岔口进口车道数
n^{e}_{riw}	r 交叉口 i 岔口 w 流向对应的出口车道数
δ_{riw}	二进制变量，表示 r 交叉口 i 岔口 w 流向是否允许通行(1—允许，0—禁止)
μ	所研究交叉口群的流量系数
μ_r	r 交叉口的流量系数
q_{riwk}	r 交叉口 i 岔口 w 流向分配在 k 车道上的交通量(veh/h)
Q_{riw}	r 交叉口 i 岔口 w 流向的交通需求量(veh/h)
Q'_{riw}	考虑交叉口转向禁止车流绕行后 r 交叉口 i 岔口 w 流向的交通需求量(veh/h)
$H_{riw,\ r'i'w'}$	二进制变量，表示流向(r, i, w)是否在流向(r', i', w')的绕行路径上(1—是，0—否)
s_{rik}	r 交叉口 i 岔口 k 车道的饱和流率(veh/h)
$ds_{\max}$	最大饱和度允许值
y_{rik}	r 交叉口 i 岔口 k 车道的流量比
$C_{\min}$，$C_{\max}$	最小和最大信号周期时长(s)
$I_{r(iw,\ i'w')}$	一组冲突流向的清空时长(s)，$w \in \mathcal{T}_i$，$w' \in \mathcal{T}_{i'}$
M	充分大的正数
决策变量	
x_{riwk}	二进制变量，表示 w 流向是否在 r 交叉口 i 岔口 k 车道上具有通行权(1—允许，0—禁止)
ξ	信号周期时长的倒数(1/s)
g_{riw}	r 交叉口 i 岔口 w 流向的绿灯开始时刻
λ_{riw}	r 交叉口 i 岔口 w 流向的绿信比
G_{rik}	r 交叉口 i 岔口 k 车道的绿灯开始时刻
Λ_{rik}	r 交叉口 i 岔口 k 车道的绿信比

2. 目标函数

本模型目标函数包括 3 个部分：① 最小化交叉口群禁止流向数；② 最大化交叉口群的储备通行能力；③ 最大化各交叉口储备通行能力。

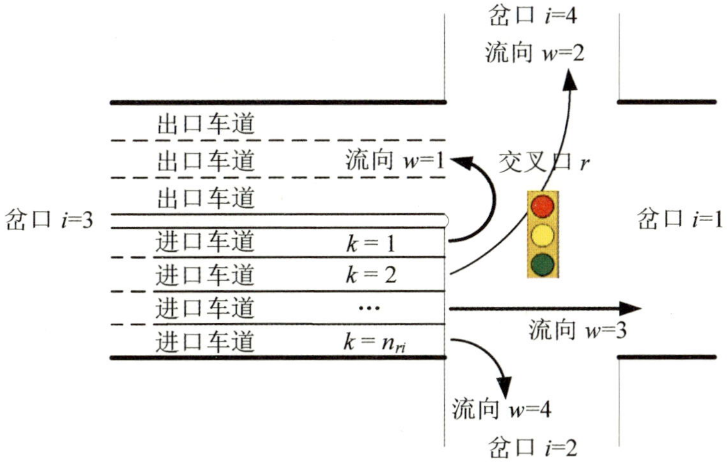

图 5－11　参数示意图

转向禁止是提升区域路网通行能力的常用管理措施，其弊端是造成被禁止流向车辆的绕行，从而增加了路网中总车公里，此外，对于临时的转向禁止措施，还可能造成驾驶员的困惑。因此，若常规的交通管理措施能满足正常通行的需求，则转向禁止措施不予以考虑。模型将在保障所有交叉口饱和度在允许范围内的条件下，最小化交叉口群禁止流向数。但在一定的禁止流向数情况下，我们希望使路网获得最大的通行能力。因此，将最大化交叉口群的储备通行能力作为模型的第 2 层目标。由于交叉口群包含有多个交叉口(目标交叉口和潜在受影响交叉口)，若仅考虑上述优化目标，则只有关键交叉口(饱和度最大的交叉口)的信号配时能唯一确定。将最大化各交叉口储备通行能力作为第 3 层优化目标，合理分配各交叉口有效绿灯时间。

综上所述，模型目标函数可由式(5－33)表述：

$$\min \quad P_1 N_p - P_2 \mu + P_3 \sum_{r=1}^{N_r} \mu_r \tag{5-33}$$

其中，P_1、P_2、P_3 表示四个优化目标的优先级，$P_1 \gg P_2 \gg P_3$。

3. 约束条件

(1) 储备通行能力约束

所研究交叉口群的储备通行能力应当等于关键交叉口的储备通行能力。此外，由于优化方案应能满足交通需求，因此流量系数不应小于 1。

$$\mu_r \geqslant \mu \geqslant 1, \ \forall r \in \mathcal{N} \tag{5-34}$$

(2) 分配流量约束

对任意交叉口 r,分配在各车道上某流向的流量之和,应等于考虑了系统中所有因禁止流向造成的绕行流量,并经流量系数调整后的交通需求,如约束条件式(5-35)所示。当干道某流向被禁止后,该流向流量应转移至它的绕行路径上,如约束条件式(5-36)所示。

$$\mu_r Q'_{riw} = \sum_{k=1}^{n_{ri}} q_{riwk}, \ \forall r \in \mathcal{N};\ i \in \mathcal{A}_r;\ w \in \mathcal{T}_i \tag{5-35}$$

$$Q'_{riw} = \delta_{riw} Q_{riw} + \sum_{r' \in \mathcal{N}} \sum_{i' \in \mathcal{A}_r} \sum_{w' \in \mathcal{T}_i} H_{riw,\ r'i'w'} Q_{r'i'w'},$$
$$\forall r \in \mathcal{N};\ i \in \mathcal{A}_r;\ w \in \mathcal{T}_i \tag{5-36}$$

(3) 路权分配约束

若 w 流向在 k 车道被禁止,则该流向在该车道上分配的流量应等于 0,如约束条件式(5-37)所示。

$$M x_{riwk} \geqslant q_{riwk} \geqslant 0,\ \forall r \in \mathcal{N};\ i \in \mathcal{A}_r;\ w \in \mathcal{T}_i;\ k \in \{1, \cdots, n_{ri}\} \tag{5-37}$$

(4) 转向禁止约束

对于禁止流向,各车道均应禁止该流向通行,如约束条件式(5-38)所示。一般的,对左转和掉头流向采用相同的禁行管理和通行规则,如约束条件式(5-39)所示。交叉口群禁止流向数可由式(5-40)计算,由于上述左转和掉头一般同时允许或同时禁止,在统计禁止流向数量时作为一个流向来处理。

$$\delta_{riw} \geqslant x_{riwk},\ \forall r \in \mathcal{N};\ i \in \mathcal{A}_r;\ w \in \mathcal{T}_i;\ k \in \{1, \cdots, n_{ri}\} \tag{5-38}$$

$$\delta_{ri1} = \delta_{ri2},\ \forall r \in \mathcal{N};\ i \in \mathcal{A}_r \tag{5-39}$$

$$N_p = 12N_r - \sum_{r \in \mathcal{N}} \sum_{i \in \mathcal{A}_r} \sum_{w=2}^{4} \delta_{riw} \tag{5-40}$$

(5) 绕行路径约束

根据假设条件(2),对于禁止流向,驾驶员在到达该交叉口前不改变原行驶路径,到达该交叉口后将按指示绕行。为了保证绕行指示的明确性和易于遵从性,建议管理部门只提供一条绕行路径指示。模型用参数 $H_{riw,\ r'i'w'}$ 来表示流向 $(r,\ i,\ w)$ 是否在流向 $(r',\ i',\ w')$ 的绕行路径上,它需要满足以下几点。首先,对于允许通行流向,则无绕行路径,如约束条件式(5-41)所示;反之,对于禁止通行流向,则不可能在其他禁止流向的绕行路径上,如约束条件式(5-42)所示。

其次，任意一条绕行路径只允许通过某一进口一次，以避免无谓的绕行，如约束条件式(5－43)所示。对于交叉口 r 上的禁止流向，其绕行路径应返回原交叉口，如约束条件式(5－44)所示，虽然实际中部分车辆不需要如此，但作为管理者往往难以确定其比例，因此，本模型作最不利情况处理。所以被定义为某禁止流向绕行路径上的流向应当能是能前后连接的，如约束条件式(5－45)所示。绕行路径的选择还应当考虑驾驶员的一般驾驶行为(左转靠左侧行驶，右转靠左侧行驶)，避免在所禁止流向进口产生严重的交织，同时也保障了行车安全，特别的，对于左转或掉头禁止的情况，应将该进口直行作为绕行路径上的一个流向，如约束条件式(5－46)所示。

$$0 \leqslant H_{riw,\ r'i'w'} \leqslant 1-\delta_{r'i'w'},\ \forall r,\ r' \in \mathcal{N};\ i,\ i' \in \mathcal{A}_r;\ w,\ w' \in \mathcal{T}_i \tag{5-41}$$

$$0 \leqslant H_{riw,\ r'i'w'} \leqslant \delta_{riw},\ \forall r,\ r' \in \mathcal{N};\ i,\ i' \in \mathcal{A}_r;\ w,\ w' \in \mathcal{T}_i \tag{5-42}$$

$$\sum\nolimits_{w \in \mathcal{T}_i} H_{riw,\ r'i'w'} \leqslant 1,\ \forall r,\ r' \in \mathcal{N};\ i,\ i' \in \mathcal{A}_r;\ w' \in \mathcal{T}_i \tag{5-43}$$

$$\sum\nolimits_{i \in \mathcal{A}_r} \sum\nolimits_{w \in \mathcal{T}_i} H_{r'iw,\ r'i'w'} = 2,\ \forall r' \in \mathcal{N};\ i' \in \mathcal{A}_r;\ w' \in \mathcal{T}_i \tag{5-44}$$

$$\begin{gathered} H_{r_1 i_1 w_1,\ r'i'w'} H_{r_2 i_2 w_2,\ r'i'w'} H_{r_3 i_3 w_3,\ r'i'w'} = 1, \\ \forall (r_1 i_1 w_1,\ r_2 i_2 w_2) \in \mathcal{C}_1;\ (r_2 i_2 w_2,\ r_3 i_3 w_3) \in \mathcal{C}_1;\ r_2 \neq r' \end{gathered} \tag{5-45}$$

$$H_{r'i'3,\ r'i'w'} + \delta_{r'i'w'} - \delta_{r'i'3} \geqslant 0,\ \forall r' \in \mathcal{N};\ i' \in \mathcal{A}_r;\ w' = 1,\ 2 \tag{5-46}$$

(6) 车道功能划分约束

为了使各进口车道能够被充分利用，每条进口车道至少应允许一个流向通行，如约束条件式(5－47)所示。为保障通行的顺畅，某流向对应出口车道数应大于等于该流向允许通行的进口车道数，如约束条件式(5－48)所示。约束条件式(5－49)避免了进口道内部各车道允许流向的相互冲突，若 w 流向在 $k+1$ 车道允许通行，则 $w' \in \{w+1,\ \cdots,\ 4\}$ 这些流向在 k 车道都应当禁止。

$$\sum\nolimits_{w \in \mathcal{T}_i} x_{riwk} \geqslant 1,\ \forall r \in \mathcal{N};\ i \in \mathcal{A}_r;\ k \in \{1,\ \cdots,\ n_{ri}\} \tag{5-47}$$

$$n_{riw}^{e} \geqslant \sum\nolimits_{k=1}^{n_{ri}} x_{riwk},\ \forall r \in \mathcal{N};\ i \in \mathcal{A}_r;\ w \in \mathcal{T}_i \tag{5-48}$$

$$\begin{gathered} 1 - x_{riw(k+1)} \geqslant x_{riw'k}, \\ \forall r \in \mathcal{N};\ i \in \mathcal{A}_r;\ w \in \{1,\ 2,\ 3\};\ w' \in \{w+1,\ 4\};\ k \in \{1,\ \cdots,\ n_{ri}-1\} \end{gathered} \tag{5-49}$$

(7) 信号配时约束

约束条件式(5-50)限定了信号周期的取值范围,为了保障约束条件能由线性函数描述,这里采用信号周期的倒数作为控制变量。各流向绿灯开始时刻以及各流向绿信比均应在 0-1 个周期时间范围内,分别如约束条件式(5-51)和式(5-52)所示。对于禁止流向,其绿信比应等于 0,如约束条件式(5-53)所示。约束条件式(5-54)和式(5-55)定义了车道信号控制参数,包括车道绿灯开始时刻和绿信比。对于一个区域,应采用较为统一的信号相位方案(TRB, 2000),一般认为,双环控制是一种较为高效的信号相位布置方案,且较适用于城市道路,本研究中采用该信号相位方案,交叉口各流向绿灯开始时刻和绿信比的相互关系应满足约束条件式(5-56)—式(5-71)。

$$\frac{1}{C_{\min}} \geqslant \xi \geqslant \frac{1}{C_{\max}} \tag{5-50}$$

$$1 \geqslant g_{riw} \geqslant 0, \ \forall r \in \mathcal{N};\ i \in \mathcal{A}_r;\ w \in \mathcal{T}_i \tag{5-51}$$

$$1 \geqslant \phi_{riw} \geqslant 0, \ \forall r \in \mathcal{N};\ i \in \mathcal{A}_r;\ w \in \mathcal{T}_i \tag{5-52}$$

$$M\delta_{riw} \geqslant \phi_{riw} \geqslant -M\delta_{riw}, \ \forall r \in \mathcal{N};\ i \in \mathcal{A}_r;\ w \in \mathcal{T}_i \tag{5-53}$$

$$\begin{gathered} M(1-x_{riwk}) \geqslant G_{rik} - g_{riw} \geqslant -M(1-x_{riwk}), \\ \forall r \in \mathcal{N};\ i \in \mathcal{A}_r;\ w \in \mathcal{T}_i;\ k \in \{1, \cdots, n_{ri}\} \end{gathered} \tag{5-54}$$

$$\begin{gathered} M(1-x_{riwk}) \geqslant \Lambda_{rik} - \lambda_{riw} \geqslant -M(1-x_{riwk}), \\ \forall r \in \mathcal{N};\ i \in \mathcal{A}_r;\ w \in \mathcal{T}_i;\ k \in \{1, \cdots, n_{ri}\} \end{gathered} \tag{5-55}$$

$$g_{r12} = g_{r32} = 0, \ \forall r \in \mathcal{N} \tag{5-56}$$

$$g_{r33} = g_{r12} + \lambda_{r12} + I_{r(12,\,33)}\delta_{r12}, \ \forall r \in \mathcal{N} \tag{5-57}$$

$$g_{r13} = g_{r32} + \lambda_{r32} + I_{r(31,\,12)}\delta_{r32}, \ \forall r \in \mathcal{N} \tag{5-58}$$

$$g_{r33} + \lambda_{r33} = g_{r13} + \lambda_{r13}, \ \forall r \in \mathcal{N} \tag{5-59}$$

$$g_{r22} = g_{r42} = 0, \ \forall r \in \mathcal{N} \tag{5-60}$$

$$g_{r22} \geqslant g_{r13} + \lambda_{r13} + I_{r(13,\,42)}\delta_{r13}, \ \forall r \in \mathcal{N} \tag{5-61}$$

$$g_{r22} \geqslant g_{r33} + \lambda_{r33} + I_{r(33,\,22)}\delta_{r33}, \ \forall r \in \mathcal{N} \tag{5-62}$$

$$g_{r43} = g_{r22} + \lambda_{r22} + I_{r(22,\,43)}\delta_{r22}, \ \forall r \in \mathcal{N} \tag{5-63}$$

$$g_{r23} = g_{r42} + \lambda_{r42} + I_{r(42,23)}\delta_{r42}, \quad \forall r \in \mathcal{N} \tag{5-64}$$

$$g_{r23} + \lambda_{r23} + I_{r(23,12)}\delta_{r23} = g_{r43} + \lambda_{r43} + I_{r(43,32)}\delta_{r43} = 1, \quad \forall r \in \mathcal{N} \tag{5-65}$$

$$\lambda_{ri1} = \lambda_{ri2}, \quad \forall r \in \mathcal{N};\ i \in \mathcal{A}_r \tag{5-66}$$

$$g_{ri3} = g_{ri4}, \quad \forall r \in \mathcal{N};\ i \in \mathcal{A}_r \tag{5-67}$$

$$\lambda_{r14} = \lambda_{r13} + \lambda_{r42} + I_{r(13,42)}\delta_{r13}, \quad \forall r \in \mathcal{N} \tag{5-68}$$

$$\lambda_{r24} = \lambda_{r23} + \lambda_{r12} + I_{r(23,12)}\delta_{r23}, \quad \forall r \in \mathcal{N} \tag{5-69}$$

$$\lambda_{r34} = \lambda_{r33} + \lambda_{r22} + I_{r(33,22)}\delta_{r33}, \quad \forall r \in \mathcal{N} \tag{5-70}$$

$$\lambda_{r44} = \lambda_{r43} + \lambda_{r32} + I_{r(43,32)}\delta_{r43}, \quad \forall r \in \mathcal{N} \tag{5-71}$$

(8) 饱和度约束

约束条件式(5－72)定义了车道流量比的计算。约束条件式(5－73)表示任意相邻进口车道若同时允许某流向，则它们的流量比应相等。约束条件式(5－74)表示任意车道的饱和度不能超过限定值，以此保障交叉口的服务水平。

$$y_{rik} = \frac{\sum_{w \in \mathcal{T}_i} q_{riwk}}{s_{rik}}, \quad \forall r \in \mathcal{N};\ i \in \mathcal{A}_r;\ w \in \mathcal{T}_i;\ k \in \{1, \cdots, n_{ri}\} \tag{5-72}$$

$$M(2 - \Delta_{riwk} - \Delta_{riw(k+1)}) \geqslant y_{ri(k+1)} - y_{rik} \geqslant -M(2 - \Delta_{riwk} - \Delta_{riw(k+1)}),$$
$$\forall r \in \mathcal{N};\ i \in \mathcal{A}_r;\ w \in \mathcal{T}_i;\ k \in \{1, \cdots, n_{ri} - 1\} \tag{5-73}$$

$$ds_{\max}\Lambda_{rik} \geqslant y_{rik}, \quad \forall r \in \mathcal{N};\ i \in \mathcal{A}_r;\ k \in \{1, \cdots, n_{ri}\} \tag{5-74}$$

3. 模型算法

上述转向禁止动态控制(dynamic turning restriction，DTR)优化模型为混合整数线性规划问题，目标函数式(5－33)，约束条件式(5－34)—式(5－74)，可通过分支定界法求解。

5.3.3　算例分析

本节将采用一个包含有 25 个交叉口的小型网络来测试模型的优化效果。如图 5－12 展示了该网络的初始平面几何布局。交通需求情况如表 5－4 所列，包含有 4 个不同的分析时段。分析中，最小及最大信号周期时长分别取 60 s 和

120 s；清空时间取 5 s；饱和流率取 1 800 veh/h/ln；饱和度限定值取 0.85，充分大的正数 M 取 10^9。所有的算例都由 LINGO(11.0)软件在 Intel(R) Core (TM) i5 2.30 GHz 处理器(4.0 GB RAM)的电脑中求解，并均可在 3 min 内求得全局最优解。

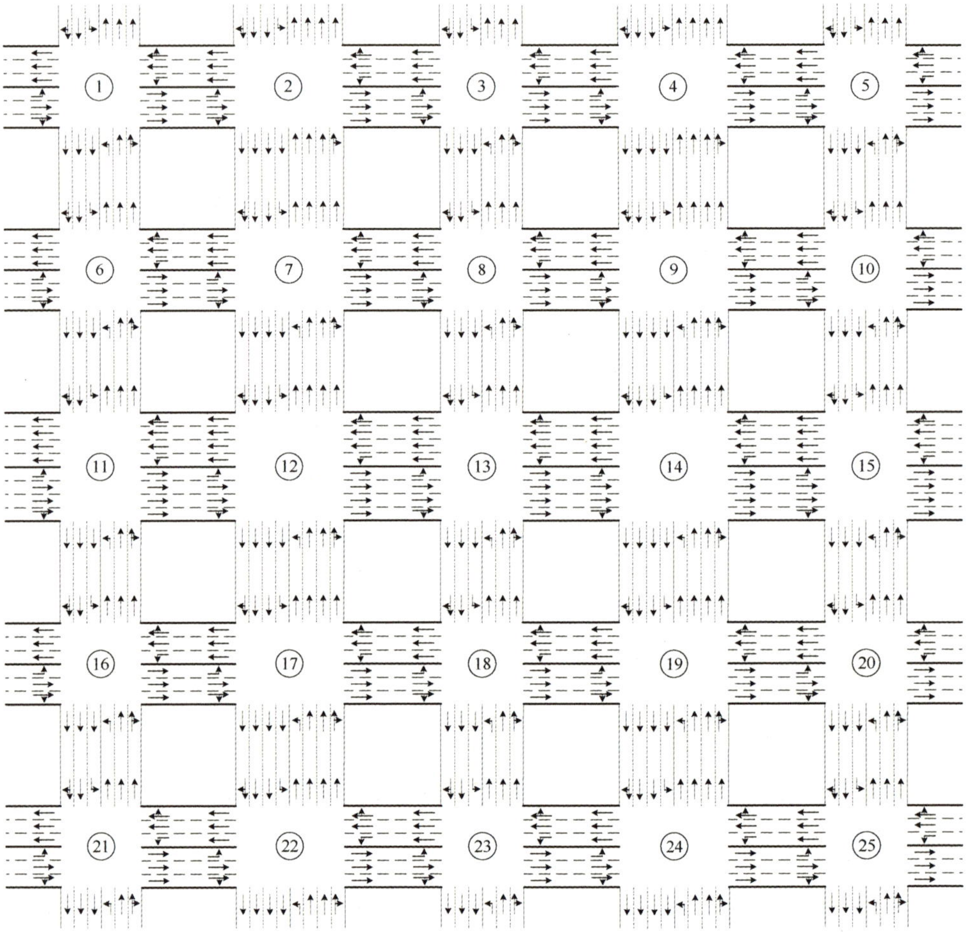

图 5-12 算例初始平面几何布局

优化结果如图 5-13 和表 5-5 所示。分析时段 1 的车道功能优化结果与初始布局相同，如图 5-12 所示。图 5-13(a)、图 5-13(b)和图 5-13(c)分别展示了分析时段 2、3 和 4 中各交叉口车道功能的优化结果。表 5-5 对比了优化模型和常规仅采用信号配时优化情况下的网络交通运行情况，可得到以下一些结果。

表 5-4　算例各时段交通需求

交叉口	岔口	流向	交通需求(pcu/h)				交叉口	岔口	流向	交通需求(pcu/h)			
			时段1	时段2	时段3	时段4				时段1	时段2	时段3	时段4
1	1	2	250	250	250	250	3	1	4	100	100	100	100
1	1	3	400	400	400	400	3	2	2	250	250	250	250
1	1	4	100	100	100	100	3	2	3	400	400	400	400
1	2	2	250	250	250	250	3	2	4	100	100	100	100
1	2	3	400	400	400	400	3	3	2	250	250	250	250
1	2	4	100	100	100	100	3	3	3	400	400	400	400
1	3	2	250	250	250	250	3	3	4	100	100	100	100
1	3	3	400	400	400	400	3	4	2	250	250	250	250
1	3	4	100	100	100	100	3	4	3	400	400	400	400
1	4	2	250	250	250	250	3	4	4	100	100	100	100
1	4	3	400	400	400	400	4	1	2	250	250	250	250
1	4	4	100	100	100	100	4	1	3	400	400	400	400
2	1	2	250	250	250	250	4	1	4	100	100	100	100
2	1	3	400	400	400	400	4	2	2	300	**360**	**360**	**360**
2	1	4	100	100	100	100	4	2	3	800	**950**	**950**	**950**
2	2	2	250	250	250	250	4	2	4	200	200	200	200
2	2	3	800	800	**950**	**950**	4	3	2	250	250	250	250
2	2	4	200	200	200	200	4	3	3	400	400	400	400
2	3	2	250	250	250	250	4	3	4	100	100	100	100
2	3	3	400	400	400	400	4	4	2	300	**360**	**360**	**360**
2	3	4	100	100	100	100	4	4	3	800	**950**	**950**	**950**
2	4	2	250	250	250	250	4	4	4	200	200	200	200
2	4	3	800	800	**950**	**950**	5	1	2	250	250	250	250
2	4	4	200	200	200	200	5	1	3	400	400	400	400
3	1	2	250	250	250	250	5	1	4	100	100	100	100
3	1	3	400	400	400	400	5	2	2	250	250	250	250

续 表

交叉口	岔口	流向	交通需求(pcu/h)				交叉口	岔口	流向	交通需求(pcu/h)			
			时段1	时段2	时段3	时段4				时段1	时段2	时段3	时段4
5	2	3	400	400	400	400	7	3	2	250	250	250	250
5	2	4	100	100	100	100	7	3	3	400	400	400	400
5	3	2	250	250	250	250	7	3	4	100	100	100	100
5	3	3	400	400	400	400	7	4	2	250	250	250	250
5	3	4	100	100	100	100	7	4	3	800	800	**950**	**950**
5	4	2	250	250	250	250	7	4	4	200	200	200	200
5	4	3	400	400	400	400	8	1	2	250	250	250	250
5	4	4	100	100	100	100	8	1	3	400	400	400	400
6	1	2	250	250	250	250	8	1	4	100	100	100	100
6	1	3	400	400	400	400	8	2	2	250	250	250	250
6	1	4	100	100	100	100	8	2	3	400	400	400	400
6	2	2	250	250	250	250	8	2	4	100	100	100	100
6	2	3	400	400	400	400	8	3	2	250	250	250	250
6	2	4	100	100	100	100	8	3	3	400	400	400	400
6	3	2	250	250	250	250	8	3	4	100	100	100	100
6	3	3	400	400	400	400	8	4	2	250	250	250	250
6	3	4	100	100	100	100	8	4	3	400	400	400	400
6	4	2	250	250	250	250	8	4	4	100	100	100	100
6	4	3	400	400	400	400	9	1	2	250	250	250	250
6	4	4	100	100	100	100	9	1	3	400	400	400	400
7	1	2	250	250	250	250	9	1	4	100	100	100	100
7	1	3	400	400	400	400	9	2	2	300	**360**	**360**	**360**
7	1	4	100	100	100	100	9	2	3	800	**950**	**950**	**950**
7	2	2	250	250	250	250	9	2	4	200	200	200	200
7	2	3	800	800	**950**	**950**	9	3	2	250	250	250	250
7	2	4	200	200	200	200	9	3	3	400	400	400	400

续　表

交叉口	岔口	流向	交通需求(pcu/h)				交叉口	岔口	流向	交通需求(pcu/h)			
			时段1	时段2	时段3	时段4				时段1	时段2	时段3	时段4
9	3	4	100	100	100	100	11	4	3	400	400	400	400
9	4	2	300	**360**	**360**	**360**	11	4	4	100	100	100	100
9	4	3	800	**950**	**950**	**950**	12	1	2	250	250	250	250
9	4	4	200	200	200	200	12	1	3	800	800	800	800
10	1	2	250	250	250	250	12	1	4	100	100	100	100
10	1	3	400	400	400	400	12	2	2	250	250	250	250
10	1	4	100	100	100	100	12	2	3	800	800	**950**	**950**
10	2	2	250	250	250	250	12	2	4	200	200	200	200
10	2	3	400	400	400	400	12	3	2	250	250	250	250
10	2	4	100	100	100	100	12	3	3	800	800	800	800
10	3	2	250	250	250	250	12	3	4	100	100	100	100
10	3	3	400	400	400	400	12	4	2	250	250	250	250
10	3	4	100	100	100	100	12	4	3	800	800	**950**	**950**
10	4	2	250	250	250	250	12	4	4	200	200	200	200
10	4	3	400	400	400	400	13	1	2	250	250	250	**350**
10	4	4	100	100	100	100	13	1	3	800	800	800	800
11	1	2	250	250	250	250	13	1	4	100	100	100	100
11	1	3	800	800	800	800	13	2	2	250	250	250	250
11	1	4	100	100	100	100	13	2	3	400	400	400	400
11	2	2	250	250	250	250	13	2	4	100	100	100	100
11	2	3	400	400	400	400	13	3	2	250	250	250	**350**
11	2	4	100	100	100	100	13	3	3	800	800	800	800
11	3	2	250	250	250	250	13	3	4	100	100	100	100
11	3	3	800	800	800	800	13	4	2	250	250	250	250
11	3	4	100	100	100	100	13	4	3	400	400	400	400
11	4	2	250	250	250	250	13	4	4	100	100	100	100

续　表

交叉口	岔口	流向	交通需求(pcu/h)				交叉口	岔口	流向	交通需求(pcu/h)			
			时段1	时段2	时段3	时段4				时段1	时段2	时段3	时段4
14	1	2	250	250	250	250	16	1	4	100	100	100	100
14	1	3	800	800	800	800	16	2	2	250	250	250	250
14	1	4	100	100	100	100	16	2	3	400	400	400	400
14	2	2	300	**360**	**360**	**360**	16	2	4	100	100	100	100
14	2	3	800	**1 100**	**1 100**	**1 100**	16	3	2	250	250	250	250
14	2	4	200	200	200	200	16	3	3	400	400	400	400
14	3	2	250	250	250	250	16	3	4	100	100	100	100
14	3	3	800	800	800	800	16	4	2	250	250	250	250
14	3	4	100	100	100	100	16	4	3	400	400	400	400
14	4	2	300	**360**	**360**	**360**	16	4	4	100	100	100	100
14	4	3	800	**1 100**	**1 100**	**1 100**	17	1	2	250	250	**350**	**350**
14	4	4	200	200	200	200	17	1	3	400	400	**700**	**700**
15	1	2	250	250	250	250	17	1	4	100	100	**200**	**200**
15	1	3	800	800	800	800	17	2	2	250	250	250	250
15	1	4	100	100	100	100	17	2	3	800	800	**950**	**950**
15	2	2	250	250	250	250	17	2	4	200	200	200	200
15	2	3	400	400	400	400	17	3	2	250	250	**350**	**350**
15	2	4	100	100	100	100	17	3	3	400	400	**700**	**700**
15	3	2	250	250	250	250	17	3	4	100	100	**200**	**200**
15	3	3	800	800	800	800	17	4	2	250	250	250	250
15	3	4	100	100	100	100	17	4	3	800	800	**950**	**950**
15	4	2	250	250	250	250	17	4	4	200	200	200	200
15	4	3	400	400	400	400	18	1	2	250	250	250	250
15	4	4	100	100	100	100	18	1	3	400	400	400	400
16	1	2	250	250	250	250	18	1	4	100	100	100	100
16	1	3	400	400	400	400	18	2	2	250	250	250	250

续　表

交叉口	岔口	流向	交通需求(pcu/h)			
			时段 1	时段 2	时段 3	时段 4
18	2	3	400	400	400	400
18	2	4	100	100	100	100
18	3	2	250	250	250	250
18	3	3	400	400	400	400
18	3	4	100	100	100	100
18	4	2	250	250	250	250
18	4	3	400	400	400	400
18	4	4	100	100	100	100
19	1	2	250	250	250	250
19	1	3	400	400	400	400
19	1	4	100	100	100	100
19	2	2	300	**360**	**360**	**360**
19	2	3	800	**950**	**950**	**950**
19	2	4	200	200	200	200
19	3	2	250	250	250	250
19	3	3	400	400	400	400
19	3	4	100	100	100	100
19	4	2	300	**360**	**360**	**360**
19	4	3	800	**950**	**950**	**950**
19	4	4	200	200	200	200
20	1	2	250	250	250	250
20	1	3	400	400	400	400
20	1	4	100	100	100	100
20	2	2	250	250	250	250
20	2	3	400	400	400	400
20	2	4	100	100	100	100
20	3	2	250	250	250	250
20	3	3	400	400	400	400
20	3	4	100	100	100	100
20	4	2	250	250	250	250
20	4	3	400	400	400	400
20	4	4	100	100	100	100
21	1	2	250	250	250	250
21	1	3	400	400	400	400
21	1	4	100	100	100	100
21	2	2	250	250	250	250
21	2	3	400	400	400	400
21	2	4	100	100	100	100
21	3	2	250	250	250	250
21	3	3	400	400	400	400
21	3	4	100	100	100	100
21	4	2	250	250	250	250
21	4	3	400	400	400	400
21	4	4	100	100	100	100
22	1	2	250	250	250	250
22	1	3	400	400	400	400
22	1	4	100	100	100	100
22	2	2	250	250	250	250
22	2	3	800	800	**950**	**950**
22	2	4	200	200	200	200
22	3	2	250	250	250	250
22	3	3	400	400	400	400

续 表

交叉口	岔口	流向	交通需求(pcu/h)				交叉口	岔口	流向	交通需求(pcu/h)			
			时段 1	时段 2	时段 3	时段 4				时段 1	时段 2	时段 3	时段 4
22	3	4	100	100	100	100	24	2	3	800	**950**	**950**	**950**
22	4	2	250	250	250	250	24	2	4	200	200	200	200
22	4	3	800	800	**950**	**950**	24	3	2	250	250	250	250
22	4	4	200	200	200	200	24	3	3	400	400	400	400
23	1	2	250	250	250	250	24	3	4	100	100	100	100
23	1	3	400	400	400	400	24	4	2	300	**360**	**360**	**360**
23	1	4	100	100	100	100	24	4	3	800	**950**	**950**	**950**
23	2	2	250	250	250	250	24	4	4	200	200	200	200
23	2	3	400	400	400	400	25	1	2	250	250	250	250
23	2	4	100	100	100	100	25	1	3	400	400	400	400
23	3	2	250	250	250	250	25	1	4	100	100	100	100
23	3	3	400	400	400	400	25	2	2	250	250	250	250
23	3	4	100	100	100	100	25	2	3	400	400	400	400
23	4	2	250	250	250	250	25	2	4	100	100	100	100
23	4	3	400	400	400	400	25	3	2	250	250	250	250
23	4	4	100	100	100	100	25	3	3	400	400	400	400
24	1	2	250	250	250	250	25	3	4	100	100	100	100
24	1	3	400	400	400	400	25	4	2	250	250	250	250
24	1	4	100	100	100	100	25	4	3	400	400	400	400
24	2	2	300	**360**	**360**	**360**	25	4	4	100	100	100	100

(1) 优化模型的主要功效是自动选择合适的禁止流向、绕行路径，并对车道功能和信号配时进行优化。这一点已通过算例进行了检验，具有较强的灵活性。通过与常规方法的对比，优化模型输出的方案能提供更大的通行能力，保持各交叉口的饱和度在允许范围之内。

(2) 在分析时段 1，我们从常规方法的输出结果可以发现所有的交叉口的饱和度均在允许范围之内(≤0.85)。因此，没有必要采用流行禁止措施。

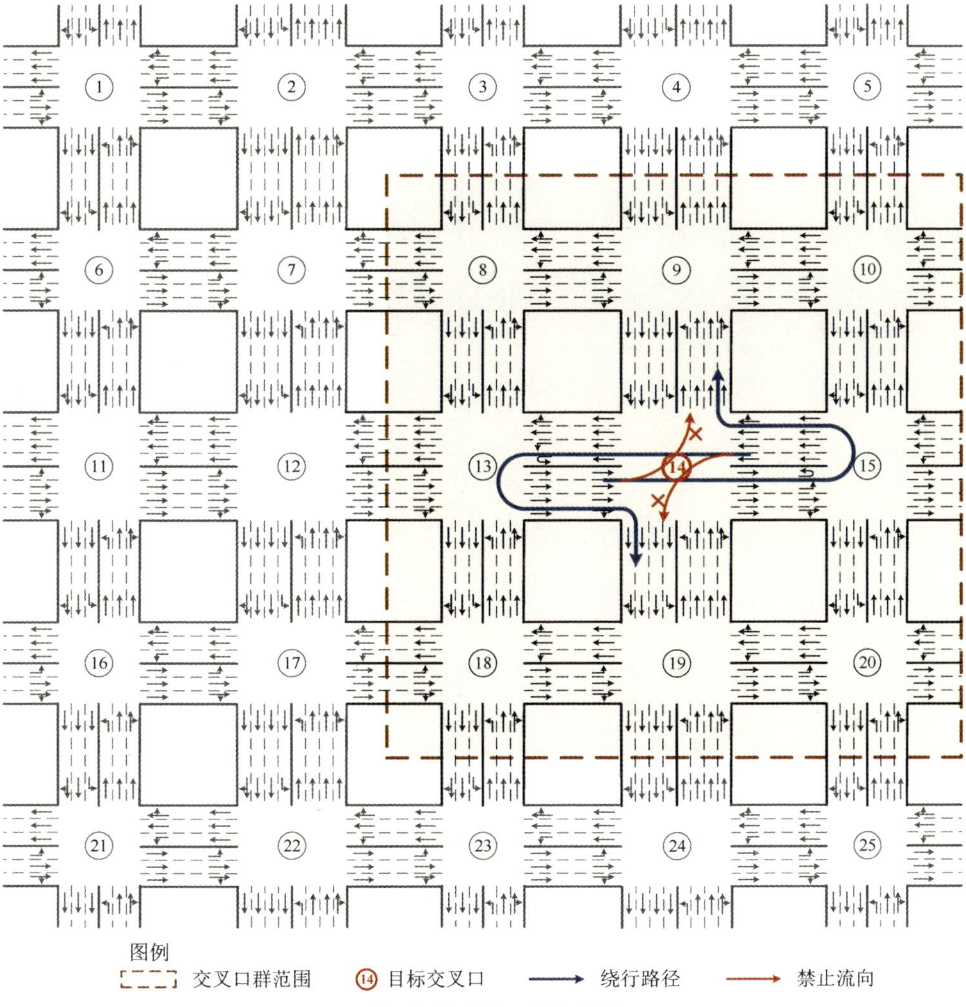
1
2
3
4
5
6
7
8
9
10
11
12
13
14
15
16
17
18
19
20
21
22
23
24
25
图例
交叉口群范围
14 目标交叉口
绕行路径
禁止流向

(a) 分析时段 2 优化结果

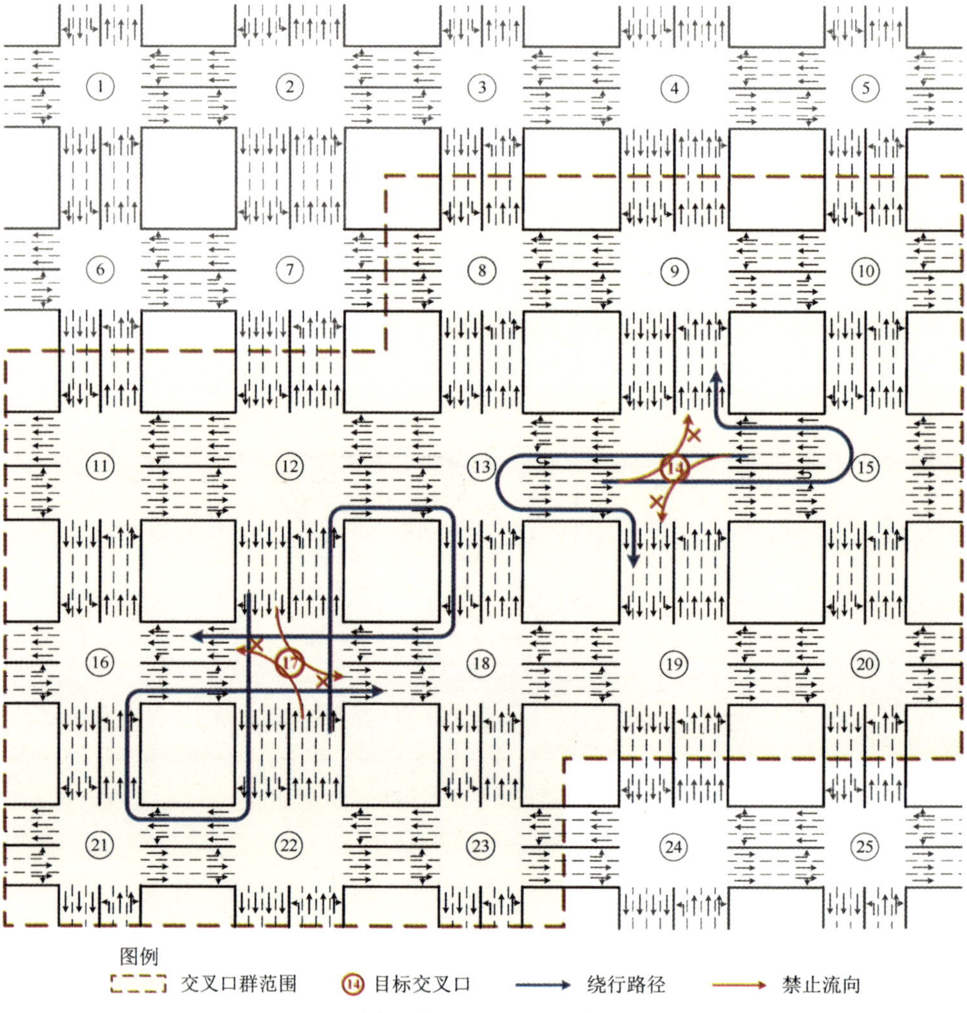

(b) 分析时段 3 优化结果

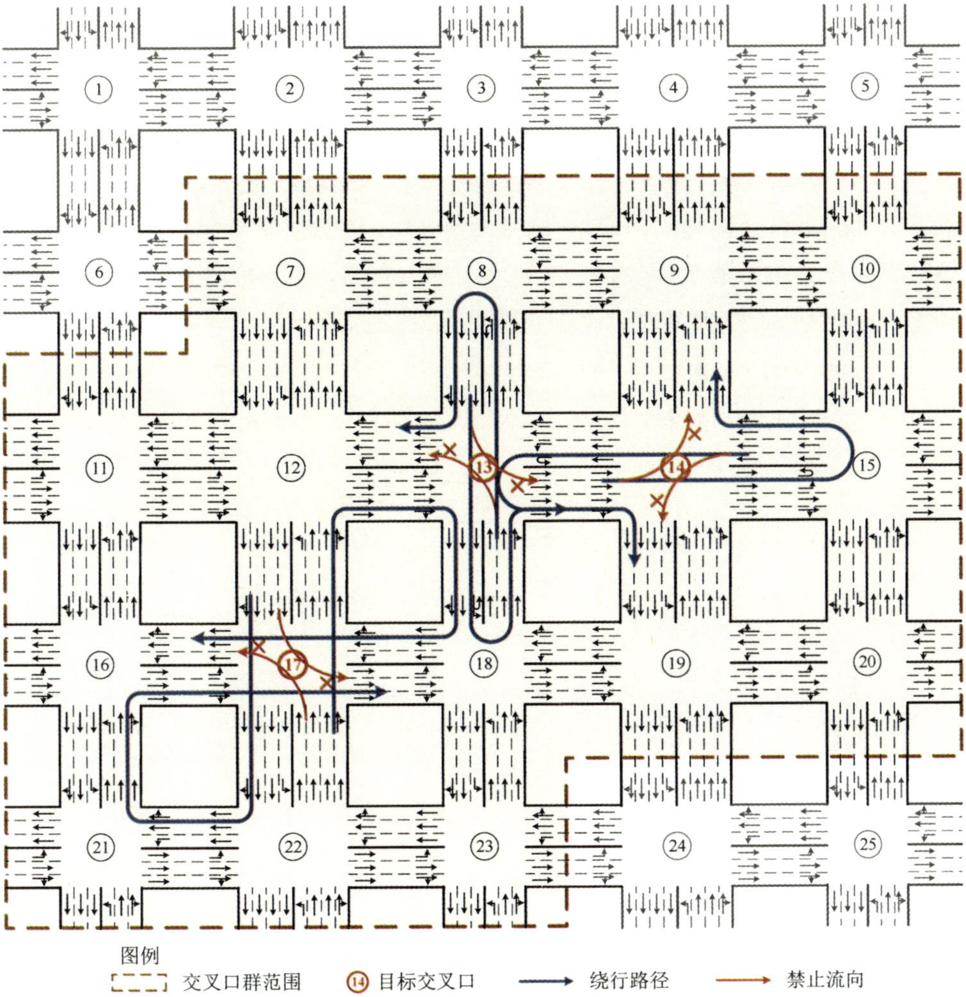

(c) 分析时段 4 优化结果

图 5 - 13　算例各分析时段平面几何布局优化结果

表 5 - 5　优化模型运行效果评价

分析时段		1	2	3	4
优化模型	交叉口群流量系数 μ	/	1.035	1.077	1.122
	目标交叉口	/	14	14，17	13，14，17
	交叉口群所包含的交叉口	/	8，9，10，13，14，15，18，19，20	8，9，10，11，12，13，14，15，16，17，18，19，20，21，22，23	7，8，9，10，11，12，13，14，15，16，17，18，19，20，21，22，23
	交叉口群禁止流向数	0	2	4	6
	交叉口 7 的饱和度	/	/	/	0.756
	交叉口 8 的饱和度	/	0.667	0.667	0.833
	交叉口 9 的饱和度	/	0.829	0.829	0.829
	交叉口 10 的饱和度	/	0.667	0.667	0.667
	交叉口 11 的饱和度	/	/	0.700	0.700
	交叉口 12 的饱和度	/	/	0.844	0.844
	交叉口 13 的饱和度	/	0.800	0.800	0.720
	交叉口 14 的饱和度	/	0.726	0.726	0.726
	交叉口 15 的饱和度	/	0.800	0.800	0.800
	交叉口 16 的饱和度	/	/	0.750	0.750
	交叉口 17 的饱和度	/	/	0.810	0.810
	交叉口 18 的饱和度	/	0.667	0.750	0.833
	交叉口 19 的饱和度	/	0.829	0.829	0.829
	交叉口 20 的饱和度	/	0.667	0.667	0.667
	交叉口 21 的饱和度	/	/	0.667	0.667
	交叉口 22 的饱和度	/	/	0.756	0.756
	交叉口 23 的饱和度	/	/	0.667	0.667
	交叉口群中最大饱和度		0.829	0.844	0.844
	交叉口群平均饱和度	/	0.739	0.746	0.756
	饱和度方差	/	5.57×10^{-3}	4.48×10^{-3}	4.51×10^{-3}

续 表

分 析 时 段		1	2	3	4
常规优化方法（仅信号配时）	路网流量系数 μ	1.077	0.949	0.899	0.899
	拥挤交叉口(饱和度>0.85)	/	14	14，17	14，17
	交叉口 1 的饱和度	0.667	0.667	0.667	0.667
	交叉口 2 的饱和度	0.722	0.722	0.756	0.756
	交叉口 3 的饱和度	0.667	0.667	0.667	0.667
	交叉口 4 的饱和度	0.756	0.829	0.829	0.829
	交叉口 5 的饱和度	0.667	0.667	0.667	0.667
	交叉口 6 的饱和度	0.667	0.667	0.667	0.667
	交叉口 7 的饱和度	0.722	0.722	0.756	0.756
	交叉口 8 的饱和度	0.667	0.667	0.667	0.667
	交叉口 9 的饱和度	0.756	0.829	0.829	0.829
	交叉口 10 的饱和度	0.667	0.667	0.667	0.667
	交叉口 11 的饱和度	0.700	0.700	0.700	0.700
	交叉口 12 的饱和度	0.756	0.756	0.789	0.789
	交叉口 13 的饱和度	0.700	0.700	0.700	0.767
	交叉口 14 的饱和度	0.789	0.896	0.896	0.896
	交叉口 15 的饱和度	0.700	0.700	0.700	0.700
	交叉口 16 的饱和度	0.667	0.667	0.667	0.667
	交叉口 17 的饱和度	0.722	0.722	0.956	0.956
	交叉口 18 的饱和度	0.667	0.667	0.667	0.667
	交叉口 19 的饱和度	0.756	0.829	0.829	0.829
	交叉口 20 的饱和度	0.667	0.667	0.667	0.667
	交叉口 21 的饱和度	0.667	0.667	0.667	0.667
	交叉口 22 的饱和度	0.722	0.722	0.756	0.756
	交叉口 23 的饱和度	0.667	0.667	0.667	0.667
	交叉口 24 的饱和度	0.756	0.829	0.829	0.829
	交叉口 25 的饱和度	0.667	0.667	0.667	0.667
	路网中最大饱和度	0.789	0.896	0.956	0.956
	路网平均饱和度	0.702	0.718	0.733	0.736
	饱和度方差	1.61×10^{-3}	4.78×10^{-3}	7.23×10^{-3}	7.22×10^{-3}

(3) 在分析时段 2,交叉口 4、9、14、19 和 24 的交通需求增加了 10%～15%。常规方法的输出结果显示交叉口 14 的饱和度超出了允许范围,交通需求量超过了信号配时所能调节的能力范围。因此,优化模型将该交叉口作为目标交叉口,采取了流向禁止策略。

(4) 在分析时段 3,交叉口 14 和 17 两处均发生了交通拥挤,并且它们具有共同的潜在影响交叉口(交叉口 13 和 18)。因此,这两个目标交叉口及其潜在影响交叉口应当划为一个交叉口群,同时进行优化。从优化结果可以发现,针对交叉口 14 和 17 这两个目标交叉口,模型给出的绕行方式是不同的。绕行路径是优化模型的一个重要输出结果,它们在模型中经过细致的选择,以避免流向禁止策略诱发新的交通拥堵。

(5) 在分析时段 4,虽然常规方法的输出结果仍然显示仅有 14 和 17 两个交叉口的饱和度超出了允许范围。然而,优化结果显示交叉口 13 也应采取流向禁止措施。这是因为在时段 4 的流量条件下,为解决交叉口 14 和 17 所采取的流向禁止措施将不可避免地产生新的交通拥挤点(交叉口 13),它也被作为目标交叉口处理。

为进一步分析优化模型在合理选择禁止流向和绕行路径方面的效益,以上文中的分析时段 2 为对象,将模型优化结果与另外 3 种常见的设计方案(图 5-14)进行对比。表 5-6 以优化模型为基准,列出了比较结果。

可以发现,除优化模型输出方案外,其他方案的流量系数均小于 1。因此,模型选择该方案是合理的。该方案可以通过减少目标交叉口的相位数同时选择

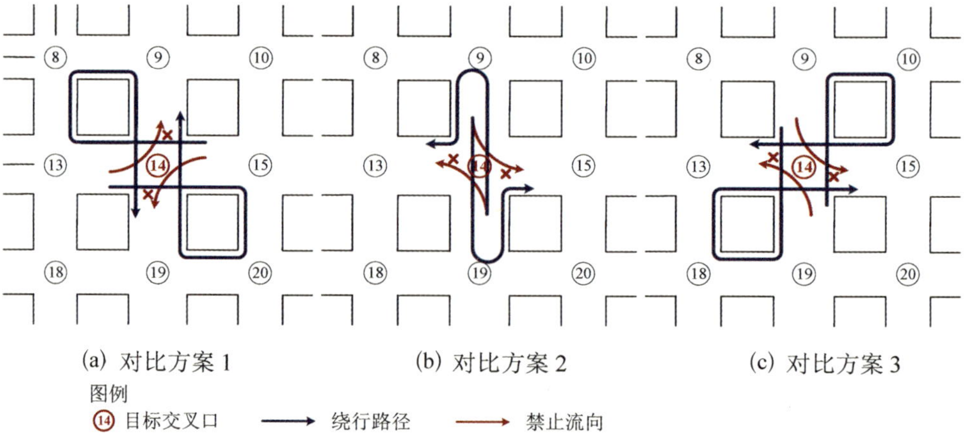

图 5-14　3 种常见的对比设计方案

表 5-6　不同设计方案运行效果比较(分析时段 2 需求条件下)

设计方案	优化模型方案	对比方案 1	对比方案 2	对比方案 3
μ	1.035	0.932	0.889	0.935
与基准值的差异	/	−9.14%	−13.36%	−8.80%
交叉口 8 的饱和度	0.667	0.750	0.667	0.667
交叉口 9 的饱和度	0.829	0.912	0.957	0.909
交叉口 10 的饱和度	0.667	0.667	0.667	0.787
交叉口 13 的饱和度	0.800	0.756	0.700	0.820
交叉口 14 的饱和度	0.726	0.739	0.670	0.689
交叉口 15 的饱和度	0.800	0.756	0.700	0.820
交叉口 18 的饱和度	0.667	0.667	0.667	0.787
交叉口 19 的饱和度	0.829	0.912	0.957	0.909
交叉口 20 的饱和度	0.667	0.750	0.667	0.667
饱和度均值	0.739	0.768	0.739	0.784
饱和度方差	5.57×10^{-3}	7.96×10^{-3}	15.45×10^{-3}	8.78×10^{-3}

饱和度较低的交叉口作为绕行路径,来提升交叉口群的通行能力。其余 3 种方案虽然也可以减少目标交叉口的饱和度,但会将拥挤转移至绕行路径上的其他交叉口。此外,对比其余 3 种方案,方案 1 具有更低的饱和度均值和方差。说明模型具有更好地均衡网络内交叉口负荷的能力。

5.3.4　小结

上文提出了一种转向禁止动态控制的优化方法,并建立了混合整数线性规划模型同时对禁止流向、绕行路径、交叉口车道功能和信号控制进行优化。通过算例分析,可得

(1) 优化模型可根据道路和交通需求条件,自动选择合适的禁止流向、绕行路径,并对车道功能和信号配时进行优化。

(2) 为了适应动态控制的特性,优化模型在输入数据方面仅需要各流向流量数据,较之 OD 数据,更易获取。此外,由于驾驶员事先不知晓流向禁止,因此在绕行路径选择上考虑了车辆在进口道变道行为,这也增加了优化方案的可实施性。

（3）在低流量情况下，优化模型会作出正确的据测：当调整信号配时能满足交通需求时，无须采用流向禁止措施。

（4）与常规方法比较，优化模型能通过减少目标交叉口的相位数并充分利用饱和度较低的交叉口作为绕行路径，来显著减少目标交叉口的饱和度，提升路网通行能力。

（5）与盲目的设置禁向措施比较，优化模型具有均衡网络内交叉口负荷的优势。

但上文分析中假设路段足够长，实际应用中，须注意交叉口间距较小引发的排队溢流和交织严重等问题。此外，驾驶员对短期流向禁止措施的遵从率也有待进一步研究。

5.4 本章小结

本章从网络层面，从多种交通组织策略的组合优化和针对转向交通的动态控制两个角度，形成两项时空协同优化控制方法。

对于基于多种交通组织策略组合的网络交通优化，是一种具有高集成性的网络时空协同优化控制方法。在该控制方法中，将转向禁止、冲突点消除、可逆车道和单向交通等多种交通组织策略集成在一个统一的优化框架内。算例分析显示，通过综合运用多种交通组织策略，可充分利用饱和度相对较低的路段作为绕行路径，减少了瓶颈节点的数量和程度，与单独使用禁左或单行交通组织策略相比，优化模型可以更有效地均衡路网交通负荷，避免由于禁行车流绕行而造成个别交叉口拥堵状况恶化。

对于基于转向禁止动态控制的网络交通优化，是在网络层面将优化控制从静态向动态的拓展的尝试。该优化方法考虑了动态控制在输入数据及驾驶员反映方面的特性，建立了一个以流量数据为输入，以禁止流向、绕行路径、交叉口车道功能和信号控制为输出的优化模型。算例分析显示，模型具有较强的灵活性，能以较低的成本缓解交通拥挤，均衡网络内交叉口负荷。

第6章 结论与展望

6.1 结　　论

6.1.1 主要研究成果

本书的研究工作主要从中微观层面初步探讨城市道路交通时空协同优化控制问题，分别从节点层面、连线和通道层面、网络层面，初步建立了提升道路通行能力时空协同优化控制的基本理论，给出了一系列优化方法。

在节点层面，根据交叉口传统的优化步骤，分别通过将信号控制与进口车道功能、进出口车道分配以及交叉口流向禁止策略相结合，提出了车道功能动态控制、出口车道动态控制和基于中央分隔带掉头的交叉口流向控制三种时空协同优化控制方法。

在连线和通道层面，将信号控制与可逆车道控制相结合，分别从可逆车道的动态使用和可逆车道与其他交通管理措施的组合使用两个角度，针对交叉口连线和通道，提出了基于动态可逆车道的连线交通控制和基于可逆车道的干道交通优化控制两项时空协同优化控制方法。

在网络层面，将信号控制与转向禁止、冲突点消除、可逆车道和单向交通等交通组织策略相结合，提出了一个对路网车道布置（包括流向、功能）和信号配时进行组合优化的方法。

在网络层面，从多种交通组织策略的组合优化和针对转向交通的动态控制两个角度，形成两项时空协同优化控制方法。

纵观上述各种时空协同优化控制方法，从适用范围而言，对车道功能的优化具有较强的普适性，相对的，禁向或单行交通组织存在一定的局限性，一般只在特殊情况下使用；从变化频率而言，只在小范围的道路空间组织优化中才考虑使用变化频率较高的动态优化，而大范围的交通组织优化需要一定的稳定性和规律性。

6.1.2 主要创新点

本书在总结前人研究方法和成果的基础上，对城市道路交通时空协同优化控制问题进行了探索，较以往的国内外相关工作，更具系统性、集成性和基础性特色与创新之处，主要表现在以下几方面：

(1) 将道路空间结构要素纳入交通控制层面的优化范围中，使之与交通信号控制在一个统一的体系下进行优化，既有别于以往主要在规划设计阶段讨论的交通空间设计研究，又有别于以往的交通控制主要针对时间要素进行优化。

(2) 应对城市道路系统日益严重的交通阻塞问题，针对现状路网，从节点、连线和网络三个层面对交通空间要素进行动态或准动态的优化调整，提出一系列高性价比的优化方案，实现时空资源的最佳利用。其中，交叉口出口车道动态控制方法和可逆车道动态控制的连线交通优化均为新型的优化控制方法；基于中央分隔带掉头的交叉口流向控制、基于可逆车道的干道交通优化控制、和网络时空协同优化控制均在以往研究的基础上增加了模型的集成性，并基于大量算例和仿真实验的敏感性进行分析，得到一些普遍性的规律和认识；而基于转向禁止动态控制的网络交通优化，是在网络层面将优化控制从静态向动态的拓展的尝试。

6.2 进一步工作的方向

集成多种优化策略，并用数学的方法描述其中的关联性，进行时空协同优化问题，是一个复杂的最优化问题，本书的研究虽然取得了初步的成果，但尚有许多有待进一步深入进行的研究工作。

(1) 关于随机性的分析

本书的优化方法主要是基于给定的交通需求得出的，但交通需求具有不可精确预测的性质，实际运行过程中几乎无法获取准确的交通需求，因此有必要从概率密度演化的角度对上述方法进行重新考察。

(2) 关于排队溢流的考虑

本书除了在连线层面考虑了交叉口间距所带来的排队空间限制问题，在通道和网络层面均假设交叉口间距足够大。而实际应用中，由于排队溢流会迅速降低网络运行效率和容量，并导致整个网络交通状态恶化乃至死锁，因此有必要对交叉口间距较小的路段检验其排队长度，或将排队溢流的预防融入方案制定的过程，对排队长度进行主动控制。

（3）关于实证分析的检验

本书提出了一些新型的道路交通通行模式，对于这些非常规的设计方法，我们尚不清楚驾驶员会如何反应，即使采用驾驶模拟器进行驾驶行为分析也存在很大的局限性，因为驾驶员在模拟场景中会偏向谨慎驾驶。因此，一方面，在实施前，需要做好必要的宣传和教育工作；另一方面，更需要通过实证分析，进一步完善设计方案。

参考文献

[1] Aashtiani H Z, Magnanti T L. Equilibrium on a Congested Transportation Network [J]. Society for Industrial and Applied Mathematics, 1981, 2(3): 213-226.

[2] Abdelfatah A, Mahmassani H. System Optimal Time-Dependentpath Assignment and Signal Timing in Traffic Network [J]. Transportation Research Record: Journal of the Transportation Research Board, 1998, 1645: 185-193.

[3] Abdelghany K, Valdes D, Abdelfatah A, et al. Real-Time Dynamic Traffic Assignment and Path-Based Signal Coordination: Application to Network Traffic Management [J]. Transportation Research Record: Journal of the Transportation Research Board, 1999, 1667: 67-76.

[4] Abdulaal M, LeBlanc L J. Continuous Equilibrium Network Design Models [J]. Transportation Research Part B: Methodological, 1979, 13(1): 19-32.

[5] Abraham, A, Hassanien A E, Siarry P, et al. Foundations of Computational Intelligence [M]. Volume 3. Springer-verlag Berlin Heidelberg, 2009.

[6] Agent K R, Clark J D. Evaluation of Reversible Lanes (Nicholasville Road; Lexington Kentucky) [R]. Kentucky: Kentucky Department of Transportation, 1980.

[7] Ahmed K. Evaluation of Low Cost Technique "Indirect Right Turn" to Reduce Congestion at Urbanized Signalized Intersection in Developing Countries [J]. Procedia-Social and Behavioral Sciences, 2011, 16: 568-577.

[8] Al-Salman H S T, Salter R J. The Control of Right Turning Vehicles at Signal Controlled Intersections [J]. Traffic Engineering and Control, 1974, 15(15): 683-686.

[9] Ali M Z A, Easa S M, Hamed M. Stop-Controlled Intersection Sight Distance: Minor Road on Tangent of Horizontal Curve [J]. Journal of Transportation Engineering, 2009, 135(9): 650-657.

[10] Allen R W, Cook M L, Rosenthal T J. Application of Driving Simulation to Road

Safety [J]. Advances in Transportation Studies, 2007, Special Issue: 5 - 8.
[11] Allsop R E. Choice of Offsets in Linking Traffic Signals. Traffic Engineering and Control, 1968, 10: 73 - 75.
[12] Allsop R E. Estimating the Traffic Capacity of a Signalized Road Junction [J]. Transportation Research, 1972, 6(3): 245 - 255.
[13] Allsop R E. Some Possibilities for Using Traffic Control to Influence Trip Destinations and Route Choice. In: the sixth international symposium on transportation and traffic theory [M]. Sydney, Australia: Elsevier, Amsterdam, 1974, 345 - 374.
[14] Allsop R E. Evolving Application of Mathematical Optimisation in Design and Operation of Individual Signal-Controlled Road Junctions [M]//Griffiths J D, eds. Mathematics in Transport and Planning and Control. Oxford: Clarendon Press, 1992, 1 - 24.
[15] American Association of State Highway and Transportation Officials (AASHTO). A Policy on Geometric Design of Highways and Streets [Z]. Washington D C: American Association of State Highway and Transportation Officials, 2011.
[16] Associates W S. Innovative Intersections: Overview and Implementation Guidelines [Z]. Idaho: Community Planning Association of Southwest Idaho, 2008.
[17] Austroads. Guide to Traffic Engineering Practice, Part 6 - Roundabouts [Z]. Sydney, Australia: Austroads, 1988.
[18] Austroads. Guide to Road Design [Z]. Sydney: Austroads, 2006.
[19] Ayed O B, Blair C E, Boyce D E, et al. Construction of a Real-World Bilevel Linear Programming Model of the Highway Network Design Problem [J]. Annals of Operations Research, 1992, 34(1 - 4): 219 - 254.
[20] Bard J F. An Algorithm for Solving the General Bilevel Programming Problem [J]. Mathematics of Operation Research, 1983, 8(2): 260 - 272.
[21] Bared J. Double Crossover Diamond Interchange. FHWA-HRT-09 - 054 [Z]. Washington D C: Federal Highway Administration, 2009.
[22] Bared J G, Edara P K, Jagannathan R. Design and Operational Performance of Double Crossover Interchange and Diverging Diamond Interchange [J]. Transportation Research Record: Journal of the Transportation Research Board, 2005, 1912: 31 - 38.
[23] Bared J G, Evangelos E I. Median U-turn Design as an Alternative Treatment for Left Turns at Signalized Intersections [J]. ITE Journal, 2002, 72(2): 50 - 54.
[24] Beard C, Ziliaskopoulos A. System Optimal Signal Optimization Formulation [J]. Transportation Research Record: Journal of the Transportation Research Board, 2006, 1978: 102 - 112.

[25] Bell M G H. Alternatives to Dial's Logit Assignment Algorithm [J]. Transportation Research Part B: Methodological, 1995, 29(4): 287 - 295.

[26] Bonneson J, Fontaine M. Engineering Study Guide for Evaluating Intersection Improvements [R]. NCHRP Report 457. Washington D C: Transportation Research Board, 2001.

[27] Boyce D E, Janson B N. A Discrete Transportation Network Design Problem with Combined Trip Distribution and Assignment [J]. Transportation Research Part B: Methodological, 1980, 14(1 - 2): 147 - 154.

[28] Cascetta E, Gallo M, Bruno M. Models and Algorithms for the Optimization of Signal Settings on Urban Networks with Stochastic Assignment Models [J]. Annals of Operations Research, 2006, 144(1): 301 - 328.

[29] Cascetta E, Gallo M, Montella B. An Asymmetric SUE Model for the Combined Assignment-Control Problem [C]. World Transport Research: Selected Proceedings of the 8th World Conference on Transport Research. Antwerp, Belgium: Elsevier Science, 1999, 189 - 202.

[30] Ceylan H, Bell M G H. Traffic Signal Timing Optimisation Based on Genetic Algorithm Approach, Including Drivers' Routing [J]. Transportation Research Part B: Methodological, 2004, 38(4): 329 - 342.

[31] Chaudhary N A, Chu C L. Guidelines for Timing and Coordinating Diamond Interchanges with Adjacent Traffic Signals [Z]. Texas: Texas Transportation Institute, 2000.

[32] Chen H K. The Network Design Problem: The Traffic-Responsive Signal Control Scheme [D]. Urbana, Illinois: University of Illinois at Urbana-Champaign, 1989.

[33] Chen M, Alfa A S. A Network Design Algorithm Using a Stochastic Incremental Traffic Assignment Approach [J]. Transportation Science, 1991, 25(3): 215 - 224.

[34] Chen O, Ben-Akiva M. Game-Theoretic Formulations of Interaction Between Dynamic Traffic Control and Dynamic Traffic Assignment [J]. Transportation Research Record: Journal of the Transportation Research Board, 1998, 1617: 179 - 188.

[35] Chiu Y, Zhou X, Hernandez J. Evaluating Urban Downtown One-Way to Two-Way Street Conversion Using Multiple Resolution Simulation and Assignment Approach [J]. Journal of Urban Planning and Development, 2007, 133(4): 222 - 232.

[36] Chlewicki G. New Interchange and Intersection Designs: the Synchronized Split-Phasing Intersection and the Diverging Diamond Interchange [Z]//2nd Urban Street Symposium, Anaheim, California: Transportation Research Board, 2003.

[37] Chowdhury M A, Derov N, Tan P. Evaluating the Effects of Prohibiting Left Turns and the Resulting U-Turn Movement [M]. Ohio: University of Dayton, 2003.

[38] Cova T, Johnson J. A Network Flow Model for Lane-Based Evacuation Routing [J]. Transportation Research Part A: Policy and Practice, 2003, 37(7): 579 - 604.

[39] Current J, Min H. Multiobjective Design of Transportation Networks: Taxonomy and Annotation [J]. European Journal of Operational Research, 1986, 26(2): 187 - 201.

[40] Davis G A. Exact Local Solution of the Continuous Network Design Problem via Stochastic User equilibrium assignment [J]. Transportation Research Part B: Methodological, 1994, 28(1): 61 - 75.

[41] Defermos S C. Traffic Equilibrium and Variational Inequalities [J]. Transportation Science, 1980, 14(1): 42 - 54.

[42] DMJM, AECOM. State of Practice Report for the Indirect Left-turn Intersection Treatment [R]. Phoenix: DMJM, AECOM, 2008.

[43] Dorroh R, Kochevar R. One-Way Conversions for Calming Denver's Streets [C]. In: 1996 ITE International Conference. Dana Point, California: Institute of Transportation Engineers, 1996, 109 - 113.

[44] Dorsey R T. The Use of the Off-Center Lane Movement in Los Angeles [J]. Traffic Quarterly, 1948, 2(3): 291 - 302.

[45] Easa S M. Reliability Approach to Intersection Sight Distance Design [J]. Transportation Research Record: Journal of the Transportation Research Board, 2007, 1701: 42 - 52.

[46] Edara P K, Bared J G, Jagannathan R. Diverging Diamond Interchange and Double Crossover Intersection-Vehicle and Pedestrian Performance [C]//3rd international symposium on Highway Geometric Design, Chicago Illinois: Transportation Research Board, 2005.

[47] El Esawey M, Sayed T. Operational Performance Analysis of the Unconventional Median U-turn Intersection Design [J]. Canadian Journal of Civil Engineering, 2011, 38(11): 1249 - 1261.

[48] Engelbrecht R J, Barnes K E. Advanced Traffic Signal Control for Diamond Interchanges [C]. In: 82nd Annual Meeting of the Transportation Research Board. Washington D C: Transportation Research Board, 2003.

[49] Engelbrecht R J, Venglar S P, Tian Z. Research Report on Improving Diamond Interchange Operations Using Available Traffic Controller Features [R]. Texas: Texas Transportation Institute, 2001.

[50] Fambro D B, Collings J C, Vedova R D, et al. Geometric design: Past, present, and future [C]. In: 79th Annual Meeting of the Transportation Research Board, Washington D C: Transportation Research Board, 2000.

[51] Fang F. Optimal Adaptive Signal Control for Diamond Interchanges Using Dynamic Programming [D]. The Pennsylvania State University, 2004.

[52] Federal Highway Administration (FHWA). Roundabouts An Informational Guide [Z]. Washington D C: U. S. Department of Transportation Federal Highway Administration, 1997.

[53] Federal Highway Administration (FHWA). Synthesis of the Median U-Turn Intersection Treatment [Z]. Washington D C: Federal Highway Administration, 2007a.

[54] Federal Highway Administration (FHWA). Drivers' Evaluation of the Diverging Diamond Interchange [Z]. Washington D C: Federal Highway Administration, 2007b.

[55] Fisk C S. Game Theory and Transportation Systems Modeling [J]. Transportation Research Part B: Methodological, 1984, 18(4-5): 301-313.

[56] Fisk C, Nguyen S. Solution Algorithms for Network Equilibrium Models with Asymmetric User Costs [J]. Transportation Science, 1982, 16(3): 361-381.

[57] Fitzpatrick K, Chrysler S T, Nelson A A, et al. Driving Simulator Study of Signing for Complex Interchanges [C]. In: 92th Annual Meeting of the Transportation Research Board. Washington D C: Transportation Research Board, 2013.

[58] Fitzpatrick K, Schneider W H, Park E S. Operation and Safety of Right-Turn Lane Designs [J]. Transportation Research Record: Journal of the Transportation Research Board, 2006, 1961: 55-64.

[59] Flannery A. Geometric Design and Safety Aspects of Roundabouts [J]. Transportation Research Record: Journal of the Transportation Research, 2001, 1751: 76-81.

[60] Friesz T L, Anandalingam G, Mehta N J, et al. The Multiobjective Equilibrium Network Design Problem Revisited: A Simulated Annealing Approach [J]. European Journal of Operational Research, 1993, 65(1): 44-57.

[61] Friesz T L, Harker P T. Multicriteria Spatial Price Equilibrium Network Design: Theory and Computational Results [J]. Transportation Research Part B: Methodological, 1983, 17(5): 411-426.

[62] Gallivan S, Heydecker B G. Optimising the Control Performance of Traffic Signals at a Single Junction [J]. Transportation Research Part B, 1988, 22(5): 357-370.

[63] Gao Z, Song Y. A Reserve Capacity Model of Optimal Signal Control with User-Equilibrium Route Choice [J]. Transportation Research Part B: Methodological, 2002, 36(4): 313-323.

[64] Gartner N H. Area Traffic Control and Network Equilibrium [M]. Massachusetts: Operation Research Center, Massachusetts Institute of Technology, 1975.

[65] Gartner N H, Al-Malik M. Combined Model for Signal Control and Route Choice Model for Signal Control and Route Choice in Urban Traffic Networks [J]. Transportation Research Record: Journal of the Research Board, 1996, 1554: 27 - 35.

[66] Gartner N H, Stamatiadis C. Integration of Dynamic Traffic Assignment with Real-Time Traffic Adaptive Control System [J]. Transportation Research Record: Journal of the Transportation Research Board, 1998, 1644: 150 - 156.

[67] Gayah V, Daganzo C. Analytical Capacity Comparison of One-Way and Two-Way Signalized Street Networks [C]. In: 91st Annual Meeting of the Transportation Research Board. Washington D C: Transportation Research Board, 2012.

[68] Gelau, C, Sirek J, Dahmen-Zimmer K. Effects of Time Pressure on Left-Turn Decisions of Elderly Drivers in a Fixed-Base Driving Simulator [J]. Transportation Research Part F: Traffic Psychology and Behaviour, 2011, 14(1): 76 - 86.

[69] Gen M, Cheng R. Genetic Algorithms and Engineering Optimization [M]. New York: John Wiley & Sons, 2000.

[70] Gillis R D. Unlocking Arena Gridlock [J]. Civil Engineering, 1990, 60(2): 43 - 45.

[71] Goldblatt R, Mier F, Friedman J. Continuous flow intersections [J]. ITE Journal, 1994, 64(7): 35 - 42.

[72] Gordon R L, Tighe W. Traffic Control Systems Handbook. FHWA-HOP-06 - 006 [Z]. Washington D C: Federal Highway Administration, 2005.

[73] Gowri A, Sivanandan R. Evaluation of Left Turn Channelization at a Signalized Intersection under Heterogeneous Traffic Conditions [J]. Transport, 2008, 23(3): 221 - 229.

[74] Harwood D W, Mason J M, Brydia R E, et al. Intersection Sight Distance. Washington D C: American Association of State Highway and Transportation Officials, 1996.

[75] Heydecker B G. Sequencing of traffic signals. In: Griffiths J D, eds. Mathematics in Transport and Planning and Control [M]. Oxford: Clarendon Press, 1992, 57 - 67.

[76] Highway Agency. Design Manual for Roads and Bridges. London: Highway Agency, 2008.

[77] Hua J, Ren G, Cheng Y, et al. Corridor Management of Large Planned Special Events: Integrated Optimization of Park-and-Ride and Bus Contraflow Measures [C]. In: 92nd Annual Meeting of the Transportation Research Board, Washington D C: Transportation Research Board, 2013.

[78] Hughes W, Jagannathan R, Sengupta D, et al. Alternative Intersections/ Interchanges: Informational Report [R]. Washington D C: U. S. Department of Transportation Federal Highway Administration Office of Safety, 2010.

[79] Hummer J E. Unconventional Left Turn Alternatives for Urban and Suburban Arterials — Part One [J]. ITE Journal, 1998a, 68(9): 26 - 29.

[80] Hummer J E. Unconventional Left Turn Alternatives for Urban and Suburban Arterials — Part Two [J]. ITE Journal on the Web, 1998b, 68(11): 101 - 106.

[81] Hummer J E, Reid J D. Unconventional Left-Turn Alternatives for Urban and Suburban Arterials: An Update [Z]. Transportation Research E-Circular, 2000, E-C019: E-3/1 - 17.

[82] Improta G, Cantarella G E. Control System Design for An Individual Signalized Junction [J]. Transportation Research Part B, 1984, 18(2): 147 - 167.

[83] Inman V W. Evaluation of Signs and Markings for Partial Continuous Flow Intersection [J]. Transportation Research Record: Journal of the Transportation Research Board, 2009, 2138: 66 - 74.

[84] Institute of Transportation Engineers (ITE). Traffic Engineering Handbook (6th Edition) [Z]. Washington D C: Institute of Transportation Engineers, 2009.

[85] Kalafatas G, Peeta S. Planning for Evacuation: Insights from an Efficient Network Design Model [J]. Journal of Infrastructure Systems, 2009, 15(1): 21 - 30.

[86] Karoonsoontawong A, Lin D. Time-Varying Lane-Based Capacity Reversibility for Traffic Management [J]. Computer-Aided Civil and Infrastructure Engineering, 2011, 26(8): 632 - 646.

[87] Khattak A J, Naik B, Kannan V. Safety Evaluation of Left-Turn-Lane Line Width at Intersections with Opposing Left Turn Lanes [Z]. Lincoln Nebraska: Mid-America Transportation Center, University of Nebraska-Lincoln, 2004.

[88] Kikuchi S, Kronprasert N. Determining the Length of the Right-Turn Lane at a Signalized Intersection [J]. Transportation Research Record: Journal of the Transportation Research Board, 2008, 2060: 19 - 28.

[89] Kim D, Schonfeld P M. Road Network Design with Road Space Allocation and Toll Funding [C]. In: 87th annual meeting of the Transportation Research Board, Washington D C: Transportation Research Board, 2008.

[90] Knodler Jr M A, Noyce D A, Kacir K C, et al. Potential application of flashing yellow arrow permissive indication in separated left-turn lanes [J]. Transportation Research Record: Journal of the Transportation Research Board, 2006a, 1973: 10 - 17.

[91] Knodler Jr. M A, Noyce D A, Kacir K C, et al. Analysis of Driver and Pedestrian Comprehension of Requirements for Permissive Left-Turn Applications [J]. Transportation Research Record: Journal of the Transportation Research Board, 2006b, 1982: 65 - 75.

[92] Kong L, Qin L, Xu R. Research of Efficiency Evaluation of U-Turn Lanes at Signalized Intersections [C]//2011 IEEE Student Conference on Research and Development (SCOReD), Cyberjaya, Malaysia: IEEE, 2011. 436 - 441.

[93] Lam W H K, Poon A C K, Mung G K S. Integrated Model for Lane-use and Signal-Phase Designs [J]. Journal of Transportation Engineering, 1997, 123(2): 114 - 122.

[94] Lambert L, Wolshon B. Analysis of Reverse Flow Traffic Operations Phase I: Urban Sporting Event Measurement and Evaluation [D]. Louisiana: Louisiana State University, 2002.

[95] Leblanc L J. An Algorithm for the Discrete Network Design Problem [J]. Transportation Science, 1975, 9(3): 183 - 199.

[96] LeBlanc L J, Boyce D E. A Bilevel Programming Algorithm for Exact Solution of the Network Design Problem with User-Optimal Flows [J]. Transportation Research Part B: Methodological, 1986, 20(3): 259 - 265.

[97] Lee H C, Cameronb D, Lee A H. Assessing the Driving Performance of Older Adult Drivers: On-Road versus Simulated Driving [J]. Accident Analysis and Prevention, 2003, 35(5): 797 - 803.

[98] Lee J D, McGehee D V, Brown J L, et al. Matching Simulator Characteristics to Highway Design Problems [J]. Transportation Research Record: Journal of the Transportation Research Board, 2011, 2248: 53 - 60.

[99] Lin F B. Right-Turn-on-Red Characteristics and Use of Auxiliary Right-Turn Lanes [J]. Transportation Research Record: Journal of the Transportation Research Board, 1985, 1010: 9 - 15.

[100] Liu P, Lu J, Chen H. Safety Effects of the Separation Distances Between Driveway Exits and Downstream U-turn Locations [J]. Accident Analysis and Prevention, 2008, 40(2): 760 - 767.

[101] Long D, Shi F, Wang Y. One-Way Traffic Organization Based on Traffic Load and Road Equity [J]. Journal of Transportation Systems Engineering and Information Technology, 2010, 10(6): 109 - 114.

[102] Luo Z, Liu Y. Optimal Location Planning of Signalized and Uninterrupted Flow Intersections in Urban Network during Emergency Evacuation [C]//91st Annual Meeting of the Transportation Research Board. Washington D C: Transportation Research Board, 2012.

[103] Luo Z, Liu Y, Mao J. Optimal Planning of Signal Control and Uninterrupted Flow Strategies in a Dynamic Evacuation Network [C]//92nd Annual Meeting of the Transportation Research Board. Washington D C: Transportation Research

Board, 2013.

[104] Ma W, Xie H, Liu Y, et al. Coordinated Optimization of Signal Timings for Intersection Approach with Pre- signals [C]//92nd Annual Meeting of the Transportation Research Board, Washington D C: Transportation Research Board, 2013.

[105] Magnanti T L, Wong R T, Mireault P. Tailoring Benders Decomposition for Uncapacitated Network Design [J]. Mathematical Programming Study, 1983, 26: 112 - 154.

[106] Maji A, Mishra S, Jha M K. Critical Lane Volume (CLV)-Based Capacity and Level of Service Analyses for Diverging Diamond Interchange [C]//92nd Annual Meeting of the Transportation Research Board, Washington D C: Transportation Research Board, 2013.

[107] Martinez J A, Cheu R L. Double Crossover Versus Conventional Diamond Interchanges both with Frontage Roads [J]. Journal of Transportation of the Institute of Transportation Engineers, 2012, 4(1): 1 - 17.

[108] McCoy P T, Bonneson J A, Ataullah S, et al. Guidelines for Right-Turn Lanes on Urban Roadways [J]. Transportation Research Record: Journal of the Transportation Research Board, 1994, 1445: 130 - 137.

[109] Meneguzzer C. An Equilibrium Route Choice Model With Explicit Treatment of the Effect of Intersections [J]. Transportation Research Part B: Methodological, 1995, 29(5): 329 - 356.

[110] Messer C J, Chang M S. Traffic Operations of Basic Actuated Traffic Control Systems at Diamond Interchanges [J]. Transportation Research Record: Journal of the Transportation Research Board, 1987, 1114: 54 - 62.

[111] Messer C J, Fambro D B, Richards S H. Optimization of Pretimed Signalized Diamond Interchanges [J]. Transportation Research Record: Journal of the Transportation Research Board, 1977, 644: 78 - 84.

[112] Michigan Department of Transportation (MDOT). Michigan Design Manual Road Design [EB/OL][2012 - 08 - 01]. http://mdotwas1. mdot. state. mi. us/public/design/englishroadmanual/. Accessed Aug. 1, 2012.

[113] Montella A, Aria M, D'Ambrosio A, et al. Simulator Evaluation of Drivers' Speed, Deceleration and Lateral Position at Rural Intersections in Relation to Different Perceptual Cues [J]. Accident Analysis and Prevention, 2011, 43(6): 2072 - 2084.

[114] Munjal P K. An Analysis of Diamond Interchange Signalization [J]. Highway Research Record, 1971, 349: 47 - 64.

[115] Nava E, Shelton J, Chiu Y C. Analyzing Impacts of Dynamic Reversible Lane Systems Using a Multi-Resolution Modeling Approach [C]. In: 91st Annual Meeting of the Transportation Research Board, Washington D C: Transportation Research Board, 2012.

[116] Nelson E J, Bullock D, Urbanik T. Implementing Actuated Control of Diamond Interchanges [J]. Journal of Transportation Engineering, 2000, 126(5): 390 - 395.

[117] Neuman T R. Intersection Channelization Design Guide. Washington D C: Transportation Research Board, 1985.

[118] Nilsson L. Behavioural Research in an Advanced Driving Simulator-Experiences of the VTI System [C]. In: 37th Annual Meeting of the Human Factors and Ergonomics Society, Santa Monica: Human Factors and Ergonomics Society, 1993: 612 - 616.

[119] Olarte R, Bared J G, Sutherland L F, et al. Density Models and Safety Analysis for Rural Unsignalised Restricted Crossing U-turn Intersections [J]. Procedia-Social and Behavioral Sciences, 2011, 16: 718 - 728.

[120] Oppenlander J C, Oppenlander J E. Design Lengths of Left- or Right-turn Lanes with Separate Signal Phases [J]. ITE Journal, 1989, 59(7): 23 - 26.

[121] Pham V C, Alam F, Potgieter J, et al. Integrated Fuzzy Signal and Ramp-Metering at a Diamond Interchange [J]. Journal of Advanced Transportation, 2011, DOI: 10.1002/atr.167.

[122] Pirdavani A, Brijs T, Bellemans T, et al. Travel Time Evaluation of a U-Turn Facility Comparison with a Conventional Signalized Intersection [J]. Transportation Research Record: Journal of the Transportation Research Board, 2011, 2223: 26 - 33.

[123] Pirkul H, Current J, Nagarajan V. The Hierarchical Network Design Problem: A new formulation and solution procedures [J]. Transportation Science, 1991, 25(3): 175 - 183.

[124] Poorzahedy H, Turnquist M A. Approximate Algorithms for the Discrete Network Design Problem [J]. Transportation Research Part B: Methodological, 1982, 16(1): 45 - 55.

[125] Potts I B, Ringert J F, Bauer K M, et al. Relationship of Lane Width to Saturation Flow Rate on Urban and Suburban Signalized Intersection Approaches [J]. Transportation Research Record: Journal of the Transportation Research, 2007, 2027: 45 - 51.

[126] Ren G, Hua J, Cheng Y, et al. Bus Contraflow Lane: Improved Contraflow Approach in Freeway Evacuation [J]. Transportation Research Record: Journal of

the Transportation Research Board, 2012, 2312: 150 - 158.

[127] Schwinger C, O'Leary S, Fulton T, et al. Central Business District Traffic Circulation Improvement A Case Study: Salina, Kansas [C]. In: 69th Annual Meeting of the Institute of Transportation Engineers. Las Vegas, Nevada: Institute of Transportation Engineers, 1999.

[128] Shahi J, Choupani A A. Modelling the Operational Effects of Unconventional U-turns at a Highway Intersection [J]. Transportmetrica, 2009, 5(3): 173 - 191.

[129] Shechtman O, Classen S, Awadzi K, et al. Comparison of Driving Errors Between On-the-Road and Simulated Driving Assessment: A Validation Study [J]. Traffic Injury Prevention, 2009, 10(4): 379 - 385.

[130] Sheffi Y. Urban Transportation Networks: Equilibrium Analysis with Mathematical Programming Methods [M]. Englewood Cliffs: Prentice-Hall, 1985.

[131] Sheffi Y, Powell W B. Optimal Signal Settings Over Transportation Networks [J]. Journal of Transportation Engineering, 1983, 109(6): 824 - 839.

[132] Shi F, Huang E, Chen Q, et al. Optimization of One-Way Traffic Organization for Urban Microcirculation Transportation Network [J]. Journal of Transportation Systems Engineering and Information Technology, 2009, 9(4): 30 - 35.

[133] Sisiopiku V P, Aylsworth-Bonzelet L. Application of Loons at Directional Crossovers [C]//82nd annual meeting of the Transportation Research Board, Washington D C: Transportation Research Board, 2003.

[134] Smith M J. The Existence, Uniqueness and Stability of Traffic Equilibria [J]. Transportation Research Part B, 1979, 13(4): 295 - 304.

[135] Smith M J, Vuren T V. Traffic Equilibrium with Responsive Traffic Control [J]. Transportation Science, 1993, 27(2): 118 - 132.

[136] Smith S, Speth S B. A Comparative Analysis of Diverging Diamond Interchange Operations [C]//ITE 2008 Annual Meeting and Exhibit, Anaheim, California: Institute of Transportation Engineers, 2008.

[137] Tao R, Wei H. Impact of Indirect Left-Turning Measures from Driveways on Driving Behaviors and Safety [J]. Journal of Transportation Systems Engineering and Information Technology, 2009, 9(3): 55 - 63.

[138] Tarawneh M S, Mccoy P T. Effect of Intersection Channelization and Skew on Driver Performance [J]. Transportation Research Record: Journal of the Transportation Research Board, 1996, 1523: 73 - 82.

[139] Tarko A P, Inerowicz M, Lang B. Safety and Operational Impacts of Alternative Intersections [M]. Indiana: Indiana Department of Transportation, 2008.

[140] Taylor W C, Lim I, Lighthizer D R. Effect on Crashes after Construction of Directional Median Crossovers [J]. Transportation Research Record: Journal of the Transportation Research Board, 2001, 1758: 30 - 35.

[141] Tian Z. Development and Evaluation of Operational Strategies for Providing an Integrated Diamond Interchange Ramp-Metering Control System [D]. Department of Civil and Environmental Engineering, Texas A&M University, 2004.

[142] Tobin R L, Friesz T L. Sensitivity Analysis for Equilibrium Network Flow [J]. Transportation Science, 1988, 22(4): 242 - 250.

[143] Transportation Association of Canada. Geometric Design Guide for Canadian Roads [Z]. Ottawa, Canada: Transportation Association of Canada, 1999.

[144] Transportation Research Board (TRB). Highway Capacity Manual 2000 [Z]. Washington D C: Transportation Research Board, 2000.

[145] Transportation Research Board (TRB). Safety of U-turns at Unsignalized Median Openings [Z]. Washington D C: Transportation Research Board, 2004.

[146] Theodoulou G, Wolshon B. Alternative Methods to Increase the Effectiveness of Freeway Contraflow Evacuation [J]. Transportation Research Record: Journal of the Transportation Research Board, 2004, 1865: 48 - 56.

[147] Tully I M S N Z. Synthesis of Sequences for Traffic Signal Controllers Using Techniques of the Theory of Graphs [D]. University of Oxford, 1976.

[148] Tuydes H. Network Traffic Management under Disaster Conditions [D]. Chicago: Northwestern University, 2005.

[149] Tuydes H, Ziliaskopoulos A. Network Re-design to Optimize Evacuation Contraflow [C]. In: 83rd Annual Meeting of the Transportation Research Board. Washington D C: Transportation Research Board, 2004.

[150] Upchurch J. Reversible Flow on a Six Lane Urban Arterial [J]. Traffic Engineering, 1975, 45(12): 11 - 14.

[151] Varia H R, Dhingra S L. Dynamic Optimal Traffic Assignment and Signal Time Optimization Using Genetic Algorithms [J]. Computer-Aided Civil and Infrastructure Engineering, 2004, 19(4): 260 - 273.

[152] Vo P T, Mattingly S, Ardeknai S, et al. Comparison of Quality of Service in Two Central Business Districts: Two-Fluid Model Approach in Texas [J]. Transportation Research Record: Journal of the Transportation Research Board, 2007, 1999: 180 - 188.

[153] Waddell E. Evolution of Roundabout Technology: A History-Based Literature Review [C]//Institute of Transportation Engineers 67th annual Meeting. Boston:

Institute of Transportation Engineers, 1997.

[154] Webster F V. Traffic Signal Settings. Road Research Technical Paper, No. 39 [Z]. London: HMSO, 1958.

[155] Webster F V, Cobbe B M. Traffic Signal. Road Research Technical Paper No. 56 [Z]. London: HMSO, 1966.

[156] Wojtowicz J, Wallace W A. Traffic Management for Planned Special Events Using Traffic Microsimulation Modeling and Tabletop Exercises [J]. Journal of Transportation Safety & Security, 2010, 2(2): 102 - 121.

[157] Wolshon B. "One-way-out": Contraflow Freeway Operation for Hurricane Evacuation [J]. Natural Hazards Review, 2001, 2(3): 105 - 112.

[158] Wolshon B, Lambert L. Convertible Roadways and Lanes: A Synthesis of Hignway Practice. NCHRP Synthesis 340. Washington D C: Transportation Research Board, 2004.

[159] Wolshon, B, Lambert L. Planning and operational practices for reversible roadways [J]. ITE Journal, 2006, 76(8): 38 - 43.

[160] Wong C K, Heydecker B G. Optimal Allocation of Turns to Lanes at an Isolated Signal-Controlled Junction [J]. Transportation Research Part B: Methodological, 2011, 45(4): 667 - 681.

[161] Wong C K, Lee Y Y. Convergence Study of Minimizing the Nonconvex Total Delay Using the Lane-Based Optimization Method for Signal-Controlled Junctions [J]. Discrete Dynamics in Nature and Society, 2012, 2012: 858731.

[162] Wong C K, Wong S C. Lane-Based Optimization of Traffic Equilibrium Settings for Area Traffic Control [J]. Journal of advanced transportation, 2002, 36 (3): 349 - 386.

[163] Wong C K, Wong S C. Lane-Based Optimization of Signal Timings for Isolated Junctions [J]. Transportation Research Part B: Methodological, 2003a, 37 (1): 63 - 84.

[164] Wong C K, Wong S C. A Lane-Based Optimization Method for Minimizing Delay at Isolated Signal-Controlled Junctions [J]. Journal of Mathematical Modelling and Algorithms, 2003b, 2(4): 379 - 406.

[165] Wong C K, Wong S C, Tong C O. Optimization Methods for off-line Traffic Signal Settings: Recent Advances and Prospective Future Research [J]. Journal of Transportation Systems Engineering and Information Technology, 2005, 5 (2): 36 - 54.

[166] Wong S C. On the Reserve Capacities of Priority Junctions and Roundabouts [J].

Transportation Research Part B: Methodological, 1996, 30(6): 441 - 453.

[167] Wong S C, Yang H. Reserve Capacity of A Signal-Controlled Road Network [J]. Transportation Research Part B: Methodological, 1997, 31(5): 397 - 402.

[168] Wu J, Sun H, Gao Z, et al. Reversible Lane-Based Traffic Network Optimization with An Advanced Traveller Information System [J]. Engineering Optimization, 2009, 41(1): 87 - 97.

[169] Xie C, Lin D, Waller S T. A Dynamic Evacuation Network Optimization Problem with Lane Reversal and Crossing Elimination Strategies [J]. Transportation Research Part E: Logistics and Transportation Review, 2010, 46(3): 295 - 316.

[170] Xie C, Turnquist M. Lane-Based Evacuation Network Optimization: An Integrated Lagrangian Relaxation and Tabu Search Approach [J]. Transportation Research Part C: Emerging Technologies, 2011, 19(1): 40 - 63.

[171] Xu H, Liu H, Tian Z. Control Delay at Signalized Diamond Interchanges Considering Internal Queue Spillback [J]. Transportation Research Record: Journal of the Transportation Research Board, 2010, 2173: 123 - 132.

[172] Xuan Y, Daganzo C, Cassidy M J. Increasing the Capacity of Signalized Intersections with Separate Left Turn Phase [J]. Transportation Research Part B: Methodological, 2011, 45(5): 769 - 781.

[173] Xuan Y, Gayah V, Daganzo C, et al. Multimodal Traffic at Isolated Signalized Intersections: New Management Strategies to Increase Capacity [Z]. Berkeley: UC Berkeley Center for Future Urban Transport, 2009.

[174] Yan X D, Abdel-Aty M, Radwan E, et al. Validating a Driving Simulator Using Surrogate Safety Measures [J]. Accident Analysis and Prevention, 2008, 40(1): 274 -288.

[175] Yang X, Chang G, Rahwanji S. A Multi-Stage System for Planning Analysis and Signal Design of Diverging Diamond Interchange [C]//92nd Annual Meeting of the Transportation Research Board, Washington D C: Transportation Research Board, 2013.

[176] Yang H. Sensitivity Analysis for Queuing Equilibrium Network Flow and Its Application to Traffic Control [J]. Mathematical and Computer Modelling, 1995, 22 (4 - 7): 247 - 258.

[177] Yang H. Sensitivity Analysis for the Elastic-Demand Network Equilibrium Problem with Applications [J]. Transportation Research Part B: Methodological, 1997, 31 (1): 55 - 70.

[178] Yang H, Bell M G H. Trafic Restraint, Road Pricing and Network Equilibirum [J].

Transportation Research Part B: Methodological, 1997, 31(4): 303 - 314.
[179] Yang H, Bell M G H. Models and Algorithms for Road Network Design: A Review and Some New Developments [J]. Transport Reviews, 1998a, 18(3): 257 - 278.
[180] Yang H, Bell M G H. A Capacity Paradox in Network Design and How to Avoid It [J]. Transportation Research Part A: Policy and Practice, 1998b, 32(7): 539 - 545.
[181] Yang H, Meng Q. Highway Pricing and Capacity Choice in a Road Network Under a Build-Operate-Transfer Scheme [J]. Transportation Research Part A: Policy and Practice, 2000, 34(3): 207 - 222.
[182] Yang H, Sasaki T, Iida Y. Estimation of Origin-Destination Matrices From Link Traffic Counts on Congested Networks [J]. Transportation Research Part B: Methodological, 1992, 26(6): 417 - 434.
[183] Yang H, Yagar S. Traffic Assignment and Signal Control in Saturated Road Networks [J]. Transportation Research Part A: Policy and Practice, 1995, 29(2): 125 - 139.
[184] Yu L, Qi Y, Azimi M, et al. Left-Turn Lane Design and Operation [Z]. Texas: Texas Department of Transportation, 2008.
[185] Yu X, Prevedouros P D. Left-Turn Prohibition and Partial Grade Separation for Signalized Intersections: Planning-Level Assessment [J]. Journal of Transportation Engineering, 2013, 139(4): 399 - 406.
[186] Zang L, Yin H, Gao H. Microcosmic Simulation Research on U-Turn Design of the Signalized Intersection [C]. In: 2009 International Conference on Management and Service Science (MASS), Wuhan, China: IEEE, 2009, 1 - 4.
[187] Zhang H, Gao Z. Two-Way Road Network Design Problem with Variable Lanes [J]. Journal of Science and Systems Engineering, 2007, 16(1): 50 - 61.
[188] Zhong Z, Liu H, MA W, et al. An Optimization Method of Dynamic Lane Assignment at Signalized Intersection [C]. In: 2008 International Conference on Intelligent Computation Technology and Automation, Changsha, China: IEEE, 2011, 1277 - 1280.
[189] 白玉. 城市平面道路交叉口交通协调设计理论问题研究: [D]. 上海: 同济大学,2004.
[190] 白玉,薛昆,杨晓光. 平面十字交叉口停车线设计方法研究[J]. 公路交通科技,2004, 21(2): 99 - 102.
[191] [德] 道路与交通工程研究学会(FGSV). 交通信号控制指南——德国现行规范[S]. (RiLSA)(李克平). 北京: 中国建筑工业出版社,2006.
[192] 傅家良. 运筹学方法与模型[M]. 上海: 复旦大学出版社,2007.
[193] 高云峰. 动态交叉口群协调控制基础问题研究[D]. 上海: 同济大学,2007.

[194] 杭州市综合交通研究中心. 杭州市城市道路机动车道合理宽度及地方性设计规程研究[Z]. 杭州：杭州市综合交通研究中心，2006.

[195] 景春光. 平面交叉口机非冲突机理及其应用研究[D]. 吉林：吉林大学，2005.

[196] 黎冬平，陈峻. 信号控制交叉口左转专用车道停车线优化设计的方法研究[J]. 交通运输系统工程与信息，2005，5(6)：87－90.

[197] 李丽丽，曲昭伟，陈永恒，等. 可变车道的控制方法[J]. 吉林大学学报(工学版)，2009. 39(1)：98－103.

[198] 梁潇. 信号交叉口渠化区可变车道设计原理研究[D]. 吉林：吉林大学，2008.

[199] 彭国雄. 道路交叉口停车线位置的确定[J]. 城市道桥与防洪，1988，4：26－31.

[200] 全永燊. 城市交通控制[M]. 北京：人民交通出版社，1989.

[201] 孙明正. 信号控制交叉口自行车交通设计理论研究[D]. 上海：同济大学，2003.

[202] 土木学会(JSCE). 土木工学土木工学ハンドブック[J]. 東京：技報堂出版，1989.

[203] 王京元，王炜. 信号交叉口车道功能划分方法[J]. 吉林大学学报(工学版)，2007，37(6)：1278－1283.

[204] 王京元，庄焰. 信号交叉口左转车道设置研究[J]. 深圳大学学报理工版，2007，24(1)：41－46.

[205] 汪涛. 信号控制环形交叉口时空优化方法研究[D]. 上海：同济大学，2007.

[206] 吴兵，李晔. 交通管理与控制(第四版)[M]. 北京：人民交通出版社，2009.

[207] 武部健一. 道路の計画と設計[M]. 东京：技術書院，1988.

[208] 谢涵洲. 双停车线交叉口信号控制方法研究[D]. 上海：同济大学，2013.

[209] 杨晓光. 城市道路交通设计指南[M]. 北京：人民交通出版社，2003.

[210] 杨晓光，白玉，马万经，等. 交通设计[M]. 北京：人民交通出版社，2010.

[211] 杨晓光，付晶燕. 短连线交叉口群通行能力计算方法研究[J]. 交通与计算机，2006，24(2)：27－30.

[212] 杨晓光，杨静，史玉茜. 信号控制交叉口左转非机动车过街模式适用性[J]. 城市交通，2012，10(4)：65－71.

[213] 曾滢. 城市道路信号控制交叉口群交通设计方法研究[D]. 上海：同济大学，2010.

[214] 张好智. 城市道路交通网络设计问题的相关优化模型与算法[D]. 北京：北京交通大学，2007.

[215] 赵靖，白玉，杨晓光. 基于回归分析的右转通行能力行人自行车修正[J]. 公路交通科技，2012，29(2)：120－126.

[216] 赵靖，郁晓菲. 道路交叉口车道功能划分[J]. 中国市政工程，2007，127：6－8.

[217] 赵靖，赵广福. 城市道路交叉口交通特征分析[J]. 中国市政工程，2010，145：8－10.

后 记

本书是在我的博士论文的基础上撰写而成。

在论文完成之际，衷心感谢我的导师杨晓光教授。杨老师那亲和的人格魅力、宽厚的长者风范、渊博的学识、严谨的治学风范，以及对年轻人的关心爱护都让我铭记在心。论文的选题、构思、撰写和定稿，始终得到了杨老师的精心指导和严格要求。杨老师的谆谆教诲，让学生获益匪浅；勤恳钻研、无私奉献的敬业精神同样是我终生学习的榜样。感谢导师为我所倾注的心血以及学业上的指导和生活上的关怀，祝愿杨老师身体健康、一帆风顺。

感谢国家自然科学基金项目：演变中的现代城市道路交通系统集成设计基础理论与方法(51238008)，上海市科学技术委员会科研计划项目：上海市城市道路通行能力计算方法与示范应用(12231201500)，以及国家高技术研究发展计划(863 计划)项目：特殊需求下区域交通协同管控技术(2011AA110305)对本研究的资助。

特别感谢马万经博士和刘玥博士在我论文研究全过程中给予的有益指导和鼎力帮助，你们对论文提出的宝贵意见和建议使我受益良多，在此向你们表示由衷的感谢。感谢 H. Michael ZHANG 博士、K. Larry Head 博士和云美萍博士对研究指导以及英文论文写作和发表的帮助。

感谢同济大学提供赴美国威斯康星大学密尔沃基分校访学的机会，让我开阔了眼界，体验了美国的生活和研究方式。在密尔沃基的这段时间内，无论是在学术研究上还是在生活阅历上，我都有很大的收获，并有幸结识了李鹏、何美铃、陈佳萍、刘菲等多位好友，祝愿大家在异国生活幸福、学业有成。

感谢与我一起度过研究生时光的同门，与你们同窗学习和讨论，带给我很多的快乐和欢笑。

父爱如山般深沉，母爱如水般细腻，我要将这份至深至诚的感谢献给我最敬爱的父母，养育之恩，无以为报。

最后感谢我的爱人施朗和女儿赵砚之，三年来，你们给予了我太多的支持、关心与快乐！在论文研究期间，每当我山穷水尽时，你们总是会以你们的笑容，给我无限的创作灵感！

古人云：前人治学，以博观约取、博古通今为准则；今人治学，则进而求融合中西，以一己之心思才力，涵咏古今中外之心思才力，以求创获。三年的博士学习使我开阔了眼界，增长了学识，更使我悟出我之治学，应遵循立志、审己、明势与耐苦的必经之路，坚持严谨与创新的有机结合。三年的博士学习也让我深知所学有限，任何实践都非无本之木、无水之源，对科学研究的渴求、对学术理论的探索才是我投身道路交通事业的真正动力，愿我在今后的事业奋斗中能不断为道路交通科学做出贡献。

谨以此文献给所有爱我和我爱的人！

赵　靖